Union with Christ
예수님과의 연합

로버트 레담 지음 | 윤 성 현 옮김

In Scripture,

History, And Theology

개혁주의신학사

Presbyterian and Reformed Publishing

P&R(Presbyterian and Reformed Publishing Company)은
미국 뉴저지 주에 소재한 기독교 출판사로서
웨스트민스터 신앙고백서와 요리문답에 기초하여
성경적인 이해와 경건한 삶을 증진시키는
탁월한 도서들을 출판하고 있습니다.
P&R Korea(개혁주의신학사)는
CLC가 공동으로 운영하는 출판사로서
미국 P&R의 도서를 우선적으로 번역출판하고 있습니다.

UNION WITH CHRIST
In Scripture, History, and Theology

Written by
Robert Letham

Translated by
Sunghyun Yoon

Copyright © 2011 by Robert Letham

Originally published in English under the title as
Union with Christ
:In Scripture, History, and Theology
by Robert Letham

Translated and used by the permission of
P&R Publishing Company, P. O. Box 817
Phillipsburg, New Jersey 08865-0817, U.S.A.

All rights reserved.

Korean Edition
Copyright © 2014 by Presbyterian and Reformed
Publishing Company
Seoul, Korea

추천사 1

이승구 박사
합동신학대학원대학교 교수

"그리스도와의 연합"은 신약 성경의 중요한 주제입니다. 그리고 요한 칼빈은 이를 중심으로 우리의 구원을 잘 설명해 주었습니다. 그리스도와의 연합을 중심으로 구원론 전체를 잘 설명한 사람이 칼빈 신학교의 안토니 후크마 교수님이셨습니다. 이제 이 전통을 이어서 로버트 레담 교수님께서 "그리스도와의 연합"을 잘 설명하고 이를 기독론과 구원론 전체와 연관시키는 작업을 잘해 주셨습니다. (그의 이름을 어떻게 발음해야 하는지 지난 번에 한국에 오셨을 때 확인하였습니다. 레담이라고 하는 것이 가장 가깝다고 하셨습니다. 우리 모두 그렇게 불러야 할 것입니다). 그러므로 칼빈-후크마-레담의 선은 개혁신학의 귀한 연속성을 잘 보여 주는 선이라고 할 수 있습니다. 아버딘 대학교에서 죄 문제를 중심으로 한 좋은 논문을 쓰고 미국 웨스트민스터에서 교수도 하시고, 미국서 목회도 하고, 이제는 영국으로 돌아가 웨일즈 복음주의 신학교의 조직신학 senior lecturer (미국이나 우리나라의 부교수쯤 되는 지위)로 계시면서 연구처장을 하시어 웨일즈신학교가 좀 더 좋은 신학교가 되도록 하는 일에 큰 기여를 하고, 최근에 웨스트민스터 신앙고백서에 대한 좋은 연구서도 낸 레담은 개혁파 정통주의 입장을 잘 대변하는 귀한 개혁파 신학자입니다. 아버딘에서의 공부로 레담 교수와 연관될 수 있는 스코티쉬 바르트주의를 그가 어떻게 대하고 있는가가 우리들이 제일 관심 깊게 살펴보아야 할 대목입니다. 바르트주의는 그리스도와의 연합을 강조하는 또 하나의 학파이기 때문입니다.

이 귀한 책을 우리말로 잘 번역해 소개 하는 일을 감당하신 윤성현 목사님께 우리 모두 감사해야 합니다. 윤 목사님은 고든 콘웰 신학교에서 목회학석사 학위를 받고, 옥스포드에서 신학석사 과정을 하고 있습니다. 이런 정통파 개혁주의 서적을 번역하는 일이 윤 목사님의 신학에도 우리 한국 교회에도 도움이 되기를 바라면서 이 귀한 책을 추천합니다.

2014. 3. 26.

로버트 레담 교수에게 초청 편지를 보낸 후에
합동신학대학원대학교 연구실에서

추천사 2

조엘 비키(Joel R. Beeke) 박사
Puritan Reformed Theological Seminary 총장

『예수님과의 연합』은 로버트 레담의 깊은 학식을 보여줍니다. 또한 이 책은 성경 주해와 조직신학 그리고 역사신학과 실제 삶이 어떻게 조화될 수 있는지 보여줍니다.

알렌산드리아의 키릴루스부터 헤르만 바빙크까지 축적된 교회의 귀한 유산을 잘 드러내는 그의 책을 적극 추천합니다.

제임스 패커(James I. Packer) 박사
Regent College 조직신학 교수

러버트 레담은 예수님과의 연합이라는 개혁 신앙의 핵심 주제를 탁월하게 설명합니다. 이 책은 깊이 있는 지식, 예리한 통찰력 그리고 목회적인 감각과 함께 구원 진리의 핵심을 선포합니다.

리처드 개핀(Richard B. Gaffin) 박사
Westminster Theological Seminary 조직신학, 성경신학 명예교수

레담 박사는 지금까지 중요한 신학적 주제에 대하여 높은 수준의 기여를 하였습니다. 이 책 또한 그럴 것이라 기대할 수 있습니다.

제랄드 브레이(Gerald L. Bray) 박사
Samford University Beeson Divinity School 연구교수

이 책은 모든 목회자와 신학자들이 읽고 설교와 가르침에 녹여내야 하는 고무적인 내용을 담고 있습니다.

윌리엄 에반스(William B. Evans) 박사
Eskine College 종교학 교수

이 책은 우리가 그리스도 안에서 받은 구원에 대한 교회의 이해에 있어서 중요하며, 최근 들어 논의가 되어 온 시대를 반영한 주제를 다루는 연구입니다.

감사의 글

로버트 레담(Robert Letham) 박사
Wales Evangelical School of Theology 조직신학 교수

저의 책 『그리스도의 사역』(*The Work of Christ*)을 읽어보셨다면 제가 오래 전부터 그리스도와의 연합에 관심을 가져왔다는 것을 알고 있을 것입니다. 그 책에서는 한 장을 할애하여 그 주제에 대해 서술하였습니다. 어떻게 성경 구원론의 핵심인 이 주제에 관심을 갖지 않을 수 있겠습니까? 이 책은 몇 년간의 고민을 거쳐 농축된 사고를 담고 있습니다. 그렇기에 저에게 영향을 준 것이 무엇인지를 분별하기가 어렵기도 했습니다. 정확한 근거 없이 어떤 저자에게서 어떤 영향을 받았다고 간주하는 것은 무척이나 위험한 일입니다.

그래서 저는 제가 직접적으로 영향을 받은 분들로 범위를 한정하고자 합니다. 원고를 읽고 매우 유익한 조언을 해준 필라델피아 웨스트민스터신학교의 조직신학 명예 교수인 리차드 개핀(Richard Gaffin) 박사와 사우스캐롤라이나 얼스킨대학교의 성경신학과 종교학 교수인 윌리엄 에반스(William B. Evans) 박사에게 감사드립니다. 이 책에 틀린 점 혹

은 잘못된 이해와 관점이 있더라도 그것은 그들의 잘못이 아니라 전적으로 제 잘못입니다. 웨스트민스터신학교의 변증학과 조직신학 교수인 마이클 호튼(Michael Horton) 박사는 원고 중 일부를 빼서 다른 곳에서 사용하도록 조언을 해주어서 제 수고를 덜어주었습니다.

또한 이 주제에 대해 깊은 연구를 했던 17세기 청교도 저자 로우랜드 스테드만(Rowland Stedman)의 저서를 살펴보라고 조언해준 노팅엄의 피터 루이스(Peter H. Lewis) 목사에게 감사드립니다. 마크 가르시아(Mark Garcia) 박사는 존 칼빈(John Calvin)과 피에트로 마르티레 베르밀리(Pietro Martire Vermigli)가 1555년에 주고 받은 서신을 권해주었습니다. 영국도서관과 캠브리지대학교 도서관 희귀본실에서도 도움을 받았습니다. 온라인의 초기 영문 도서들도 좋은 자료였습니다.

특히 이 책의 준비 단계에서 도움을 준 P&R 출판사 직원들에게 감사를 드립니다. 부사장이자 편집자인 마빈 파제트(Marvin Padgett)는 이 책의 기반을 쌓을 수 있도록 격려해 주었습니다. 바바라 러치(Barbara Lerch)와 제레미 카페즈(Jeremy Kappes), 통찰력 있고 성실한 편집팀의 존 휴즈(John Hughes), 캐런 마그누슨(Karen Magnuson)에게도 감사를 드립니다. 제가 가르쳤던 웨일즈복음주의신학교의 교수, 직원, 학생들에게도 감사드립니다. 또한 언제나 사랑으로 지지해주는 아내 조앤(Joan)에게도 언제나 고마운 마음 뿐입니다.

누구보다도, 우리에게 그리스도와의 연합을 선물로 주시고, 그러함으로써 칼빈이 말하는바 '더 나은 것을 상상할 수 없는' 신성에 동참하는 자가 되게 하시는 (독립된 존재이시지만 하나이신) 성부와 성자와 성령 하나님께 감사를 드립니다.

저자 서문

저는 한국의 여러 좋은 교회들을 방문했던 적이 있어, 한국 기독교 신앙의 경향이 어떠한지를 잘 알고 있습니다. 그래서 기쁜 마음으로 이 책을 한국의 독자들에게 소개합니다.

제가 이 책에서 말하고자 하는 그리스도와의 연합이라는 주제는 기독교 신앙의 정수라고 할 수 있습니다. 그것은 우리의 구원 전체를 아우르는 실체입니다. 선택, 중생, 최후의 영화와 같은 모든 적용의 측면은 그것을 통하여 이해될 수 있습니다.

동시에 이 큰 신비는 우리가 이해할 수 있는 능력을 초월합니다. 말로 설명하기는 참으로 어려운 문제입니다. 그럼에도 불구하고 우리는 성부 하나님이 어떻게 성령을 통하여 우리를 그리스도께 연합하게 하셨는지 생각하게 됩니다. 그분 안에서 우리는 죽음과 고난을 견딜 힘을 얻고, 구원의 확신을 얻습니다. 바울은 구원은 "그리스도 안에 있다"고 말하였습니다.

이어지는 책장을 넘기면서 하나님이 그리스도 안에서 우리를 위하여 행하신 위대한 일에 대한 감사와, 모든 상황과 사람을 변화시키는 일에 대한 감사로 여러분의 삶이 채워지기를 바랍니다.

Contents

추천사 1 _ 5
추천사 2 _ 7
감사의 글 _ 9
저자 서문 _ 11

서론 _ 13

1 창조 _ 25

2 성육신 _ 39

3 오순절 _ 79

4 예수님과의 연합과 대표 _ 97

5 예수님과의 연합과 변화 _ 141

6 죽음과 부활 안에서 예수님과의 연합 _ 213

색인 _ 235

서론

그리스도와의 연합은 기독교 구원 교리의 중심입니다. 하나님과 우리의 관계 전체는 그 한 마디로 표현됩니다. 존 칼빈도 이렇게 언급하였습니다. "그분이 우리에게 멀리 떨어져 있지 않고 또한 그분이 우리를 만드셨기 때문에 우리는 그분의 구원을 고대합니다. 우리는 그분의 몸에 접붙인 바 되었으며, 그리스도께 속한 모든 선한 것들뿐만 아니라, 바로 그분 자신에게 참여합니다."[1] 웨스트민스터 대요리문답 65-90문은 우리의 구원 전체를 그리스도와의 영광스럽고 은혜로운 연합과 결합이라고 말합니다. 존 머레이(John Murray)는 "그리스도와의 연합과 교통보다 더 중요하고 근본적인 것은 없습니다.[2] 왜냐하면 그것이 구원 교리 전체의 핵심 진리이기 때문입니다"[3]라고 말합니다. 레인 팁톤(Lane Tipton)은 "그리스도와의 연합이 없다면 복음은 아무런 유익이 없습니다"라고 기록하였습니다.[4]

---

1 *Institutes*, 3.2.24.
2 John Murray, *Redemption Accomplished and applied* (London; Banner of Truth 1961), 161.
3 Ibid., 170.
4 Lane Tipton, "Union with Christ and Justification", in *Justified in Christ; God's plan for us*

이것이 무슨 의미인지를 이해하는 과업은 우리 인간의 한계로 인해 더욱 어려워졌습니다. 이 글들은 그리스도와의 연합과 칭의, 성화와 같은 문제들의 관계에 대해 상당히 길게 서술하고 있습니다. 그러나 만약 누군가가 이 연합은 무엇으로 이루어지는지 그리고 그것이 실제로 무엇인지를 묻는다면, 침묵할 수밖에 없을 것입니다. 그 이유는 어렵지 않습니다. 그 실체는 사람의 언어로 서술할 수 있는 한계를 넘어서는 것이기 때문입니다. 그리스도와 결합한다는 것은 우리의 제약을 뛰어넘으시는 하나님의 아들과 연합하는 것을 말합니다. 성령이 내주하신다는 것은 삼위 하나님 전체와 연합한다는 것을 말합니다. 이것은 우리가 상상할 수도 없는 것입니다.

그러나 그리스도가 성육신하셨다는 사실은 우리가 하나님의 형상대로 지으심을 받았다는 진리를 깨닫게 해줍니다. 우리가 거룩한 신비를 관통하기 위해 하나님께 나아갈 수 없으므로, 하나님은 스스로를 진실하고도 신실하게 나타내시기 위해 그 아들인 그리스도를 통해 내려오신 것입니다.

그분은 성경이라는 기록을 우리에게 주셨습니다. 우리는 행복한 무지라는 어둠 속에서 더듬어 알도록 버려진 것이 아닙니다. 그러나 하나님의 은혜라는 왕관에 박힌 보석과 같은 이 교리는 17세기 중반부터 조금씩 자취를 감추기 시작했습니다. 지금은 설교자들조차도 그리스도와의 연합에 대해서 언급하기를 꺼려하며, 이에 대해 책을 쓰는 사람도 많지 않습니다. 윌리엄 에반스는 미국 개혁교회 안의 이런 추세를 수치화하여 도표로 나타내기도 했습니다. 그는 미국 개혁교회의 두

---

in *Justification*, ed. K. Scott Oliphint (Fearn, Ross-shire, UK: Mentor, 2007), 34.

거장인 조나단 에드워즈(Jonathan Edwards)와 찰스 핫지(Charles Hodge)에게도 칼빈이 하나로 묶었던 그리스도와의 연합의 두 양태, 즉 전가라는 외적 요소와 성령의 사역의 변화적 요소를 분리시킨 책임이 있다고 주장합니다. 그리스도가 성취하시고, 성령이 적용하시며, 우리가 (오직 믿음으로 말미암은 칭의라는 범위 안에서) 받은 구원의 은혜를 지속하고자 하는 욕구 그리고 성부 하나님이 보내주시고 우리 안에 내주하셔서 우리를 그분의 형상대로 바꾸어 가시는 성령 하나님의 지속적인 사역이라는 두 요소 사이에 점차 긴장이 증가되었고, 결국 이 두 요소는 분리되어 독립적인 것으로 여겨졌습니다.[5]

이쯤에서 우리의 마음속에는 칼빈은 그리스도와의 연합이라는 측면에서 칭의와 성화의 관계를 어떻게 보았을까라는 질문이 떠오릅니다. 시간적인 제약으로 이를 자세하게는 다룰 수는 없기에 간략하게 살펴보겠습니다. 신정통주의 학자들은 후기 개혁신학자들이 칭의를 우선시 했다는 점에서, 1559년판 『기독교강요』 3권에서 처음으로 성화를 다룬 칼빈과 구별된다고 주장합니다. 이것은 종교개혁 및 그 이후의 연구와 연관된 리차드 멀러와 같은 이들이 실수한 것입니다. 멀러는 칼빈이 필립 멜란히톤(Philipp Melanchton)처럼 1539년판 이후의 『기독교강요』의 순서를 로마서의 가르침의 순서에 따랐다고 강하게 주장합니다.[6] 사실 칼빈은 자신이 생각하는 신학의 우선순위에 따라 3권의 순서를 정하지는 않았습니다. 구원의 서정(*ordo salutis*)이라는 개념은 칼빈이 글을 쓰던

5　William B. Evans, *Imputation and Impartation: Union with Christ in American Reformed Theology* (Eugene, OR: Wipf&Stock, 2008), esp. 111-12.

6　Richard Muller, *The Unaccommodated Calvin: Studies in the Foundation of a Theological Tradition* (New York: Oxford University Press, 2000), 118-39.

당시에는 알려져 있던 주제가 아니었기 때문에, 그의 글에서 그 순서를 찾아내려는 것은 헛수고일 수 있습니다.[7] 제가 다른 곳에서 주장한 바와 같이, 웨스트민스터 총회(1643-49)는 정해진 논리적인 순서에 따라 회의하지 않았습니다. 그들은 대부분의 시간을 성경 본문의 해석에 관한 신학적 논의에 할애했기 때문입니다. 논의의 주제는 각 위원회가 참석자들에게 보고서를 나누어 주는 순서대로 정해졌습니다. 사실 단일화된 체계적인 원리는 19세기에서야 독일 신학자들이 개념을 정립한 것인데, 그것을 300년 이전의 회의에서 찾으려 하는 것은 시대를 거스르는 것입니다.[8]

그리스도와의 연합이라는 주제로 칼빈의 구원론을 평가할 수는 없습니다. 그리고 그의 칭의와 성화 사상에 상대적인 우선순위가 있었다고 단언할 수도 없습니다. 1559년판 『기독교강요』에는 칼빈이 후기 개혁신학자들처럼 칭의를 가장 근본적인 것으로 여긴다는 증거가 나타납니다. 그는 그것이 '종교가 뿌리내리고 있는 축'이라고 기록합니다. 왜냐하면 그것은 우리의 구원을 위해 그리고 하나님을 향한 경건을 이루기 위해 반드시 필요한 기초이기 때문입니다.[9] 그렇다고 해서 그의 구원관에서는 그리스도와의 연합이 무엇보다도 중요하고 결정적인 것이라고 결론을 내릴 수 있는 것은 아닙니다.[10]

---

[7] 멀러는 다음과 같이 말합니다. "바울이 기록한 로마서에서 멜란히톤이 찾아낸 신학적 주제의 순서는 개혁신학을 정립하는 기준이 되었습니다." ibid., 129.

[8] Robert Letham, *The Westminster Assembly: Reading Its Theology in Historical Context* (Phillipsburg, NJ: P&R Publishing, 2009), 101-11, 245-46.

[9] *Institutes*, 3.11.1.

[10] Ibid., 3.11.6, 11; 3.13.5; "Antidote to the Council of Trent." *SW*, 3,218; "Reply to Sadoleto", *SW*, 1,41-2.

영국 청교도 중 저명한 학자이자 1662년에 출교된 목회자인[11] 로우랜드 스테드만은 1668년에 출간된 그의 중요한 논고[12]에서 이렇게 기록합니다. "그리스도와 연합함으로써 우리는 영생과 그리스도가 주시는 은혜에 동참하는 것에 관심을 갖게 됩니다. 그러므로 만약 우리가 그 아들의 생명을 가졌다면, 우리는 그 아들을 가진 것입니다. 즉 우리는 그분과 하나가 된 것입니다. 그리스도와의 연합이 없다면, 그분에게로부터 오는 구원과 생명의 교통도 없습니다." 하나님은 먼저 "믿는 자들을 그리스도께 심으시고, 그분 안에서 또한 그분을 통하여 그들을 축복하십니다."[13]

1. 성경의 핵심인 그리스도와의 연합

그리스도와의 연합은 구원에 관한 성경적 가르침의 핵심이자 중심입니다. 이를 위해 신약성경의 주요 구절들을 저자별로 살펴보고자 합니다.

1) 바울

---

11 *Oxford Dictionary of National Biography*를 보십시오(http://www.oxforddnb.com/view/article/26341에서 열람 가능).

12 Rowland Stedman, *The Mystical Union of Believers with Christ, of A Treatise Wherein That Great Mystery and Privilege of the Saints Union with the Son of God Is Opened* (London: W. R. for Thomas Parkhurst, at the Golden-Bible on London Bridge, under the gate, 1668), Wing / 335:13.

13 Ibid., 18.

바울은 에베소서 1:3-14에서 그리스도인의 믿음 전체를 그리스도와의 연합으로 요약합니다. 창세 전에 우리를 택하신 것부터 시작하여(엡 1:3-4) 그리스도의 피로 죄를 사하셨습니다(엡 1:7). 구원의 날까지 우리를 지키시는 성령이 인치시기까지(엡 1:13-14), 성부 하나님이 택하고 예정하셨으며(엡 1:3-5), 성자 하나님은 구속하셨고(엡 1:7) 성령 하나님이 동참하셨습니다(엡 1:13-14). 모든 것이 '그분, 즉 그리스도 안에서' 이루어졌습니다. 온 우주가 머리되신 그리스도 아래서 새롭게 됩니다(엡 1:10).[14]

2) 요한

요한복음 14:16에서 예수님은 자신과 제자들의 관계를 자신과 아버지와의 관계에 비유합니다. 예수님과 성부 하나님은 서로 '안에' 있으며 삼위의 연합 안에 거합니다. 이와 같이 그분과 제자들도 서로 안에 거합니다. 성령이 임하실 오순절, 그날이 되면 그들은 "내가 아버지 안에, 너희가 내 안에, 내가 너희 안에 있는 것을"(요 14:20) 알 것입니다.

예수님은 더 나아가 이렇게 말합니다. "사람이 나를 사랑하면 내 말을 지키리니 내 아버지께서 그를 사랑하실 것이요 우리가 그에게 가서 거처를 그와 함께 하리라"(요 14:23). 여기서는 예수님을 사랑하고 그분의 명령을 지키는 자에게 삼위 하나님 모두가 함께 거한다고 말합니다. 예수님과 성부 하나님은 그들과 거처를 함께 할 것이고, 전체 맥락은 이 일이 일어날 때에 성령이 오시리라는 것을 가리키고 있습니다. 여기

---

14 Robert Letham, *The Work of Christ* (Leicester, UK: Inter-Varsity Press, 1993), 80-81.

서 사용된 '거처'(monē)는 성령이 선지자들에게 임하신 것처럼 짧은 방문을 말하는 것이 아닙니다. 그것은 영구적인 거주를 말합니다.[15]

요한복음 17:12에서 예수님은 아들과 아버지의 보이지 않는 삼위의 연합과 같이, 하나가 되어 세상에 드러나게 될 그분의 교회를 위하여 아버지께 기도합니다. 예수님이 성부 하나님께 드리는 이 기도에서 아버지와 아들은 분명히 구별되지만, 그들은 하나입니다. 그들의 하나됨은 구별됨을 훼손하지 않고, 구별됨도 하나됨을 훼손하지 않습니다. 요한복음 17:21에서는 교회의 연합("그들도 다 하나가 되어")과 아버지와 아들의 연합에 대해 말하고, 후자를 전자의 이해를 돕기 위한 본보기("아버지께서 내 안에, 내가 아버지 안에 있는 것 같이 그들도 다 하나가 되어 우리 안에 있게 하사")로 삼았습니다. 이로써 사도들의 증언을 듣고 그리스도를 믿고자 했던 사람들은 아버지와 아들 안에 있게 되었습니다.

그분은 이런 기도를 덧붙입니다. "우리가 하나가 된 것 같이 그들도 하나가 되게 하려 함이니이다 곧 내가 그들 안에 있고 아버지께서 내 안에 계시어 그들로 온전함을 이루어 하나가 되게 하려 함은…"(요 17:22-23). 여기서 예수님이 기도하신 믿는 자들의 연합은 교회가 누리는 특권인 그리스도 자신과의 연합에 뿌리를 두고 있습니다. 아버지와 아들이 구별되시나 또한 하나이시라는 것은 분명합니다. 그 연합은 구별 안의 통일입니다. 이와 같이 믿는 자들의 하나됨은 그들의 특별함을 상쇄하지 않습니다. 이뿐만 아니라 이것은 아들이 그들 '안에' 계신다는 사실에 기반을 둔 것입니다. 교회를 위한 예수님의 기도의 핵심은 하나님의 생명으로 이끄는 그분의 내주하심입니다.

---

15 D. A. Carson, *The Gospel According to St John* (Leicester, UK: Inter-Varsity Press), 1991.

3) 베드로

베드로전서 1:3-4을 보면 베드로가 그리스도와의 연합에 복음의 초점이 있다고 생각하는 것을 발견할 수 있습니다. 베드로는 "그리스도를 죽은 자 가운데서 부활하게 하심으로 말미암아 우리를 거듭나게 하사 산 소망이 있게"(벧전 1:3) 된 "흩어진 나그네"(벧전 1:1)들에게 이 편지를 쓰고 있습니다. 그리스도인의 첫 단계인 중생은 그리스도가 다시 사심으로 말미암아 이루어진 것입니다.

중생(regeneration)은 곧 부활입니다. 바울은 중생 이전의 상태를 죄 속에서 죽은 것과 같다고 했습니다(엡 2:1). 그렇다면 당연히 중생은 생명을 가져다주는 것입니다. 중생은 그리스도의 부활과 그 놀라운 사건의 능력을 나누는 것입니다. 그리스도와 함께 살게 되는 것입니다. 그것은 각 개인에게 독립적으로 일어나는 사건이 아닙니다. 그것은 필연적으로(inescapably) 공동체에게, 그리스도와의 역동적인 연합 안에서 일어납니다.

2. 그리스도와의 연합과 칭의

바울이 기록한 로마서 5:12-21에 따르면 첫 번째 아담이 자신과의 연대적 관계로 인해 모든 사람을 죄와 사망에 빠지게 한 것처럼, 두 번째 아담은 자신과 연대 관계를 맺는 모든 사람에게 생명과 의를 가져다주십니다.

한 사람의 범죄로 말미암아 사망이 그 한 사람을 통하여 왕노릇 하였은즉 더욱 은혜와 의의 선물을 넘치게 받는 자들은 한 분 예수 그리스도를 통하여 생명 안에서 왕노릇하리로다(롬 5:17).

여기서 바울은 앞서 말한 것과 같이 그리스도의 대속적 죽으심만이 모든 믿는 자들에게 유효한 유일한 구원의 길이라는 것을 말하고 있습니다(롬 3:21). 칭의는 오직 믿음으로 받는 것이며, 그것은 그리스도가 그분의 죽으심과 부활로 단번에 이루신 사역에 기반을 둔 것입니다(롬 4:25). 바울이 말하고자 하는 바는 우리는 각자 개인으로 부르심을 받는 것이 아니요, 연대의 공동체 혹은 팀으로서 하나님이 정해주셨다는 것입니다. 아담은 우리 모두가 구성원인 팀의 대표였습니다. 그의 죄로 팀 전체가 죄, 파멸, 죽음과 저주에 빠지게 되었습니다. 그리스도도 역시 우리가 속한 팀의 대표로서 일하셨습니다. 그분은 우리를 위해, 우리를 대표하여 일하셨습니다. 그리고 하나님은 우리가 팀의 대표이신 그분에게 속해 있다는 이유만으로, 우리가 선한 일을 한 것과 같이 여겨주셨습니다. 그러므로 우리의 의로움은 그리스도와의 연합 때문입니다.[16]

---

16 지난 20년간, 신약 학계에서는 그리스도와의 연합과 칭의 사이의 관계에 대한 상당한 논의가 있었습니다. 바울에 대한 새 관점을 필두로 James D. G. Dunn과 N. T. Wright, 그리고 많은 학자들이 논의에 참여하였는데, 그리스도와의 연합이 그리스도의 의의 전가(imputation)에 대해 부적절하고 잘못된 개념을 만든다고 회자되어 왔습니다. 이 문헌을 인용하기는 분량이 너무 방대합니다. 저는 이 주장이 새 관점의 접근의 기반을 약화시킨다고 생각하지만, 이 책에서는 이 주제에 대해 깊게 다루지는 않을 것입니다. 이 문헌을 칼빈 학파와 정통 기독론의 관점에서 접근한 탁월한 평가를 보고자 한다면 다음을 보십시오. Mark Garcia, "Imputation and the Christology of Union with Christ: Calvin, Osiander and the Contemporary Quest for a Reformed Model." *WTJ* 68 (2006): 219-51.

3. 그리스도와의 연합과 성화

로마서 6:1에서 바울은 그분의 은혜가 도덕적인 무관심을 조장한다는 비판에 대하여, 의롭다 하심을 입은 믿는 자들은 그리스도와 함께 합하였고 그들을 죄에 내어주지 않을 것이라고 말합니다. 그들은 이미 그리스도와 함께 죄에 대하여 죽었고 그분의 부활로 말미암아 새로운 삶을 살게 되었기 때문입니다. 그리스도가 그들을 '위하여' 죽으셨고 다시 사셨을 뿐만 아니라, 그들과 '함께' 죽으셨고 다시 사셨습니다. 그리스도와의 연합은 성화와 성화를 위한 원동력이 되는 가장 근본적인 기초입니다. 바울은 이렇게 말합니다.

> 그러므로 그리스도 예수와 합하여 세례를 받은 우리는 그의 죽으심과 합하여 세례를 받은 줄 알지 못하느냐 그러므로 우리가 그의 죽으심과 합하여 세례를 받음으로 그와 함께 장사되었나니 이는 아버지의 영광으로 말미암아 그리스도를 죽은 자 가운데서 다시 살리심과 같이 우리도 또한 새 생명 가운데서 행하게 하려 함이라(롬 6:3-4).

4. 그리스도와의 연합과 부활

바울은 고린도전서 15장에서 그리스도의 부활과 그분이 교회에 주시는 부활은 하나라고 말합니다(고전 15:12-19). 그리스도가 다시 사심이 없다면 믿는 자들의 부활도 없습니다. 믿는 자들의 부활이 없다면 그리스도 역시 다시 사시지 못하셨을 것입니다. 이 둘은 하나로 묶여 있습니다. 그리스도가 다시 사셨으며, 우리도 그분과 같이 다시 살 것입니다. 그리스도가 다시 오실 때 그분은 믿는 자들의 첫 열매가 되실 것입니다(고전 15:19-23). 첫 열매인 그분의 부활은 장차 거둘 열매도 그와 같을 것을 보여줍니다. 그러므로 그 첫 열매는 더 많은 열매를 거두리라는 것과 그분의 부활과 우리의 부활은 같다는 것을 보증합니다. 그리스도가 다시 오실 때에 믿는 자들은 '그리스도 안에서' 부활할 것입니다. 그리스도의 부활은 곧 우리의 부활입니다. 원자를 구성하는 입자가 무한한 공간에서 붕괴될 때, 나눠진 입자는 동일한 행동양식을 보인다는 아인슈타인-벨-포돌스키의 양자역학이론은 부활에 있어서도 적용됩니다. 영원한 시간에서 그리스도의 부활과 의인의 부활이 나뉘는데, 후자는 전자와의 연합을 통해 이루어지기 때문에 이들은 동일합니다.

토니 레인(Tony Lane)은 다음과 같이 말합니다.

> 그분이 우리를 위해 이루신 일은 집에 전기를 공급하는 전선과 같아서 우리가 그리스도와 연합할 때까지 우리를 돕습니다.[17]

---

[17] Tony Lane, *Justification by Faith in Catholic-Protestant Dialogue: An Evangelical Assessment* (London: T&T Clark, 2002), 23.

Union with Christ

In Scripture, History, And Theology

1 창조

그리스도와의 연합은 하나님이 사람을 하나님의 형상을 닮은 모습으로 창조하셨기 때문에 가능합니다. 이것은 사람을 남자와 여자로 창조하시고 그분의 기뻐하시는 순서대로 창조를 하신 창세기 1장 말씀의 핵심입니다. 이것이 우리가 논의하고자 하는 주제와 어떤 관계가 있는지 알아보기 위해 이 장의 전체적인 맥락을 살펴보려고 합니다. 이 장은 창조주 하나님을 자신의 형상을 따라 사람을 만드신 관계적인 존재로 묘사하고 있습니다. 궁극적으로 보이지 않는 하나님의 형상이신 장차 오실 예수 그리스도를 묘사하고 있습니다.

1. 창조의 삼위일체적 근거

창세기 1장은 사람이 살 수 있도록 질서 정연하게 지어지는 세상의 창조와 형성 과정을 묘사합니다. 사람은 창조주이신 하나님과 관계를 맺고 연합함으로써 피조 세계의 우두머리로 묘사됩니다. '창조'의 행위는 그 이후에 뒤따르는 형성 과정에 비해 매우 직접적이고 즉각적입니다(창 1:1-2).[1] 그 결과물로 만들어진 세상은 아직은 사람이 살 수 없는 형태가 없이 텅 비어, 어둡고 축축한 우주였습니다. 이 장의 나머지 부분에서 하나님은 질서와 빛을 주시고 마르게 하셔서 생명이 번성할 수 있도록 그 세상을 형성하고 꾸미셨습니다.

첫 번째로 하나님은 빛을 창조하시고 어둠의 경계를 정하셨습니다(창 1:2-5).

두 번째로 하나님은 이 세상에 형태가 잡히도록 하셨습니다(창 1:6-8, 9-10).

세 번째로 하나님은 물과 마른 땅을 구분하셔서 전체가 젖어있지 않도록 하셨습니다(창 1:9-10).

그 후에 하나님은 물고기와 새, 땅의 짐승 그리고 모든 것의 정점으로서 그분의 형상을 따라 사람을 만드셔서 세상에 생명이 번성하게 하셨습니다(창 1:20-30). 이 하나님은 전능하실 뿐 아니라 모든 것을 계획하시는 분이시며, 예술가이자 건축가입니다. 이 순서는 앞의 3일과 뒤의 3일이 평행한다는 사실에서 더욱 분명하게 드러납니다.[2] 하나님은 그분의 피조물들에게 이름을 지어주시고 복을 주셔서 자신의 주권적인 자유를 드러내시고, 보시기에 심히 좋았다고 말씀하십니다. 일곱 째 날에는 자신의 동역자이자 자신의 형상대로 만드신 사람과 함께 안식하

---

1   Herman Bavinck, *In the Beginning: Foundation of Creation Theology*, ed. John Bolt, trans John Vriend (Grand Rapids: Baker, 1999), 100ff. (후에 *Reformed Dogmatics* vol. 2로 출간).

2   이 패턴은 13세기 이전부터 알려져 있었습니다. 다음 책을 보십시오. *Robert Grosseteste, On the Six Days of Creation: A Translation of the Hexaëmeron*, trans. C. F. J. Martin, Auctores Britannici Medii Aevi (Oxford: Oxford University Press for the British Academy, 1996), 160-61 (5:1:3-5:2:1); *ST*, pt. 1,Q. 74, art. 1. 나의 다음 글을 참고하십시오. "In the Space of Six Days': The Days of Creation from Origen to the Westminster Assembly," *WTJ* 61 (1999): 149-74.

십니다. 하나님은 우리를 바로 그 안식으로 초대하십니다.³

가장 놀라운 것은 하나님의 주권과 창조의 다채로운 순서입니다. 특히 그분은 지구를 세 가지 방법으로 창조하셨습니다.

첫째, 하나님은 직접적으로 명령하셨습니다. 그분은 "빛이 있으라"(창 1:3)하셨고, 빛이 있었습니다. 그리고 별다른 노력 없이 말씀으로 궁창(창 1:6), 마른 땅(창 1:9), 별(창 1:14-15) 그리고 새와 물고기(창 1:20-21)를 만드셨습니다. 이것들은 하나님의 말씀으로 충분하였고 그분의 명령은 성취되었습니다.

둘째, 하나님은 일하셨습니다. 그분은 빛과 어두움을 나누셨고(창 1:4), 궁창을 만드셔서 물과 물을 나누셨으며(창 1:7), 두 빛을 만드셨고(창 1:16), 그것들을 하늘의 궁창에 두어 땅을 비추게 하셨습니다(창 1:17). 또한 큰 바다 짐승들과 날개 있는 새들을 만드셨고(창 1:21), 땅의 짐승과 땅에 기는 것을 종류대로 만드셨으며(창 1:25), 사람(남자와 여자)을 그분의 형상에 따라 만드셨습니다(창 1:26-27). 그 모든 것은 계획과 의도를 가진 행동이었으며 그분의 목적을 성취하기 위한 거룩한 노동이었습니다. 그러나 창조의 방법이 한 가지 더 있습니다.

셋째, 하나님은 피조물들의 활동을 활용하셨습니다. 하나님은 땅에게 채소와 풀과 나무를 내라고 명령하셨습니다(창 1:11-12). 빛에게 낮과 밤을 주관하라고 명령하셨습니다(창 1:14-16). 땅에게 생물을 내라고 명령하셨습니다(창 1:24). 피조물들은 그분의 명령에 순종하여 실제로 그렇게 하였습니다. 온 우주를 만드신 하나님은 독단적으로 일하시지 않으십니다. 그분의 명령은 세 가지이지만 사실 하나입니다. 그분의 일하

---

3 히 3:7-4:11을 참고하십시오.

심은 통일성 속의 다양성, 다양성 속의 통일성을 보여줍니다. 하나님은 질서와 다양성을 모두 사랑하십니다.[4]

이것이 바로 창세기 1장에서 알 수 있는 하나님입니다. 세상을 만드실 때 세 가지 방법을 사용하셨다는 점은 창조주 하나님이 어떤 분이신지를 보여줍니다. 그분은 관계적인 존재입니다. 창세기 1장의 시작 부분을 보면 하늘과 땅을 창조하신 하나님과(창 1:1), 수면 위에 운행하시는 성령(창 1:2), 빛이 있으라는 명령을 발하시는 하나님의 로고스(창 1:3)를 구분할 수 있습니다. 이 장의 나머지 부분에서 하나님의 명령은 계속 등장합니다. 물론 구약성경에서는 한 하나님의 유일하심을 매우 강조하기 때문에 원 저자나 원 독자가 성령 하나님의 위격을 이해했을 것이라 보기는 어렵습니다. 그러나 고든 웬함(Gorden Wenham)이 이것을 성령 하나님을 묘사하는 것이라고 주장한 것은 타당한 해석입니다.[5] 신약성경에 묘사된 성령의 모습도 이와 일치합니다.

사람을 창조하실 때도 "우리의 모양대로 우리가 사람을 만들고"(창 1:26)라고 말씀하시어 하나님의 다자성을 나타내셨습니다. 게르하르트 폰 라트(Gerhard Von Rad)는 이를 통해 하나님의 창조행위가 뜻하신 바가 무엇인지를 밝히 알려준다고 말합니다.[6] 성경은 원 저자의 지평을 넘어서는 완전함이 있기 때문에, 교회의 전통을 잇는 많은 교부들도 이 구절을 삼위일체를 지칭하는 것으로 보았습니다. 그러나 이것은 원 독자나 구약시대의 신자들에게는 감추어져 있었으며 당시에는 그렇게 이

---

4 Francis Watson, *Text, Church and World: Biblical Interpretation in Theological Perspective* (Edinburgh: T&T Clark, 1994), 142-143.

5 Gorden Wenham, *Genesis 1-15*, World Biblical Commentary (Waco, TX: Word, 1987), 15-17.

6 Gerhard Von Rad, *Genesis: A commentary*, rev. ed. (Philadelphia: Westminster Press, 1961).

해되지 않았기 때문에, 교부들은 본문의 맥락을 벗어나는 다양한 해석을 할 수 없었습니다. 랍비들의 주해도 이 본문에 대해 고민하며, 다른 비슷한 본문에 대해 하나님의 다자성을 가리키는 것으로 해석합니다(창 3:22; 11:7; 사 6:8). 신약성경은 구약성경에서 씨앗과 같은 형태로 발견되는 원리들을 밝히 알려주기 때문에, 우리는 그 이해 위에서 이전의 기록들을 다시 살펴볼 수 있습니다. 그것은 마치 추리소설의 결론 부분을 읽고 나서 다시 이야기를 읽어보면 우리가 처음에는 지나쳤던 단서가 이야기 전체에서 갖는 완전히 새로운 의미를 찾는 것과 같습니다. 이 본문은 후에 삼위일체 교리로 표현되는 하나님의 다자성이라는 '충만한 뜻'(sensus plenior)을 증언하고 있습니다. 원 독자들은 이것을 이해하지 못했지만, 우리는 결말을 알고 있기 때문에 다시 본문으로 돌아가 단서를 발견할 수 있습니다.[7]

제가 다른 책에서 창세기 1:26-27에 대해 주해했던 것을 다시 언급하고자 합니다. "본문은 하나님의 고유한 관계성을 나타냅니다. 창 1:26에서는 복수로 기록되어 있고, 창 1:27에는 단수로 기록되어 있습니다. 그분의 형상을 따라 남자와 여자로 지어진 사람도 하나님과 같이 단수와 복수로 기록되어 있습니다. 창 1:1-3에서 하나님, 성령 하나님, 하나님의 말씀으로 나뉘는 구분에 따르는…이 관계성은 성경의 계시의 단계마다 이어져오며, 마침내 '삼위의 일체'(triunity)의 형태로 나타납니다."[8] 여기서 저는 칼 바르트의 주해를 인용하였습니다.[9]

---

7   Robert Letham, *The Holy Trinity: In Scripture, History, Theology, and Worship* (Phillipsburg, NJ: P&R Publishing, 2004), 17-22.
8   Robert Letham, "The Man-Woman Debate: Theological Comment," *WTJ* 52 (1990): 71.
9   *CD*, 3.1:196.

2. 창조의 중보자인 그리스도

삼위 하나님의 공동의 사역으로 그려졌던 창조의 사역은 신약성경에 이르러 예수 그리스도의 창조의 중보자 역할에 초점이 맞춰집니다. 이 주제는 다른 책에서 다루었던 적이 있습니다.[10]

태초에 로고스가 계셨다고 기록하는 요한복음 1장은 창세기 1:1을 떠올리게 합니다. 하나님과 함께 계셨고, 하나님이시며 또한 육신이 되어 우리 가운데 거하신 이 로고스는 만물의 창조주라 기록되어 있습니다(요 1:3). 또한 그분은 생명이십니다. 그분은 생명을 만드신 분일 뿐만 아니라 그분이 곧 생명입니다(요 1:4). 그분의 창조는 자유 가운데 이루어졌고 또한 창조는 그분이 어떤 분인지를 나타냅니다.

> 바울은 골로새서 1:16-17에서 이 주제에 대해 자세히 설명합니다. 만물이 그에게서 창조되되 하늘과 땅에서 보이는 것들과 보이지 않는 것들과 혹은 왕권들이나 주권들이나 통치자들이나 권세들이나 만물이 다 그로 말미암고 그를 위하여 창조되었고 또한 그가 만물보다 먼저 계시고 만물이 그 안에 함께 섰느니라 (골 1:16-17).

여기서 바울은 선재하신 아들(골 1:13)이신 그리스도가 만물의 창조주라는 것을 주장합니다. '만물'은 포괄적이며 아무것도 배제하지 않습니다. 인격적인 것이나 비인격적인 것이나, 천사나 사람이나, 동물이나

---

[10] Robert Letham, *The Work of Christ* (Leicester, UK: Inter-Varsity Press, 1993), 197-209.

식물이나, 이 모든 것이 그 아들로 말미암아 존재합니다. 그분이 모든 것을 창조하셨을 뿐 아니라, 그들의 우두머리로서 그렇게 하셨습니다. 창조는 '그리스도 안에서' 이루어졌습니다. 따라서 온 우주는 목적이 있습니다. 그것은 그 아들로 말미암아 유지되고 있습니다. 그분은 매 순간 그것을 유지하시며 그분의 의도한 목적대로 이끌고 있습니다. 모든 것은 '그리스도를 위하여' 창조되었고 지속됩니다. 우주가 존재하는 목적은 하나님의 아들이신 그리스도의 영광을 위한 것입니다. 그것이 향하는 목적은 그분을 따름입니다. 바울이 에베소 교회에게 말하듯이, 모든 것이 영원히 그리스도의 머리되심 아래 있을 것입니다(엡 1:10).[11]

히브리서의 저자에 따르면 마지막 날에 하나님은 아들을 통하여 말씀하실 것입니다.

그 아들은 곧 모든 세계를 지으신 분이시고(히 1:2), 능력의 말씀으로 만물을 붙들어 그분의 영원한 목적으로 이끄시는 분입니다(히 1:3). 널리 알려진 바와 같이 이는 무거운 짐을 끌고 가는 정적인 이미지가 아니라, 예정된 목적이라는 목표를 향해 이끌어 가는 동적인 이미지입니다. 저자가 아들이신 그리스도를 창조 때의 말씀과 동일시한 것은 단순한 암시 이상의 의도가 있습니다(창 1:3).

요한계시록 5장에서 요한은 인을 떼기에 합당하고 땅에서 왕 노릇할 분은 어린 양뿐이라고 말합니다. 그분은 세상 모든 일과 그분의 교회를 통치하십니다. 책의 나머지 부분이 세상에 대한 심판과 핍박당하는 교회의 최후 승리를 통해 이를 설명하고 있습니다.[12]

---

11 Ibid., 198-202.
12 G. K. Beale, *The Book of Revelation: A Commentary on the Greek Text* (Grand Rapids: Eerdmans, 1999).

3. 하나님의 형상대로, 그리스도 안에서 창조된 사람

우리가 아는 바와 같이 이 장의 요점은 첫 번째 아담이 하나님의 형상대로 그 '안에서' 지음을 받았다는 것입니다(창 1:26-27). 하나님의 의사표현형(self-deliberation)이 기록된 것은 여기가 유일합니다. 이것은 마치 저자가 전체를 이해하기 위해서 너무나 중요한 문장에 형광펜으로 칠하고 표시를 해두는 것과 같습니다. 다시 말해서 이것이 이 장의 핵심이며 전체가 작동하는 목적입니다. 이것이 무슨 의미입니까?

신약성경에서 바울은 믿는 자들에게 지식과, 의와, 거룩함에 있어 하나님의 형상을 따라 새롭게 하심을 입으라고 말합니다(엡 4:24; 골 3:10). 타락한 인간이 여전히 하나님의 형상인지에 대한 질문 그리고 만약 그렇다면 어째서 그것이 참인지에 대한 질문은 오랫동안 논의되어 왔습니다. 성경의 어떤 구절들은 하나님과의 관계와 상관없이 모든 이에게 이것이 참이라고 말하는 것 같지만,[13] 바울서신의 구절들은 성령으로 새롭게 된 이들에 대해서만 참이라고 말하는 것처럼 보입니다.

개혁신학자들은 하나님의 형상인 인간을 모든 사람이 포함되는 넓은 의미와 믿는 자들만을 포함하는 좁은 의미, 두 차원으로 구분하여 이 딜레마를 이해하였습니다. 그러나 이것은 만족스러운 해석은 아닙니다. 구속사적인 접근에서 해법을 찾아야 합니다. 이를 위해 우리는 헬라 교부들의 가르침을 되짚어보려 합니다.[14]

창세기 본문은 아담과 그 아내가 하나님의 형상대로 만들어졌다고

---

[13] 고전 11:7; 약 3:9.
[14] Philip Edgcumbe Hughes, *The True Image: The Origin and Destiny of Man in Christ* (Grand Rapids: Eerdmans, 1989), 289-86.

말합니다. 하나님의 형상이 무엇인지는 신약성경에서 밝히 드러납니다. 바울은 그리스도가 곧 하나님의 형상이라고 말합니다(고후 4:4, 골 1:15). 몸의 부활에 대해 논의하면서 그는 아담과 부활하신 그리스도를 비교합니다. 우리는 아담에게서 약하고 유한한 땅의 형상을 물려받았고, 부활하신 그리스도께로부터 성령의 인도하심과 통치 아래 있는 하늘의 형상을 받았습니다(고전 15:45-49).[15]

바울의 사상에서 두 번째 아담인 그리스도는 곧 하나님의 형상입니다. 아담은 그리스도의 형상으로 지음을 받았고 타락하였지만, 지금 우리는 은혜로 말미암아 둘째 아담인 그리스도 안에서 거룩과 의와 지식에 있어서 하나님의 형상으로 새롭게 되었습니다. 이 가르침은 히브리서의 저자에게서도 발견됩니다. 이 편지는 첫 문단에서 하나님의 최종적이고 궁극적인 말씀이신 그 아들은 "하나님의 영광의 광채시요 그 본체의 형상이시라"(히 1:3)라고 말합니다.

그러므로 처음부터 하나님의 궁극적인 목적은 그분이 하신 모든 일에 깔려 있었습니다. 모든 일은 그분의 인도하심 아래 그분이 정하신 그리스도의 통치라는 목적을 향하고 있었습니다. 그분의 성육신(incarnation)은 그리스도의 구속이라는 사역 전체의 필수적인 부분으로 영원 전부터 계획되어 있었습니다. 이는 그리스도의 성육신은 죄를 짓기 전의 아담과 같았을 것이라는 사변적 주장과는 차이가 있습니다. 성육신이 영원 전부터 예정되어 있었다면, 성경이 말하듯이 아담의 타락 역시 마찬가지였을 것입니다.

---

15 Richard B. Gaffin JR., *The Centrality of the Resurrection: A Study in Paul's Soteriology* (Grand Rapids: Baker, 1978).

4. 구별되지만 양립할 수 있는 하나님과 사람

사람은 하나님의 형상대로 지으심을 받았기에 하나님의 피조세계를 다스리고 하나님과 교통하도록 지어졌습니다. 이는 아담과 그 아내에게 땅을 다스리는 통치권을 주시는 창세기 1장에서 분명히 드러납니다. 시편 8:3-8은 이 사실을 시적으로 표현합니다.

> 주의 손가락으로 만드신 주의 하늘과 주께서 베풀어 두신 달과 별들을 내가 보오니 사람이 무엇이기에 주께서 그를 생각하시며 인자가 무엇이기에 주께서 그를 돌보시나이까 그를 하나님보다 조금 못하게 하시고 영화와 존귀로 관을 씌우셨나이다 주의 손으로 만드신 것들을 다스리게 하시고 만물을 그의 발아래 두셨으니 곧 모든 소와 양과 들짐승이며 공중의 새와 바다의 물고기와 바닷길에 다니는 것이니이다(시 8:3-8).

그러므로 사람이 영원하거나 본질적으로 불멸하지 않는 피조물은 아니지만, 모든 세계가 그를 위해 지어진 가장 고귀한 피조물인 것은 사실입니다. 유한한 피조물로서 사람은 창조주의 뜻에 따라 땅을 다스리는 큰 특권을 받았습니다. 동시에 그는 하나님의 형상대로 지음을 받고 하나님과의 교통 가운데 살아가도록 하나님과 이어져 있습니다. 창세기 2장을 살펴보면, 타락 이전에는 하나님과 아담 사이에 의사소통이 있었음을 알 수 있습니다. 하나님은 남자와 여자에게 번성하고 다스리라고 직접 말씀하셨고(창 1:28-30), 동산 각종 나무의 열매는 임의로 먹되 선악을 알게 하는 나무의 열매는 먹지 말라고 가르쳐주셨습니다(창

2:16). 그리고 아담을 위해 여자를 만들어 직접 데려오셨습니다(창 2:21-22). 타락 이후에도 불순종한 그들을 부르셨습니다(창 3:9).

그러므로 하나님과 사람 사이에는 '차이'가 있습니다. 하나님은 창조주이시며 사람은 그분이 지으신 피조물입니다. 하나님은 무한하고 영원한 주권자이시고 또한 전능하십니다. 사람은 약하고 유한하며, 시간과 공간에 속한 피조물입니다. 한 곳에만 존재할 수 있으며, 그분의 창조주이신 하나님의 통치의 대상입니다. 또한 파생된 것이며 창세기의 범위 안에 속하여 있습니다. 이사야 선지자는 유다의 하나님 여호와의 유일하심과 높으심과 함께 이 점을 강조합니다.

> 이스라엘의 왕인 여호와, 이스라엘의 구원자인 만군의 여호와가 이같이 말하노라 나는 처음이요 나는 마지막이라 나 외에 다른 신이 없느니라 내가 영원한 백성을 세운 이후로 나처럼 외치며 알리며 나에게 설명할 자가 누구냐 있거든 될 일과 장차 올 일을 그들에게 알릴지어다 너희는 두려워하지 말며 겁내지 말라 내가 예로부터 너희에게 듣게 하지 아니하였느냐 알리지 아니하였느냐 너희는 나의 증인이라 나 외에 신이 있겠느냐 과연 반석은 없나니 다른 신이 있음을 내가 알지 못하노라(사 44:6-8).

그러나 하나님과 사람 사이에는 양립 가능성(compatibility)도 내재합니다. 사람은 하나님의 형상대로 지으심을 받았습니다. 그는 창조주와 교통(communion)하도록 지어졌습니다. 하나님은 그에게 땅의 모든 것에 대한 책임을 지우셨습니다. 하나님과 사람, 즉 남자와 여자는 말로 의사소통을 하는 것이 당연한 상태였습니다. 하나님은 그를 언약의 동역자로 임명하셨고, 아름다운 동산을 누릴 수 있는 자유를 주셨으며, 하나님의 영광을 위해 동산에서 지켜야 하는 의무를 주셨습니다. 그리고 하나님께 불순종하여 이 의무를 저버리고 피조세계를 잘못 사용하는 데 따르는 결과에 대해서 경고하셨습니다. 사람이 하나님을 위해 지어졌음에도, 하나님은 그를 위해 함께 세상을 다스리는 동역자의 자리로 낮아지셨습니다. 게다가 이 모든 것이 아들의 '성육신'이라는 방법으로 표현되었기 때문에, 이 양립 가능성은 하나님의 피조세계와 '사람에게' 가지신 목적의 핵심입니다.

5. 하나됨을 막는 타락

창세기 3장은 죄가 이 세상에 들어오는 슬픈 이야기입니다. 아담과 그의 아내는 하나님의 법을 순종하지 않았기에 결국 사망이라는 결과를 초래하게 됩니다. 인간의 죄의 즉각적인 결과는 피조세계의 질서와의 관계가 어지럽게 되는 것입니다. 하나님은 땅을 경작하고 정복하라고 아담을 동산에 두셨습니다.[16] 아담의 행동으로 죄가 세상에 들어왔습니다. 축복이었던 것이 저주가 되었습니다. 땅은 가시와 엉겅퀴를 내게 되었습니다. 노동은 힘겨운 수고가 되었습니다. 인간은 수고를 하여야 (수고에 비해 보잘 것 없는) 소산을 얻게 되었습니다(창 3:14-19).

히브리서 2:5-9은 시편 8장의 피조세계에서 인간의 위치에 대한 시

---

[16] 이것이 근본적으로는 사제-왕의 임무를 가리킨다는 근거가 있긴 하지만, 그에게는 경작의 임무가 주어졌습니다. 다음 책을 보십시오. J. V. Fesko, *Last Things First* (Fearn, Ross-shire, UK: Mentor, 2007).

적인 이야기를 반영합니다. 하나님은 모든 것을 그분의 발아래 두셨습니다. 하지만 아직은 모든 것이 사람에게 복종하는 것 같지는 않습니다. 아직은 그 목적이 이루어지지 않았습니다. 우리를 둘러싼 세계를 보면 이것은 분명합니다. 우리의 환경은 불안정합니다. 지혜롭게 통치하지 못하여 자원을 부당하게 착취하는 것, 파괴적인 전쟁과 전체주의 통치, 관료제를 통해 억압하는 것 등이 식량의 분배와 삶의 질과 같은 사안에 심각한 문제를 일으킵니다. 가장 큰 문제는 인간이 스스로를 제어하지 못한다는 것입니다. 끊이지 않는 분쟁과 검증되지 않은 자기 이익의 추구, 사회의 붕괴, 폭력적으로 종교에 심취하는 광적인 신앙이 만연하고 있습니다. 사람이 자신의 의지조차 다스릴 수 없는데, 어떻게 우주를 하나님께 복종하도록 이끌 수가 있겠습니까?

그러나 우리는 이 땅에 오신 순간부터 십자가에 달리실 때까지 잠시 동안 천사보다 못하도록 성육신하신 그리스도를 바라봅니다. 그분은 이제 하나님의 우편에 앉아 계시며, 모든 것을 다스리는 권세로 창조 당시의 인간을 향한 하나님의 목적을 이루고 계십니다. 시편 8편의 초점은 인간 전체에서 그리스도 한 분으로 좁혀집니다.

> 만물을 그 발아래 복종하게 하셨느니라 하였으니 만물로 그에게 복종하게 하셨은즉 복종하지 않은 것이 하나도 없어야 하겠으나 지금 우리가 만물이 아직 그에게 복종하고 있는 것을 보지 못하고 오직 우리가 천사들보다 잠시 동안 못하게 하심을 입은 자 곧 죽음의 고난 받으심으로 말미암아 영광과 존귀로 관을 쓰신 예수를 보니 이를 행하심은 하나님의 은혜로 말미암아 모든 사람을 위하여 죽음을 맛보려 하심이라(히 2:8-9).

그분은 그분과 함께 새롭게 된 우주를 다스리도록 우리를 부르시고, 우리의 믿음을 인도하시는 분이시며 또한 우리를 완전케 하시는 분입니다. 우리는 그분과의 연합 안에 이 일을 이룰 것입니다. 첫 번째 아담이 자신의 욕구에 굴복하여 죄에 빠지게 되었던 실패의 바로 그 자리에서, 두 번째 아담은 사탄을 굴복시키고 그분의 순종으로 사람들을 연합시킴으로써 그들을 원래의 목표로 회복시키셨습니다. 존 헨리 뉴먼(John Henry Newman)은 '지존하신 분께 찬미를 드리세'(Praise to the Holiest in the Height)라는 찬송시로 이것을 노래하였습니다.

> 하나님의 지혜의 사랑스러움이여
> 모든 것이 죄이며 수치뿐일 때
> 두 번째 아담이 구원하시러 오셨다
> 놀라운 사랑이여 아담 안에서 실패했던 일
> 살과 피로 다시 원수를 대적하고 극복해야 하리.

그리스도와의 연합은 인간이 창조된 본성의 근본입니다. 첫 번째 아담이 실패한 것을, 두 번째이자 마지막 아담이신 그리스도가 성취하셨습니다. 이 모든 것에 있어 그리스도의 성육신은 결정적입니다. 이는 전체 그림에서 중심을 차지하는 나선의 축과도 같습니다. 이 주제에 대해서는 다음 장에서 살펴보고자 합니다.

2 성육신

1. 그리스도의 인성과의 연합

신약성경은 예수 그리스도를 영원하신 하나님의 아들이라고 증언합니다. 이 주장을 지지하고 있는 근거들은 어렵지 않게 발견할 수 있습니다. 이것은 복음서와 서신서에서 넘쳐나는 주제입니다. 요한은 그의 복음서에서 두 가지 확신을 그려냅니다. 서문에서 그는 모든 것의 창조주이신 하나님과 함께 계셨으며 스스로가 곧 하나님이신 로고스께서 육신이 되어 우리 가운데 거하셨다고 선언합니다(요 1:1-4, 14-18). 요한복음의 끝부분이자 절정에서 도마는 "나의 주님이시요 나의 하나님이시니이다"(요 20:28)라고 고백합니다.

중간 부분에서 예수님은 자신을 '하나님과 동등하게' 여기셨고, 하나님을 모독한다는 사람들의 비난에 대해 자신의 말이 참이라고 반박합니다(요 5:16-47). 그리고 한 번 더 "나와 아버지는 하나이니라"(요 10:30)고 말하셨는데, 그 결과는 이전과 같았습니다(요 10:22-36). 그리고 예수님은 하나님과 자신을 믿음의 대상으로 동일시하였습니다(14:1). 그분과 아버지는 하나된 분으로, 서로 안에 거하십니다(요 14:7-20; 17:21-24).

마태복음에서 그분은 자신이 하나님과 지식 그리고 주권을 공유한다고 표현합니다(마 11:25-27). 바울은 다시 사신 그리스도를 '주'(*kurios*)라고 부릅니다. 이는 히브리어에서 이스라엘의 하나님 '여호와'(YHWH) 대신에 사용하던 '아도나이'(*adonai*)에 상응하는 단어입니다.[1]

그러나 예수님은 나고 자라며, 아기에서 어린이로, 어린이에서 어른으로 성장하는 단계를 지나기도 했습니다. 그분은 성령으로 잉태되었고, 동정녀 마리아에게서 나셨습니다. 마태복음 1:18-25과 누가복음 1:26-38의 탄생 기사는 요셉과 마리아의 관점으로 기록되어 있습니다. 두 복음서 모두 예수님은 성령으로 잉태되었음을 서술하고 있습니다(마 1:18; 눅 1:34-35). 신약성경의 다른 저자들도 이 사건에 대해 알고 있었음을 암시하는 구절들이 있습니다. 마가는 예수님을 "마리아의 아들"(막 6:3)이라 기록하는데, 이는 아버지의 이름을 따라 아들의 이름을 부르는 당시 관행을 생각해보면 매우 급진적인 것이었습니다.

바울은 갈라디아서 4:4에서 사람이 태어난 것에 대해 기록할 때 세 번 '겐난'(*gennan*)이라는 단어를 사용한 것과 달리 예수님의 태어나심에 대해서는 '기네스타이'(*ginesthai*)를 사용하였습니다. 마가와 바울은 예수님의 탄생이 특별한 것임을 알고 있었음이 이를 통해 드러납니다.

신약성경의 여러 사본들이 요한복음 1:13-14의 '그'를 복수로 해석하여 요한이 믿는 자들의 중생을 의미한다고 해석하는 것을 지지하지만, 3세기 초의 터툴리안(Tertullian)은 그것이 발렌티누스주의(Valentinians)의 잘못된 해석 때문이며, 이 본문은 "믿는 자들"(요 1:12)이 아니라 "혈통

---

1 예수님의 신성에 대한 더 깊은 이해를 위해서는 다음의 책을 보십시오. Robert Letham, *The Holy Trinity: In Scripture, History, Theology, and Worship* (Phillipsburg, NJ: P&R Publishing, 2004), 35-51.

으로나 육정으로나 사람의 뜻으로 나지 아니하고 오직 하나님께로부터 난"(요 1:13) 예수님을 가리키는 단수로 해석해야 한다고 주장합니다. 원문에 대한 해석이 어떠하든지 중요한 것은 그 당시에도 예수님이 동정녀에게서 나셨다는 것을 분명히 인식하고 있었다는 것입니다.[2]

예수님의 인성은 실제이며 참된 것입니다. 복음서는 그분이 일반적인 성장과정을 거치며 자랐다고 묘사합니다(눅 2:40-52). 그분은 피곤과 목마름, 배고픔과 졸음을 경험했습니다(요 4:4-7; 19:28; 마 4:1-2; 8:24). 그분은 어울리던 친구도 있었습니다. 제자들 중에서도 특히 베드로, 야고보, 요한과 가까웠고, 마리아, 마르다, 나사로와도 친했습니다. 그분은 먹고 마시는 연회를 즐기는 사람이었습니다. 혼인 잔치에서 포도주가 떨어졌을 때 좋은 포도주를 만들기도 했습니다. 또한 여느 1세기의 이스라엘 사람들처럼 먹고 마시기를 즐기는 사람이었습니다(요 2:1-11; 마 11:19). 사람들에게 사랑스러웠다는 것도 어찌 보면 당연한 일입니다(눅 2:52). 마지막 순간에 사도 요한에게 어머니를 부탁할 정도로 가족에 대한 책임감도 있었습니다(요 19:25-27).

그분은 슬픔을 알았습니다. 나사로의 무덤 앞에서 나사로의 죽음과 사람들의 우는 것을 보시고 비통히 여기고 불쌍히 여겼습니다(요 11:32-28). 그리고 그 전에 그분의 법적 아버지인 요셉이 죽었습니다. 히브리서 저자의 말처럼 예수님은 혈과 육, 믿음, 시험, 고난과 죽음을 겪으셨고(히 2:5-18), 심한 통곡과 눈물로 아버지께 간구를 올리셨으며, 우리와 같이 시험을 받았습니다(히 4:14-5:10). 그리고 그분은 무덤에 묻혔습니다(마 27:57-66; 막 15:43-47; 눅 23:50-56; 요 19:38-42).

---

2 Thomas F. Torrence, *Incarnation: The Person and Life of Christ* (Milton Keynes: UK: Paternoster, 2008), 88-94.

니케아 · 콘스탄티노플 신조(*Niceno-Constantinopolitan Creed*)의 고백처럼 이 모든 것은 우리와 우리의 구원을 위함이었습니다. 하나님만이 구원자입니다. 인생을 의지하는 것은 헛됩니다(시 146:1). 하지만 하나님 홀로 구하실 수는 없습니다! 하나님은 의로우시기 때문입니다. 인간의 죄를 위해서는 인간을 통한 속죄가 필요하다는 놀라운 사실이 하이델베르크 요리문답(*Heidelberg Catechism*) 16문에서 확인됩니다. "사람이 죄를 지었으니 사람이 자기 죗값을 치러야 합니다." 존 헨리 뉴먼의 찬송시 '지존하신 분께 찬미를 드리세'에도 이런 가사가 있습니다.

> 하나님의 지혜의 사랑스러움이여
> 모든 것이 죄이며 수치뿐일 때
> 두 번째 아담이 구원하시러 오셨다
> 놀라운 사랑이여 아담 안에서 실패했던 일
> 살과 피로 다시 원수를 대적하고 극복해야 하리
> 은혜보다 더 높은 선물은 정련된 살과 피, 모든 신성의 본질인
> 하나님의 임재이리라.

2. 하나님의 영원하신 아들이 스스로 인성과 결합하심

우리가 그리스도와 연합함의 근거는 그리스도가 성육신으로 우리와 연합하심에 있습니다. 그분이 먼저 우리와 같이 되셨기 때문에 우리는 그분과 하나가 될 수 있는 것입니다. 그 자신을 인성과 결합시키셨기 때문에 하나님의 아들은 인간과 같이 되었습니다. 그분은 완전한 사

람의 몸과 영혼을 입고 있습니다.

이 복음서의 시작 부분에서 요한은 하나님과 함께 태초부터 계신 영원한 말씀(Word)이 곧 육신이 되어 우리 가운데 거하시는 하나님이라고 말합니다(요 1:1-4; 14-18). 육신이 되었다는 것은 영원한 그분이 아니라 다른 성질을 가진 무언가로 변형되었다는 것을 뜻하지 않습니다. 그분은 변하지 않았습니다. 그분은 여전히 말씀이며 제자들이 그분의 영광을 보았던 그대로입니다. 그분은 인성을 입었고 사람과 같이 행동하고 살았지만, 그럼에도 여전히 하나님입니다. 말씀이신 그분은 이 세상에 육체를 입고 오는 그 계획을 받아들이셨습니다.

바울은 고린도후서 5:19에서 이렇게 말합니다. "곧 하나님께서 그리스도 안에 계시사 세상을 자기와 화목하게 하시며"(고후 5:19). 여기서 '하나님'은 능동적 주체입니다. 하나님은 그리스도 안에 계시고, 그리스도 안의 하나님이 세상과 자신을 화목하게 하는 주동적 행위자입니다. 그러므로 하나님의 아들의 인성은 인간이었고, 지금도 마찬가지입니다. 갈라디아서 4:4에서 바울은 때가 차매 성부 하나님이 그 아들을 보내셨다고 기록합니다. 그분은 참 인간으로 오셨습니다. 그분은 실제로 '여인에게서 나셔서' 수정과 임신과 출생의 과정을 경험했습니다. 앞서 말한 것처럼 바울은 그리스도의 나심에 대해 보통 출생에 대해 사용하던 동사 겐난(*gennan*) 대신에 기네스타이(*ginesthai*)를 사용하였습니다.

바울은 그분의 출생이 특별했음을 인식하고 있었던 것으로 보입니다. 그러나 그리스도의 출생은 전적으로 평범했으며 보통과 다를 것이 없었습니다. 그분은 여자에게서 나셨습니다. 게다가 그분은 여호와와 이스라엘 사이에 세워진 언약의 맥락 안에 있는 한 사람의 유대인으로서 율법 아래 있었습니다. 갈라디아서 3장의 맥락은 당시 이스라엘의 언약적 상태를 설명합니다. 예수님은 그 상황 안에서 나셨으며, 그는 모세의 법과 그 규율을 따라야 했습니다.

바울서신의 다른 구절에서는 다른 각도에서 이와 같은 말을 합니다. 로마서 8:3에서 바울은 율법이 사람들의 죄악된 본성으로 인해 악화된 삶을 바꾸어 주지 못하기 때문에 "죄로 말미암아 자기 아들을 죄 있는 육신의 모양으로"(롬 8:3) 보내셨다고 말합니다. 바울은 그리스도가 우리와 같이 온전하지 못한 인성을 가지셨다고 말하려는 것이 아닙니다. '모양'(homoiōma)은 외양을 가리키며, 마치 그 당시의 '죄 있는 육신'들과 닮아 보입니다. 그러나 그분은 '죄 있는 육신'을 구하기 위해 오셨습니다. 그분은 다른 사람들과 완전히 같으나 죄는 없으신 아버지의 아들이었습니다. 바울은 이에 더해 빌립보서 2:6에서 그리스도는 근본 하나님의 '본체'(huparchōn: 현재분사, 진행되고 있음을 가리킴)나 종의 형체를 가지사 십자가에 죽기까지 복종하셨다고 덧붙입니다. 그분은 하나님과 동일한 하나님의 형상을 갖고 있지만, 종의 낮음을 덧입고 사람들과 같이 되었습니다.

히브리서는 그 일관된 주제를 더욱 강화합니다. 1장에서 선지자나 천사보다 높은 그분의 통치권과 아들의 영원한 신성을 입증한 후, 2장에서 그분이 온전한 사람임을 강조합니다. 그분은 우리와 같이 혈과 육을 입으셨고, 믿으셨고, 시험을 받으셨고, 고난을 당했으며, 마침내는 죽음을 경험하셨습니다. 바울과 같이 히브리서의 저자도 그리스도를 우주를 만드시고 다스리시는 분일 뿐 아니라, 하나님이 그분을 통하여 최후의 구원을 선포하는 아들로 묘사하고 있습니다(히 2:5-18; 1:1-14). 또한 심한 통곡과 눈물로 아버지께 간구했던 분으로 묘사하고 있습니다(히 4:14-5:10).

3. 부설: 제2차 콘스탄티노플 공의회(주후 553년) 이전의 기독론의 발전[3]

1) 네스토리우스주의의 위기와 에베소 공의회(주후 431년)

5세기 초 예수 그리스도의 정체성을 둘러싼 중대한 논쟁이 있었습니다. 그분은 예나 지금이나 영원하신 하나님의 아들이신데, 복음서에 분명하게 나타나는 그분이 사람이라는 사실이 어떻게 연결될 수 있습니까? 그리고 이 두 사실이 우리의 구원과 어떤 관계가 있습니까? 주후 428년 콘스탄티노플의 주교인 네스토리우스(Nestorius)는 이 문제를 공론화하였습니다.[4] 그는 당시 마리아에게 흔히 사용했던 명칭인 '데오토코스'(*theotokos*, God-bearer)라는 단어를 비판했습니다.

그는 그리스도의 신성과 인성을 철저히 구분했기 때문에,[5] 마리아에게 대해서는 '인간' 예수님의 어머니라는 칭호만이 가능하다고 주장했습니다. '크리스토토코스'(*christotokos*, Christ-bearer)라고 칭하는 것은 신성과 인성을 혼동할 위험이 없기 때문에 여기에는 문제가 없습니다. 마리아를 데오토코스라고 칭하는 것에서 그는 아리우스주의(Arianism)를 떠올렸을 것입니다. 아리우스와 그를 따르는 위노미오스(Eunomios)는 성자의 신성을 피조된 것으로 폄하하였습니다. 네스토리우스는 '데오토코

---

[3] 이 장은 나의 책, *Through Western Eyes: Eastern Orthodoxy A reformed Perspective* (Fearn, Ross-shire, UK: Mentor, 2007)에도 실려 있으며, 승인 후 사용한 것입니다.

[4] Nestorius에 대해서는 다음을 보십시오. G. L. Prestige, *Fathers and Heretics* (London: SPCK, 1940), 120-49; Kelly, *Early Christian Doctrines* (London: Adam & Charles Black, 1968), 310-17.

[5] D. S. Wallace-Hadrill, *Christian Antioch: A Study of Early Christian Thought in the East* (Cambridge: Cambridge University Press, 1982).

스'라는 표현을 사용하는 것이 창조주와 피조세계의 구분을 흐려지게 하는 결과를 가져올 것을 우려했습니다. 그는 신성과 인성을 혼용하는 개념은 어떤 것이든 피하고자 했으며, 그리하여 인성의 온전함을 보존하려 했습니다. 그는 아폴리나리우스주의(Apollinarianism)의 위험도 경계하였습니다. 니케아 공의회의 강력한 후원자였던 아폴리나리우스(Apollinaris)는 그의 말년에 로고스가 성육신한 그리스도 안에서 인간의 영혼의 자리를 대신하였다고 가르침으로써 이교에 속하게 되었습니다. 즉 말씀은 육체만을 취했다는 것입니다. 그는 제1차 콘스탄티노플 공의회(주후 381년)에서 정죄되었습니다.

그레고리(Gregory Nazianzen)가 지적하는 아폴리나리우스의 가르침의 문제는 "취하지 않은 것은 치유될 수 없다"는 것입니다.[6] 성자가 영혼을 포함하는 완전한 인성을 취한 것이 아니라면, 그것은 성육신이 아닙니다. 영혼이 없는 인간은 인간이라 할 수 없기에, 그리스도가 완전한 사람이 아니었다면, 우리의 구원도 없습니다. 네스토리우스의 의도는 그리스도의 인성의 완전함을 주장하려는 것이었습니다. 그의 문제는 그리스도의 신성과 인성의 구별을 확고히 하는 동안, 그 내적 연합을 소홀히 하게 되었다는 것입니다. 그래서 그는 인성과 신성의 '연합'(union)이 아니라 '결합'(conjunction)이라는 표현을 사용하였습니다.

결합은 둘 중 어느 것의 본성과도 같지 않으며 외연에 있어서도 하나의 개체인 '프로소폰'(prosōpon)이 되는 것을 말합니다. 로고스도 아니며 말씀(Word)도 아닌 연합된 '프로소폰'은 성육신한 그리스도의 주체였습니다. 네스토리우스는 그리스도의 연합이라는 전제에서 출발하는

---

[6] Gregory Nazianzen, *Epistola* 101, PG 31:181c.

알렉산드리아의 키릴로스(Cyril of Alexandria)의 격렬한 반대를 받았습니다.[7] 키릴로스가 볼 때 네스토리우스의 가르침은 사실상 하나님의 아들이 우리 인류에 실제적으로 참여했음을 부인하는 것이기 때문에, 그리스도의 위격적 연합뿐 아니라, 성육신 자체를 위협하는 것이었습니다. 그 설명대로라면 두 본성은 두 나무토막을 접착제로 붙여놓은 것과 같았습니다. 키릴로스는 구원은 하나님의 사역이며, 사람인 예수님은 그분의 인성만으로는 죽음과 죄를 이길 수 없었다고 강조합니다. 이를 위해서는 영원하신 로고스가 그리스도의 인성을 '연합'하여 취하여야 했습니다.[8]

『네스토리우스에게 쓴 두 번째 서신』(Second Letter to Nestorius)에서 키릴로스는 그리스도의 위격의 연합에 대해 가장 먼저 언급합니다. 말씀은 그 스스로를 이성적 영혼이 거하는 육체와 연합시키셨습니다. 그렇게 그분은 인간이 되었습니다. "둘이 하나의 그리스도요 하나의 아들이 된 것은 말할 수 없고 표현할 수 없는 연합"이었습니다. 이런 위격적 연합을 부인한다면, 아들이 둘이라고 말하는 오류에 빠지게 되는 것입니다. "우리는 로고스와 결합한, 신성으로부터 분할할 수 있는 인간을 경배하는 것이 아닙니다. 우리는 하나이고 동일한(one and the same) 분을 경배합니다. 로고스의 육체는 외부적인 것이 아니라 그분과 함께 있는 것이며, 심지어 하나님과 함께 보좌에 앉아 있습니다. 말씀은 한 명의

---

7 Cyril에 대해서는 다음을 보십시오. Cyril of Alexandria, *On the Unity of Christ*, ed. John Anthony McGuckin (Crestwood, NY: St. Vladimir's Seminary Press, 1995); John Anthony McGuckin, *St. Cyril of Alexandria and the Christological Controversy: Its History, Theology, and texts* (Crestwood, NY: St. Vladimir's Seminary Press, 2004); Prestige, *Fathers*, 150-79; Kelly, *Doctrines*, 317-23; Norman Russell, *Cyril of Alexandria* (London: Routledge, 2000).

8 John Meyendorff, *Christ in Eastern Christian Thought* (Cresswood, NY: St. Vladmir's Seminary Press, 1975), 18-9.

인간이 아니라 육체와 연합하였습니다. '말씀'이 인간의 육 그리고 영과 연합하였기에 성모 마리아는 '테오토코스'입니다.[9] 즉 키릴로스는 네스토리우스가 그리스도의 인성의 완전함과 구별됨을 강조한 것이 그분의 연합을 위협하였다고 보았습니다.

『네스토리우스에게 쓴 세 번째 서신』(Third Letter to Nestorius)에서 키릴로스는 말씀이 육신에 위격적으로 연합하였음을 강조합니다. 복음서의 모든 표현은 "말씀이 하나의 위격으로 성육신하였다"고 말합니다. 마리아는 이성적 영혼을 가진 육체와 더불어 위격적으로(hypostasis) 연합한 하나님을, 육체로 낳았기 때문에 테오토코스입니다[10] 키릴로스는 이 편지에 12개조 파문안을 덧붙입니다.

"누구든지 임마누엘이 하나님이시라는 사실과, 육신이 되신 하나님의 말씀을 육체로 낳으셨기에 거룩한 동정녀는 하나님의 어머니라는 것을 고백하지 않는다면, 파문되어야 할 것입니다." 그 중에서도 그는 고난을 받으시고, 십자가에 돌아가시고, 육신을 따라 죽으신 것은 바로 말씀이라는 사실을 강조합니다.[11] 키릴로스에게 있어 말씀은 성육신 이전에도 동일한 위격으로 계셨고, 이제는 육체의 옷을 입으신 것입니다. 이 연합은 분할은 배제하나, 차이를 제거하지 않습니다.

네스토리우스를 감독과 성직자의 직위에서 추방하는 문제를 해결하

---

9   Leo Donald Davis, *The First Seven Ecumenical Councils* (325-787) (Collegeville, MN: Liturgical Press, 1990), 149-50; Richard A. Norris Jr., *The Christological Controversy* (Philadelphia: Fortress Press, 1980), 131-35, esp. 133.

10 Edward Rochie Hardy, *Christology of the Later Fathers*, Library of Christian Classics (Philadelphia: Westminster Press, 1954), 349-54, esp. 352-54.

11 Ibid., 354; Davis, *Councils*, 150-51; Henry R. Percival, *The Seven Ecumenical Councils of the Undivided Church: Their Canons and Dogmatic Decrees*, Select Library of Nicene and Post-Nicene Fathers of the Christian Church, 2nd ser. (Edinburgh: T&T Clark, 1997), 206.

기 위해 에베소에서 공의회가 소집되었습니다.[12] 그 공의회는 "전적으로 인간이신 그리스도의 인성은 말씀에 의해 사용되었으며, 그렇기에 이는 우리 구원의 근거가 된다"라고 결의하였습니다.[13]

2) 유티케스(Eutyches)와 칼케돈 공의회(the Council of Chalcedon)[14]

오래 지나지 않아, 켈리(Kelly)가 "생각 없는 수도원장"이라고 표현했던[15] 유티케스에 의해 육에 관한 논의가 일어났습니다. 유티케스는 키릴로스의 기독론에 극단적으로 반대해왔습니다.

유티케스에게 성육신 이전에 그리스도의 본성은 둘이었다가 성육신 후에는 하나의 '프로스폰'(prosōpon)과 하나의 '휘포타시스'(hypotasis) 안에, 한 본성, 한 그리스도, 한 아들이 되었습니다. 유티케스의 견해로는 그리스도의 육체가 보통 사람의 육체와 동일하다면, 말씀이 한 사람을 취하여 결국 연합을 무너뜨리는 결과를 가져오기 때문에 이는 결코 동일하지 않다고 보았습니다. 그는 본성은 분명한 실재를 의미하는 것으로 이해하여, 그리스도는 두 본성을 가지지 않고, 두 분명한 실재를 가지지 않고 그리하여 나뉘지 않는 것으로 이해하였습니다.[16] 이와 같이 유티케스는 네스토리우스에 반하여, 그리스도의 인격의 연합을 강조하였

---

[12] Davis, *Councils*, 160.
[13] Meyendorff, *Christ*, 21.
[14] 다음 책을 보십시오. Aloys Grillmeier, *Christ in Christian Tradition*, vol.1, *From the Apostolic Age to Chalcedon* (451), trans. John Bowden, 2nd rev. ed. (Atlanta: John Knox Press, 1975), 520-57; Jaroslav Pelikan, *The Christian Tradition*, vol.1, *The Emergence of the Catholic Tradition* (100-600) (Chicago: University of Chicago Press, 1971), 263-66.
[15] Kelly, *Doctrines*, 331.
[16] Ibid., 330-34; Davis, *Councils*, 171

습니다. 반면 네스토리우스는 두 본성의 구분을 지지하고자 했으며 그리하여 그리스도의 연합을 훼손하기에 이르렀습니다. 유티케스는 비록 균형을 잃지 않기 위해 인성의 온전함과 완전성을 주장하긴 하였지만 그리스도의 연합을 강조하여 인성이 신성에 사로잡힌 것으로 봄으로써 두 본성의 구분을 모호하게 하였습니다.

그의 이해는 아폴리나리우스의 주장과 비슷한 문제를 일으켰습니다. 왜냐하면 우리의 구원은 성육신의 실재성과, 훼손되지 않은 인성이 하나님의 아들에 의해 실제적으로 취하여졌다는 사실에 달려있기 때문입니다. 오직 두 번째 아담만이 첫 번째 아담에 의한 훼손을 복구할 수 있기 때문에, 만약 그리스도가 진실로 완전한 사람이 아니었다면, 우리는 구원받을 수 없었을 것입니다.

마침내 451년 마르키아누스(Marcian) 황제가 니케아에서 공의회를 소집했고, 로마 교황 레오 1세는 세 명의 전권대사를 보냈습니다.[17] 그러나 훈족의 침략으로 황제는 공의회를 보스포루스 해협 건너편의 칼케돈으로 옮길 것을 명령했습니다. 주교들은 키릴로스의 『네스토리우스에게 쓴 두 번째 서신』과 교황 레오의 『교의 서신』(Tome)을 재확언했습니다.[18] 교리 선언문을 작성하는 위원회가 임명되었습니다. 주교들은 다양한 자료를 참고하여 신조를 작성하였는데, 키릴로스를 인용한 부

---

[17] 칼케돈 공의회에 대해서는 다음을 보십시오. Sellers, *The Council of Chalcedon: A Historical and Doctrinal Survey* (London: SPCK, 1953), 209ff.; Kelly, *Doctrines*, 338-43; Davis, *Councils*, 180-82,; Percival, *Seven Ecumenical Councils*, 243-95.

[18] 레오의 『교의 서신』(Tome)을 낭독한 후, 공의회의 두 번째 회기에서 대부분의 주교들은 이렇게 외쳤습니다. "이것은 교부들의 신앙이요, 이것은 사도들의 신앙입니다. 우리는 그것을 믿으며 정통교회도 이를 믿습니다. 믿지 않는 자들에게는 저주가 있을지어다. 베드로는 레오를 통해 말씀하셨습니다. 이것이 사도의 가르침입니다." Percival, *Seven Ecumenical Councils*, 259.

분이 더 많긴 하지만 가장 결정적인 영향을 준 것은 레오의 『교의 서신』이었습니다.[19] 칼케돈 신조는 한 위격과 두 본성을 분명히 구분하고 있습니다.

> 우리는 교부들을 따라서 한 아들이신 우리 주 예수 그리스도를 사람들에게 가르치는 일에 하나가 되었습니다. 그분은 신성에 있어 완전하실 뿐 아니라 인성에 있어서도 완전하시고, 참 하나님이시며 또한 참 사람이시고, 이성적인 영혼과 육체를 가지고 계십니다. 신성에 있어서는 하나님과 동일한 본질이시며 동시에 인성에 있어서는 우리와 동일한 본질이십니다. 우리와 모든 면에서 동일하시되 죄는 없으십니다. 그분은 신성에 있어서는 영원 전에 성부에게서 나셨고, 인성에 있어서는 우리와 우리의 구원을 위하여 테오토코스(God-bearer), 성모 마리아에게서 나셨습니다. 한 분의 유일하신 그리스도, 아들, 주, 독생자는 혼동되거나, 변하거나, 나뉘거나, 분리됨 없이 두 본성으로 인지되십니다. 두 본성의 구분은 연합으로 인해 폐하여지지 않으며, 두 본성이 분리되거나 갈라지지 않고, 하나의 유일하신 아들이자 하나님의 독생자, 주 예수 그리스도 안에서 각 본성의 특성은 보존되어 하나의 위격과 실체를 형성합니다. 이것이 옛 예언자들이 증거하였고, 우리 주 예수 그리스도가 자신에 대해 가르치셨으며, 교부들의 신앙고백이 우리에게 전하는 바입니다.[20]

---

19 Pelikan, *Catholic Tradition*, 263-64; Sellers, *Chalcedon*, 209-10.
20 Henry Bettenson, ed., *Documents of the Christian Church*, 2nd ed. (London: Oxford University Press, 1963), 51-2.

그리스도가 두 본성으로 존재하신다는 것은 유티케스에 대한 확고한 반박입니다. 이 신조는 본성 간의 차이를 깎아내리거나 위협할 수 있는 어떠한 연합의 개념도 거부합니다. 동시에 네스토리우스주의라는 이단이 함축하는 바와 같이 그리스도는 두 본성으로 구분되거나 분리될 수도 없음을 주장합니다.

반 네스토리우스적 입장은 여러 측면에서 분명히 나타납니다. '동일하신'이라는 표현을 반복적으로 사용한 것과 동정녀 마리아를 '테오토코스'라고 표현한 두 사례에서 확연히 드러납니다. 신조의 마지막 부분에서는 키릴로스의 『네스토리우스에게 쓴 두 번째 서신』을 인용하여 두 본성이 분리되거나 갈라지지 않고, 두 본성은 "하나의 위격과 실체를 형성한다"고 다시 한 번 강조합니다. 다른 한편으로 신조는 애초에 공의회를 열리게 했던 유티케스주의라는 이단을 정죄합니다. 그리스도는 '우리와 동일한 본질을' 가지셨기에 '인성에 있어 완전'하십니다. 본성의 구분은 연합으로 인해 폐하여 지지 않습니다. 그리스도는 "이성적인 영혼과 육체를 가지고 계신다"는 문장은 아폴리나리우스주의자들을, 그리스도는 "성부 하나님과 동일한 본질이시다"라는 문장은 아리우스주의자들을, 모두 분명하게 반박하고 있습니다.

무엇보다도 잘 알려진 '네 개의 결성 단어들'(four privative proverb)이 신조문의 절정을 이룹니다. 성육신하신 그리스도는 '혼동되거나 변함없이' 두 본성으로 존재한다는 것은 유티케스에 대한 명백한 반박입니다. 그리스도의 연합은 그리스도의 인성을 다른 무엇으로 변화시키거나, 인성을 신성 안에 취하는 것이 아닙니다. 그분의 인성은 전적으로 인성인 채로 남겨져 있습니다. 또 다른 한편에서 두 본성은 '나뉘거나 분리됨 없이' 존재합니다. 이를 통해 네스토리우스처럼 그리스도의 본성의 어느 한 편에만 치중하여 위격적 연합이 손상되는 것을 허용할 수 없음이 천명되었습니다. 네 개의 결정 단어들은 네스토리우스주의와 유티케스주의 모두를 단죄합니다.

공의회는 또한 주의 두 본성이 연합 이전에는 둘이었다가 연합 이후에는 하나가 되었다고 말하는 이들 역시 단죄하였습니다. 이는 교황 레오와 교황의 특사들의 명령에 따랐을 가능성이 있으며, 유티케스를 향한 것이었습니다.[21] 이는 후에 단성론자들(Monophysites, 하나의 본성을 주장하는 이들)의 문제의 원인이 됩니다. 이들은 '본성'(nature)을 우리가 지금 생각하는 '위격'과 동일한 의미로 여겼으며, 이들에게 칼케돈 공의회의 결정은 네스토리우스에게 항복한 것으로 보였습니다.

그러나 문제는 라틴어를 사용하는 이들이 헬라어에 대한 지식이 부족했다는 데 있습니다. 헬라어의 '퓨시스'(*phusis*, 본성)를 라틴어의 '나투라'(*natura*)로 해석하였기에, 성육신한 로고스의 '퓨시스'에 대한 알렉산드리아의 기도문이 교황 레오나 그의 특사들에게는 하나의 '나투라'만을 믿는 이교적 신앙으로 비춰졌을 것입니다. 이는 당시 그리스인들이 '퓨시스'와 '휘포스타시스'(*hypostasis*, 위격)를 구별 없이 사용하였다는 점을 이해하지 못했던 것을 보여줍니다. 황제 유스티니아누스 1세가 이 두 용어의 용례를 분명히 구별하기까지는 1세기가 더 필요했습니다. 셀러스(Sellers)가 밝힌 바와 같이 실제로 이 단죄에 들어있는 참된 반박은 당시에는 보지 못했지만, 키릴로스의 입장에 대한 것이 아니라 유티케스의 잘못된 해석에 대한 것이었습니다.[22]

---

21 Sellers, *Chalcedon*, 224-26.
22 Ibid., 226.

3) 칼케돈 공의회에 대한 평가

칼케돈 공의회는 키릴로스 추종자들의 참된 우려를 적절하게 판단하지 못했습니다. "본성의 구분은 연합으로 훼손되지 않으며 각 본성의 성격은 함께 보존된다"는 점은 인성은 인성에 대해서만, 신성은 신성에 대해서만 설명한다는 뜻으로 받아들여질 수 있습니다. 이것이 그들에게는 네스토리우스주의의 주장처럼 들렸을 것입니다. 이는 그리스도가 어떤 것은 이 부분에만, 또 어떤 것은 다른 부분에만 연관되는 분열적 증세를 보이는 것과 같은 인상을 줍니다. 그들은 그리스도의 연합에 대한 깊은 관심을 가진 것을 해명해야만 했습니다. 구원은 그리스도의 인성과 신성이 연합함으로 가능하게 되었다는 생각은 공격을 받게 되었습니다. 칼케돈 공의회는 신성과 인성이 '독자성'을 갖는 별개의 것처럼 보는 것을 용인하였습니다.[23]

칼케돈 공의회는 위격적 연합(hypostatic union)에 대해서는 불확실한 채로 남겨두었습니다. 우선 고난당하시고 십자가에 돌아가신 분이 정확히 '누구인지'도 구체적으로 명시하지 않았습니다. 또한 그리스도의 인성이 신성과 연합하여, 사람의 신격화가 시작되었다는 것도 말하지 않았습니다. 이후에 단성론자들은 칼케돈 공의회가 '연합 이후의 두 본성'이라고 주장할 때, 위격적 연합에 대해 언급하지 않았고, '두 본성으로부터'라는 고백을 포함시키지 않았다는 점 때문에 네스토리우스주의자에 대해 관대하였다고 평가합니다. 칼케돈 공의회는 동방교회보다는

---

23 Ibid., 224.

서방교회를 만족시키려 했습니다.[24]

또한 칼케돈 공의회에서 공인된 레오의 『교의 서신』의 두 단락은 단성론자들에 의해 네스토리우스적이라는 비난을 받게 되었습니다. 레오는 그리스도 안에 있는 신성에 속하는 것과 인성에 속하는 것들을 구분하고 각각을 인격화하여 위격적 연합을 해체시켰습니다.[25] 레오는 두 본성의 특성(property)이 보존되었기 때문에, "예수 그리스도는 동시에 하나의 본성에 대해서는 죽고, 다른 한 본성에 대해서는 죽을 수 없는 하나님과 인간 사이의 한 중보자가 되었다"고 설명하였습니다.[26] 위격적 연합에 대한 언급이 없기 때문에 키릴로스를 따르는 사람들은 칼케돈 공의회의 결정을 받아들이기를 꺼렸습니다. 그뿐 아니라 그들은 성육신하신 그리스도의 위격적 정체성을 '선재하신 아들'로 여기고 있었는데, 공의회는 '하나이며 동일한'이라는 구문을 사용할 때 이를 간과하기 어려웠을 텐데도 분명하게 언급하지 않습니다.[27]

칼케돈 공의회는 기독론의 논쟁을 종결하고자 하지는 않았습니다. 셀러스의 말대로 이 신학적 결정은 추론과 신비를 조사할 수 있는 여지를 남겨두었습니다.[28] 이는 기독론의 많은 질문들 중 비록 가장 중요하지만, 단지 하나의 질문에 대한 설명을 하고자 했을 뿐입니다. 또한 이는 그리스도에 대한 모든 것을 다 이야기했다고 하지도 않습니다. 이는 혁신적인 것이 아니라 전통의 흐름 속에 있었습니다.

---

24 Ibid., 256-60; Davis, *Councils*, 187; Meyendorff, *Christ*, 28; Pelikan, *Catholic Tradition*, 265-66.
25 Sellers, *Chalcedon*, 266.
26 Norris, *Controversy*, 148.
27 Davis, *Councils*, 196-97.
28 Sellers, *Chalcedon*, 350.

"칼케돈 공의회는 다른 공의회에 비해 보다 더 전통에 뿌리내리고 있었습니다. 칼케돈 공의회의 교리는 시대의 필요를 반영해 정형화한 고대의 전통입니다. 그렇기에 그 신조가 초대교회 기독론 신앙에 있어서 대단한 분기점이었다고 할 수는 없습니다."[29] 그리고 아직 마무리되지 않은 일들도 남아 있었습니다.

4) 단성론과 제2차 콘스탄티노플 공의회 (주후 553년)[30]

에베소와 칼케돈 공의회 이후 교회는 분리되어 지금까지 이어져오고 있습니다. 두 본성의 보전(integrity)과 두 본성의 정당한 권한에 대한 강조에 따라 칼케돈 공의회의 공식에 대한 차이로 나뉘었는데, 한편으로는 그리스도의 연합을 훼손하는 네스토리우스주의의 해석의 여지를 남겨두었습니다. 실제로 그들이 한 것이 그것이라고 보는 이들도 많습니다. 즉 그들이 그리스도의 연합과 그분의 영원하고, 선재하는 로고스의 위격적 특성에 대해 충분히 강조하지 않아 불안을 야기했다는 것입니다. 단성론자들은 "말씀의 한 성육신한 본성이 육이 되었다"는 키릴로스의 말을 기준으로 삼았습니다.

단성론자들과 칼케돈파(chalcedonian) 사이의 의견 차이의 핵심은 그

---

29 Grillmeier, *From the Apostolic Age to Chalcedon*, 550.
30 Ibid., 438-75, 503-13; Sellers, *Chalcedon*, 254-350; Herbert M. Relton, *A Study in Christology: The Problem of the Relation of the Two Natures in the Person of Christ* (London: SPCK, 1917); Timothy Ware, *The Orthodox Church* (London: Penguin Books, 1969), 37; Jaroslav Pelikan, *The Christian Tradition*, vol. 2, *The Spirit of Eastern Christendom* (Chicago: University of Chicago Press, 1974), 49-61; Pelikan, *Catholic Tradition*, 277, 337-41; W. H. C. Frend, *The Rise of the Monophysite Movement* (Cambridge: Cambridge University Press, 1972); Meyendorff, *Christ*.

리스도의 연합과 그분의 인성이 어디에 자리하고 있는지를 둘러싼 것입니다. 단성론자들은 그리스도의 위격이 절대적으로 단일함과 성육신 이전의 로고스와 일관됨을 주장합니다. 반면 칼케돈파는 그리스도의 인성을 축소하는 것을 우려하며 그리스도의 인성이 단지 로고스의 한 '상태'(state)였다고 보는 것을 받아들일 수 없었습니다.

5) 비잔티움의 레온티우스[31]

레온티우스(Leontius)는 알렉산드리아 신학자들처럼 그리스도의 연합을 강조하였지만 한편으로는 참된 인성을 보존하려 했습니다.[32] 그는 그리스도의 인성을 위격 내격(*enhypostatos*, 위격 혹은 인격으로 존재)이라는 개념으로 설명하였습니다. 그리스도의 인성(human nature)은 신성(divine nature)의 '위격'(*hypotasis*)으로 존재합니다. 그렇기에 그리스도의 인성은 '비위격적으로'(*anhypostatos*), 즉 독립적으로 스스로는 존재하지 못하는 상태로[33] 그리고 동시에 위격 내격(*enhypostatos*)으로, 다시 말해서 다른 본성의 '위격 안에' 존속하는 상태로 존재합니다. 영원한 말씀이 그리스도의 유일한 '위격'이며, 이는 신성과 인성이라는 두 본성을 갖습

---

31 Aloys Grillmeier, *Christ in Christian Tradition*, vol.2, *From the Council of Chalcedon* (451) *to Gregory the Great* (590-604), pt. 2, *The Church of Constantinople in the Sixth Century*, trans, John Cawte (London: Mowbray, 1995), 181-229; Relton, *A Study in Christology*, 69-83; Brian Daley, "Leontius of Byzantium: A Critical Edition of His Works, with Prolegomena" (D.Phil. diss., Oxford University, 1978).

32 Davis, *Councils*, 221.

33 간혹 '비위격적 인성'(impersonal humanity)이라고 칭하기도 하는데, 이는 이해에 도움이 되는 설명은 아닙니다. 물론 인격성(personhood)이 없는 인성(humanity)은 생각할 수 없습니다. 이는 그리스도의 취하여진 인성(assumed humanity)은 하나님의 아들의 인성으로서만 존재한다는 것을 의미합니다. 다음으로 내인격적(enhypostasia)은 이 인성은 하나님의 영원하신 아들의 인성이라는 점을 강조합니다.

니다. 두 본성은 거룩한 말씀의 '위격'을 이룹니다.[34] 이에 대해 그릴마이어(Grillmeier)는 예루살렘의 레온티우스가 이룬 것을 유스티니아누스 황제가 더욱 발전시켰다고 생각합니다. 렐튼(Relton)과 셀러스는 비잔틴의 레온티우스가 위격 내격 연합을 세운 것이라는 오랜 견해를 따릅니다.[35] 비잔틴의 레온티우스에 대해서는 그의 대표작 『네스토리우스주의와 유티케스주의에 대한 세 권의 비판서』(*Three Books against the Nestorians and Eutychians*)를 참고하시기 바랍니다.[36]

6) 예루살렘의 레온티우스[37]

또 다른 레온티우스는 주후 532년부터 536년까지 이 논의에 참여하였는데, 그리스도의 유일한 주체는 로고스의 위격이라고 단호히 주장하였습니다. 물론 그러한 주장은 칼케돈 공의회가 원하는 바가 아니었습니다.[38] 그릴마이어에 의하면 성육신 이전과 이후의 주체의 '프로소폰'(*prosōpon*), 즉 인격에는 완전한 정체성이 있습니다. 로고스 자신의 선재하는 위격이 바로, 그 스스로는 프로소폰을 갖지도, 되지도 못하는 육신을 취한 성육신의 주체입니다. 한 위격(*hypostasis*)은 프로소폰이 결핍된 육신(*sarx*)과 실재적인 관계를 맺었기 때문에 둘 다, 즉 신성과 인성 모두 '물리적 이름'을 가질 수 있습니다.[39] 그는 더 나아가 그리스도

---

34 Davis, *Councils*, 234; Meyendorff, *Christ*, 61-68.
35 Sellers, Chalcedon, 308-20, esp. 316-19; Relton, *A Study in Christology*, 69-83.
36 Hardy, *Later Fathers*, 357-77.
37 Grillmeier, *The Church of Constantinople in the Sixth Century*, 276-312.
38 Ibid., 277.
39 Ibid., 279.

의 신성과 인성이 위격 내격으로 존재한다는 인식이 그것들을 고립된 위격(*idiohypostata*)으로, 즉 각각 고유한 위격을 가진 것으로 본다는 것은 아닙니다. 예루살렘의 레온티우스의 관점에서 보면 그리스도는 두 본성 안에 하나의 위격으로 있습니다.[40] 사실 그는 말씀이 인성을 그 고유한 위격으로 위격화시켰다고 기록하기도 하였습니다.[41]

예루살렘의 레온티우스는 위격 내격 연합의 개념을 세우는 데 기여하였습니다.[42] 게다가 마옌도르프(Meyendorff)는 레온티우스를 다음과 같이 해석하였습니다. "위격은 인성을 이루는 다른 모든 위격들 가운데 독립된 개별적인 하나이나, 단순히 한 개인이 아니라, 위격은 모든 인류를 총괄적으로 갱신하는 위격적 전형(hypostatic archetype)으로서, 하나님과의 연합을 회복시킵니다." 이는 인간이신 그리스도가 보통 사람과 같은 인성이 아니라 피조물의 본성의 한계에서 벗어난 위격일 때에만 가능합니다.[43] 레온티우스는 그리스도의 연합과 신격화(deification)에 대한 일관되는 교리의 기틀을 마련했습니다. 인성은 말씀의 육으로서 말씀 안에서, 말씀에 의해 신격화되었고 거룩한 삶의 원료가 되었습니다. 그리스도의 인성이 인격적으로 거룩한 삶을 살았기에, 우리는 (그리스도와의 연합 안에서) 은혜와 참여를 통해 거룩한 삶을 누릴 수 있습니다.[44] 이는 그리스도와의 연합에 있어서 성찬에 초점을 두는 칼빈이 기여한

---

[40] Ibid., 285.
[41] 다음 책에서 인용하였습니다. Meyendorff, *Christ*, 74.
[42] Grillmeier, *The Church of Constantinople in the Sixth Century*, 289.
[43] Meyendorff, *Christ*, 75.
[44] Ibid., 78-9; Leontius of Jerusalem, *Against Nestorius*, PG 86:1512b. 이에 반하는 다음을 보십시오. Andrew Louth, *John Damascene: Tradition and Originality in Byzantine Theology* (Oxford: Oxford University Press, 2002), 160-61.

부분을 살펴볼 때 마주하게 될 아주 중요한 부분입니다. 그리스도의 인성은 하나님의 영원하신 아들의 인성이기에, '그리스도는 여전히 사람인 채로' 성자의 신성함으로 충만합니다.[45] 동방교회의 주장은 그리스도의 인성이나 육이 하나님의 아들에 연합함으로써 신격화되었다는 것입니다. 이를 지지하는 여러 성경 본문이 있는데, 특히 누가복음 1:34-35의 수태고지에서 마리아에게 성령이 임하여 예수님을 잉태하였다는 부분을 보면, 예수님이 거룩하신 하나님의 아들이라 불리는 데 성령이 영향을 주었다는 것이 분명하게 나타납니다.

7) 유스티니아누스 1세

칼케돈 공의회 이후의 기독론적 문제를 해결하는 데 기여한 세 번째 인물은 황제 유스티니아누스 1세(주후 527년 즉위)입니다. 그는 제2차 콘스탄티노플 공의회의 위기 상황에서 최종적인 원칙을 세운 사람입니다. 그는 신학에 대한 관심을 갖고 있었기에 신학적일 뿐 아니라 정치적인 실세로서 등장하게 되었습니다. 그는 단순한 애호가는 아니었습

---

45 이 문장은 초대교부들의 저작에서 착안한 것입니다. William B. Evans는 Bruce McCormack의 통찰력 있는 연구에 대해 알려주었습니다. 그의 연구는 위격적 연합이 아닌 성령이 그리스도를 죄로부터 보존하셨다는 것입니다. 다른 책에서 언급한 바와 같이 나는 이에 동의합니다. Robert Letham, *The Work of Christ* (Leicester, UK: Inter-Varsity Press, 1993), 114-15; Letham, *The Holy Trinity* 56-7. 그러나 성령의 사역과 성육신한 이의 영원하신 아들에 의한 인격화는 서로 다른 재질인 것처럼 분열이 있는 상태가 아닙니다. 아들과 성령은 모든 일에 있어서 그리고 하나님의 일하심에 있어서 독자적이지만 조화롭게 그리고 나눌 수 없게 역사합니다. 취하여진 인성은 성령이 아니라 영원하신 아들과 인격적인 연합을 이루고 있습니다. 다음을 보십시오. Bruce McCormack, *For Us and Our Salvation: Incarnation and Atonement in the Reformed Tradition*, Studies in Reformed Theology and History (Princeton: Princeton Theological Seminary, 1993). 17-22. 에반스는 다음 책에서 이에 대해 논증합니다. William B. Evans, *Imputation and Impartation: Union with Christ in American Reformed Theology* (Eugene, OR: Wipf & Stock, 2008). 167-68.

니다. 그는 '신학적 논의를 즐기는 정통적이고 신실한' 사람이었습니다. 그는 역대 어떤 황제들보다도 교회의 문제에 강하게 개입하였습니다. 그는 "삼위의 한 분이 우리를 위해 고난을 받으셨다"는 스키타이 수도사의 명제가 칼케돈 공의회에 부합하며 동시에 단성론자들 중 키릴로스를 따르는 이들을 설득할 수 있을 것이라고 생각했습니다.

이뿐만 아니라 교황의 승인을 얻어, 서방교회를 효과적으로 지지할 수 있었습니다.[46] 주후 532년에서 536년 사이에, 예루살렘의 레온티우스는 선재하는 말씀의 위격과 성육신한 그리스도 안에서 연합한 위격을 동일시했습니다. 인간성(manhood)은 선재하지 않았습니다. '그리스도의 위격은 성삼위일체의 하나인 거룩하신 로고스'이기 때문입니다.[47] 예수님은 삼위 중 성육신하신 두 번째 위격입니다.[48] 본성이 아니라 이 위격(인격)은 존재의 근본이며, 이는 실재의 '위격' 근본을 수반합니다. 하나님은 근본적으로 사랑이십니다.[49] 이는 또한 그리스도의 단일한 위격이 곧 신성과 인성이라는 '두' 위격이라는 것을 의미합니다. 그리스도의 인성이 모든 사람을 신성과 연합시키기 위해 여러 위격으로 분리되어야 할 필요는 없습니다.

유스티니아누스는 위격과 본성의 구분을 확고히 하였습니다. 그는 그리스도의 위격을 거룩한 말씀의 선재하는 위격과 동일시함으로써, 한 위격 안에 두 본성이 연합되어 있다는 칼케돈 신조를 명확하게 하였

---

46 Davis, *Councils*, 225-29.

47 Kenneth Paul Wesche, *On the Person of Christ: The Christology of Emperor Justinian* (Crestwood, NY: St. Vladimir's Seminary Press, 1991), 12.

48 Ibid., 31; Justinian, "Letter to the Monks of Alexandria against the Monophysites"

49 Ibid., 13-4.

습니다.⁵⁰ 즉 예수 그리스도의 위격은 곧 성육신하신 하나님의 영원하신 아들이라는 것이었습니다.

8) 유스티니아누스의 칙령: 참 믿음에 관한 칙령(주후 551년)

이 칙령에는 유스티니아누스의 관점과 제5차 보편공의회의 결정의 추론과정이 나타납니다. 황제는 "우리는 우리 주 예수 그리스도는 곧 성육신하셔서 사람이 되신 하나의 동일하신 하나님의 거룩한 로고스이다"라는 문장으로 정통교리를 진술합니다.⁵¹ 여기서 그는 키릴로스의 기독론 그리고 그가 두 레온티우스를 따르는 과정에서 나온 가장 핵심적인 부분을 확언합니다. "위격적 연합이란 거룩하신 로고스, 즉 세 거룩한 위격 중 한 위격이 연합 이전에 자신의 위격을 가진 사람과 연합한 것이 아니라, 거룩하신 로고스가 성모 마리아의 태 속에서 자신의 위격으로 자신을 위해 만드신 마리아에게서 취한 육과의 합리적이고 지적인 영혼, 즉 인성과 연합하였다는 것을 의미합니다."⁵²

유스티니아누스는 키릴로스가 두 본성의 통일을 고수하였으나, 본성을 위격(인격)과 동의어로 사용하였다고 주장합니다. 그 대신 황제는 두 용어의 용례를 분명히 구분하였습니다. 우리는 그리스도가 하나의 본성과 하나의 위격을 가졌다고 말할 수 없지만, '두 본성의 연합과 하나의 위격'이라고는 말할 수 있습니다. 왜냐하면 하나님의 로고스가 하나의 위격이 아닌 인성과 연합하였기 때문입니다. 그러므로 로고스의

---

50 Davis, *Councils*, 232.
51 Wesche, *The Christology of Justinian*, 165.
52 Ibid., 166.

하나의 위격이 성육신하였고, 이는 두 본성으로 인식됩니다.[53] 그렇기에 우리는 그리스도의 인성을 독립적으로 언급하거나, 자신의 위격이나 인격을 가진 적이 있다고 말하지 않습니다. 그것은 로고스의 위격 안에서 비로소 존재하였습니다."[54] 반면 연합 이후의 두 본성에 대해 언급하기를 금한 이들(아폴리나리우스 혹은 유티케스)은 이 주제를 혼동하였습니다.[55]

유스티니아누스의 기독론에서 가장 중요한 것은 위격을 따라 연합하는 '종합'(synthesis)입니다.[56] 그에 따르면 거룩한 위격이 성령으로 충만한 인성을 거룩한 위격으로서 그의 안에 존재하도록 창조하셨습니다. 칼케돈 공의회가 이 위격을 두 본성이 한 그리스도를 이루는 결과물을 뜻하는 것으로 사용한 것과 달리, 유스티니아누스는 선재하신 로고스를 뜻하는 것으로 사용하였습니다. 그러므로 취하여진 인성은 로고스의 창조행위의 덕에 힘입어, 로고스의 위격 안에 존재함으로써만 위격에 참여합니다.[57]

그릴마이어는 유스티니아누스가 성육신의 신학 문제에 대해 바람직하게 이해하고 있었으며, 유스티니아누스에게서 우리는 처음으로 그리스도의 인성 그리고 로고스의 거룩한 하나의 위격 안에 있는 인성과 신성의 완전한 연합에 대한 밑그림을 찾을 수 있다고 평합니다.[58] 칼케돈 공의회에 대한 칙령의 기틀을 마련할 때 그는 키릴적 요소와 예루살렘

---

53 Ibid., 178.
54 Ibid., 179.
55 Ibid., 180.
56 Grillmeier, *The Church of Constantinople in the Sixth Century*, 435-36.
57 Ibid., 436-37.
58 Ibid., 438.

의 레온티우스가 규정하는 모델의 영향을 받아 연합을 더욱 강하게 고수하였습니다.

유스티니아누스는 예수 그리스도가 곧 거룩하신 로고스라는 원리에 있어서는 단성론과 의견을 같이 하였습니다. 문제는 단성론자들이 어떤 경우에는 본성과 위격을 동의어로 사용하고, 보통의 경우에는 본성과 본질(essence)을 동의어로 사용했다는 것입니다. 유스티니아누스는 갑바도기아의 삼위일체론자들의 기준에 의거하여 성공적으로 본성과 위격을 구별하였습니다. 위격은 사람이 되신 하나의 로고스를 가리키며, 본성은 완전한 사람이 되신 신비를 가리킵니다.[59]

9) 제2차 콘스탄티노플 공의회(주후 553년)

유스티니아누스는 공의회를 소집하여 첫 회기에서 그 목적을 "교회를 다시 연합하고, 칼케돈 공의회와 이전의 세 번의 회의를 보편적으로 공인하기 위함이다"라고 기록한 서신을 낭독하였습니다.[60] 그리스도의 연합을 강조하는 반박문들과, 본성의 (분리되거나 나뉘지 않는) 구분을 옹호하는 반박문들이 나왔습니다.[61]

제2교회법에서는 하나님이신 로고스의 두 출생, 즉 육체와 시간의 제약을 받지 않는 영원하신 하나님으로부터 난 출생과, 거룩하고 영광스러운 하나님의 어머니, 마리아에게서 육으로 난 출생에 대해 말하고 있습니다. 이어지는 세 개의 교회법들은 모두 네스토리우스를 강하게

---

59 Wesche, *The Christology of Justinian*, 19-20.

60 Percival, *Seven Ecumenical Councils*, 302.

61 Davis, *Councils*, 224-46; Sellers, *Chalcedon*, 330; Hardy, *Later Fathers*, 378-81.

반박합니다. 제3교회법에서는 기적을 행하는 하나님이신 로고스와 고난을 받은 그리스도가 분리되어서는 안 된다고 말합니다. 왜냐하면 하나의 동일하신 말씀이시고 우리의 주인이신 예수 그리스도가 친히 인간의 몸을 입고 육신이 되었기 때문입니다.[62] 그 이면에는 그리스도의 하나됨은 혼합이나 분리되지 않는 참 연합이라는 사실이 있습니다. 그러나 제5교회법에서는 본질 또는 인격은 하나뿐이라고 단언합니다.

성육신은 삼위의 한 분이신 아들의 위격에 입각하여 보아야 합니다. 이와 같이 삼위의 한 분이 사람이 되었습니다. 그러나 제8교회법에서는 단성론을 경계하여, 두 본성은 그대로 남아있다고 선언합니다. "독생자인 말씀이 위격적으로 (인간과) 하나가 되었다고 가르침에 있어서 우리는 상호간에 본성이 혼동됨이 있었다는 것을 의미하지 않으며, 각 본성은 그대로 남아있는 채로 말씀이 육신과 하나가 되었다고 이해합니다."[63]

제9교회법은 그리스도의 두 본성을 예배하는 것은 사실 육체로 오셨고, 성육신하신 하나님이신 로고스를 예배하는 하나의 행동이라고 선언합니다.[64] 그릴마이어는 제2차 콘스탄티노플 회의를 "칼케돈 공의회의 용례를 약화시키지 않았고, 논리적으로 분명히 하였으며…그 중요 개념들의 용례와 적용은 칼케돈 공의회에서 보다 더욱 분명하고 명백하게 드러났습니다"라고 결론을 내립니다.[65]

62　Grillmeier, *The Church of Constantinople in the Sixth Century*, 446; Percival, *Seven Ecumenical Councils*, 312.
63　Percival, *Seven Ecumenical Councils*, 313.
64　Ibid., 314-16; Grillmeier, *The Church of Constantinople in the Sixth Century*, 447-53.
65　Grillmeier, *The Church of Constantinople in the Sixth Century*, 456.

4. 기독론적 위기의 요약

요약하면 교회는 수년간 때로는 갈등과 오해를 거치면서, 잉태 순간에 인성과 위격적으로 연합한 아들의 성육신을 성찰했습니다. 인성은 스스로는 독립적으로 존재하지 못합니다. 인성은 언제나 하나님의 아들의 인성입니다. 그러므로 우리는 그리스도의 인격을 나눌 수 없습니다.

다른 한편으로 그의 인성은 인성으로 남아있으며, 성자 하나님의 인성으로만 남아있을 때조차도 그분의 신성과 혼동되어서는 안 됩니다. 이 모든 것의 바탕에는 창조주와 피조물의 깨뜨릴 수 없는 차이와 하나님과 인간의 양립 가능성, 이 둘 모두가 깔려 있습니다. 우리는 이것이 사람을 창조할 때부터 있었음을 발견할 수 있습니다.

더 나아가 그리스도의 몸과 육이 아들의 영광스러움을 옷 입고 하나님의 영원하신 아들의 인성으로 존재하면서 인간의 범위에 적응하게 됩니다.

이것이 바로 동방교회가 신격화(deification)라고 칭했던 것입니다. 그리스도의 인성은 하나님의 아들의 취하심을 입어 신격화되었습니다. 이것이 인성으로서의 온전함을 결코 훼손할 수 없었다는 점은 명백합니다. 여기에는 창조된 사람과 하나님의 양립 가능성이 깔려 있습니다.

5. 구속사에 관하여: 언약적 약속이 그리스도 안에서 성취되었습니다

이제 우리는 하나님의 언약적 약속들이 성육신한 그리스도 안에 축약되어 있는지를 살펴보고자 합니다. 이렇게 그리스도가 우리와 연합함은 구속에 뒤따르는 모든 것의 기초가 될 뿐만 아니라 구원이라는 일체의 사건의 핵심이 됩니다.

하나님의 언약의 가장 핵심적인 약속은 성경에서 "나는 너희의 하나님이 되고, 너희는 나의 백성이 될 것이니라"라는 형태로 반복적으로 등장합니다. 창세기 17:7-8에서 아브라함 언약으로, 예레미야 11:4에서 모세 언약으로, 예레미야 24:7에서 바벨론 포로에서 돌아올 때에 그리고 예레미야 30:22(렘 31:33; 32:38)에서 신약에 대한 예언으로 기록되어 있는 것을 볼 수 있습니다. 또한 요한계시록 21:3에서도 그리스도의 영광스러운 신부에 대해 기록되어 있습니다. 이것은 모든 언약적 공동체 안에 있는 그분의 백성들에게 주시는 하나님의 언약, 하나님의 약속의 핵심입니다.

하나님의 모든 언약을 성취하는 예수 그리스도에 이르러서 이 모든 약속은 정점을 이룹니다. 하나님은 예수 그리스도 안에서 비로소 우리의 하나님이 됩니다. 이는 복음서에서 충분히 분명하게 드러납니다. 그 중 특히 요한은 예수 그리스도를 하나님의 아들, 세상을 창조하고 심판하는 분, 하나님과 구별되나 동등한 분, 온 우주가 만들어지기 전에 선재하신 분으로 그립니다. 그리스도는 영원 전부터 하나님과 하나였기 때문에, 그분은 하나님의 결정적이고 완전한 계시입니다(히 1:1-4). 하나님의 모든 언약적 약속들이 예수 그리스도 안에서 열매를 맺고 성취됩니다. 제2차 세계대전 당시 이탈리아의 군목이었던 토마스 토랜스(Thomas F. Torrance)의 감동적인 사건을 소개하고자 합니다. 전장에 있던 어느 날 토랜스는 생사의 기로에 갈린 한 병사를 마주하게 됩니다.

> 그의 옆에서 무릎을 꿇고 가까이 앉자, 그는 "목사님, 하나님은 참으로 예수님을 닮았나요?" 나는 그렇다고, 유일하신 하나님이 예수님을 통해 우리에게 오셨고 그분의 얼굴을 우리에게 보이시며 친히 구원자가 되셔서 우리에게 사랑을 부어주셨다고 말해주었습니다. 그를 위해 기도하자 그는 숨을 거두었습니다.[66]

예수님은 하나님과 동등하기에 하나님은 예수님과 같습니다. 더 나아가 그리스도 안에서 하나님은 우리의 하나님이 되시며, 그리스도 안에서 우리는 그분의 백성이 됩니다. 그분은 하나님께 온전하게 믿음과 순종함을 드렸던 유일한 "사람"입니다. 우리는 스스로 하나님의 백성이 될 수 없습니다. 처음부터 죄 가운데 났으며 하나님의 화를 면할 수 없는 사람들이기 때문입니다. 그러나 그분은 세상의 기초를 정하기도 전에 '그리스도 안에서' 우리를 택하셨으며, 그렇기에 우리의 구원은 '그분 안에' 있습니다. 여기에는 우리의 대제사장 되신 그리스도의 사역이 잘 어울립니다. 사람이 되어서 그분은 나무 위에서 우리의 지위와 우리의 죄를 담당하였고, 우리의 칭의를 위해 다시 사셨으며, 우리의 육체를 하나님 우편에까지 끌어 올려 승천하였습니다. 이와 같이 하나님의 모든 역사적 언약들은 그리스도가 중심을 이루고 있으며 그분으로 인해

---

[66] Alister E. McGrath, *Thomas F. Torrance: An Intellectual Biography* (Edinburgh: T&T Clark, 1999), 73-74.

성취되었습니다.[67] 또한 하나님이 우리의 하나님이 되고 우리가 그분의 백성이 되게 하는 그리스도와의 연합 안에 중심을 두고 있습니다.

사실 기독교 신앙은 일련의 연합으로 요약됩니다. 삼위의 세 위격의 연합이 있으며, 하나님의 아들과 인성의 연합, 그리스도와 교회의 연합, 성령이 우리 안에 거하시며 이루는 연합이 있습니다. 이 연합은 하나가 다른 하나를 흡수하지 않으면서 동시에 참된 연합으로 존재하여, 각 구성원이나 구성요소를 온전하게 보존합니다. 링컨의 대주교인 로버트 그로스테스트(Robert Grosseteste)는 그의 저서 『헥사메론』(*Hexameron*)에서 기독교 신앙의 정수에 대해 이렇게 기록합니다.

> 연합이나 하나됨은 다음과 같이 구분할 수 있습니다. 성육신하신 말씀, 곧 하나님과 사람이 하나되는 연합, 그리스도가 옷 입으신 인성을 통하여 교회와 하나되는 연합 그리고 교회가 성찬의 예식을 통하여 그분과 다시 하나되는 연합입니다. 이 세 연합은 온전한 그리스도라는 일자(the One)로 묶일 수 있을 것입니다. 사도 바울은 에베소 교회의 신자들에게 이 하나됨에 대해 이렇게 말합니다. "너희는 다 그리스도 안에서 하나이니라." 헬라어 원문에 따르면 이 말씀은 "너희는 다 그리스도 예수 안에서 한 인격이다"라는 뜻이 됩니다. 이 '하나'에 대하여는 이렇게 기록되어 있습니다. "그도 우리 안에 있게 하려" 한다는 것은 앞서 살펴 본 대로 말씀이신 아들이 하나님과 본질상 하나이시라는 것에서, 더 나아가 성령과도 하나이심을 첨언하는 듯합니다.

---

67 Letham, *The Work of Christ*, 39-49.

또한 우리가 복된 성령과 하나가 된다는 것도 덧붙입니다. 신과 같은 모습을 입는 일치를 향하여 우리를 인도하는 중보자가 계시니 바로 (우리가 그분과 함께 하나의 그리스도를 이루는) 하나님이자 사람이신 그리스도입니다.

그는 또한 이렇게 말합니다. "그리스도는 우리에게 신의 모습을 입히고 우리와 하나가 되기 위해서, 삼위일체의 연합을 통하여, 성육신한 말씀을 통하여, 교회인 그분의 몸을 통하여 우리의 존재로 순차적으로 강하하였습니다."[68] 그로스테스트는 기독교 신앙의 맥을 짚었습니다. 이 연합은 하나님이 누구이신지 그리고 그분이 우리를 위해 무엇을 하셨는지를 보여주는 핵심입니다.

6. 그리스도는 영원히 인성, 즉 몸과 영혼을 취하셨습니다.

지금 하나님의 아들 예수님은 아버지의 우편으로 올라가셨고 우리를 위하여 영원히 중보합니다. 웨스트민스터 대요리문답에서는 그분이 우리와 같은 본성으로 하나님 앞에서 우리를 중보하고 계신다고 설명합니다. 그분이 실제로 우리를 위하여 기도한다는 것이 사실이든 아니든(눅 22:31-32), 그분이 내켜하지 않는 아버지를 설득하고 있다는 생각은 잘못된 것입니다. 그분과 아버지는 존재에 있어서 하나일 뿐만 아니

---

[68] Robert Grosseteste, *On the Six Days of Creation: A Translation of the Hexaëmeron*, trans. C. F. J. Martin, Auctores Britannici Medii Aevi (Oxford: Oxford University Press for the British Academy, 1996), 47-48.

라, 그분이 우리 구원의 원천이 된 것은 바로 아버지의 사랑 때문입니다. 승천하신 이후부터 다시 오실 때까지 그리스도의 핵심적 사역인 중보는 축복과 떼어놓기 어렵습니다(눅 24:50-51).[69] 요한계시록에서 그분은 죽임을 당하는 양으로 등장합니다. 인성을 떠올리게 하는 십자가에서 그분은 우리를 위하여 드려진 바 되었고 다시 사셨습니다.

그리스도는 취하여진 인성을 결코 벗어버릴 수 없습니다. 만약 그렇다면 우리는 구원받을 수 없었을 것입니다. 성육신은 단지 몇 년을 위한 것이 아니라 영원한 것입니다(웨스트민스터 소요리문답 21문, 웨스트민스터 대요리문답 36문). 우리의 구원자인 그분은 또한 교회의 머리이시며 영원히 그럴 것입니다.

게다가 창조의 중보자로서 창조시 사람에게 주어졌으나 아담이 상실하고 잘못 사용한 그 권한을 취하였고, 둘째 아담으로서 사역을 통해 성취하였습니다. 히브리서는 시편 8편의 창조와 하나님이 아담에게 주신 책무에 대한 시적인 서술을 조명하며, 다시 사시고 올라가신 그리스도 안에서 시간적 제약 없이 성취되었다고 말합니다. 이에 대해서는 이전 장에서 이미 살펴보았습니다.[70]

여기서 칼빈은 실수를 저지릅니다. 고린도전서 15:27에 대해 주해하면서 그는 거의 네스토리우스주의와 비슷하게 그리스도의 인격을 나누고, 취하여진 인성은 폐하여졌다는 생각을 내비칩니다.

---

69 Letham, *The Work of Christ*, 155-57.
70 이것과 관계가 있는 것이 니케아·콘스탄티노플 신조의 진술이다. 거기서 보면, 그리스도의 왕국은 결코 망하지 않을 것이라고 되어 있다. 앙퀴라의 Marcellus는 최후 심판에 끝날 임시적인 것으로 그리스도의 왕국을 말했는데, 그 신경은 이를 겨냥한 것이다.

그러나 그리스도는 우리가 하나님께 완전히 붙어 있도록 하기 위하여 그분이 받은 왕국을 다시 돌려드릴 것입니다. 그분은 그저 왕위를 양도하는 것이 아니라, 우리의 약함 때문에 다가가지 못하는 그 길을 열기 위하여 어떤 방법으로든 그분의 인성으로부터 영광스러운 신성에게로 전가시킬 것입니다. 이렇게 하여 그리스도는 아버지에게 복종할 것입니다. 왜냐하면 수건이 벗겨질 때에 우리는 하나님을 보게 될 것이며 그분의 권능으로 통치할 것인데, 그때에는 하나님께 더 가까이 나아가지 못하게 하는 그리스도의 인성은 더 이상 우리에게 없을 것입니다.[71]

이는 칼빈이 『기독교강요』에서 말한 바와 연결됩니다.

그분이 세상을 심판하러 오실 때 그리스도는 통치할 것이며 우리의 약함이 허락하는 만큼 우리를 아버지께 인도할 것입니다. 그러나 우리가 하늘의 영광에 참여하는 자로서 하나님을 있는 그대로 보게 될 그 때에 그리스도는 중보자나 하나님의 대사로서의 임무를 마치고, 세상을 창조하기 전에 누리셨던 그 영광으로 충만할 것입니다.[72]

그리스도의 인격의 연합을 강조하고, 네스토리우스주의 이단을 배

---

[71] John Calvin, *Calvin's Commentaries, The First Epistle of Paul the Apostle to the Corinthians*, ed. Thomas F. Torrance and David W. Torrance, trans. John W. Fraser (Grand Rapids: Eerdmans, 1960), 327.

[72] *Institutes*, 2.14.3.

척하려는 맥락 때문에 이 부분에 대한 그의 주해는 아쉽게도 세련되지 못한 측면이 있습니다. 칼빈은 그리스도의 중보적 왕국을 그분의 '인격'의 통치 아래 있는 것으로 보지 않고, 그분의 '인성' 아래에 두는 것 같습니다. 그리스도의 인성은 독자적으로 존재할 수 없기에, 이 문장은 네스토리우스와 친숙하게 들립니다. 게다가 칼빈은 그리스도의 인성이 우리를 하나님과 연합하지 못하도록 막는 것으로 여기는데, 성경 본문은 전적으로 그리스도의 인성이 우리가 하나님을 알기 위해서 필요한 요건이라는 것을 보여줍니다. 그리고 이 주해는 그리스도의 인성이 아버지께로 더 가까이 나아가기 위해서는 최소한 인성이 희미해져야 한다는 주장처럼 들립니다. 그 이면에는 그리스도는 아버지께 종속될 것이며, 그럼으로써 그분이 더 이상 우리가 아버지께 가까이 나가는 것을 막지 않으시리라는 암시가 있습니다.

7. 요약

그리스도는 스스로 우리와 같이 되셨습니다. 그분은 우리와 함께 계십니다. 그분은 우리의 본성과 영원한 인격적 연합을 이루셨습니다. 그분은 육체를 입고 아버지의 오른편에 계십니다. 크리스토퍼 워드워스(Christopher Wordworth)는 찬송시 '보라 승리하신 정복자'(See, the Conqueror Mount in Triumph)에서 이렇게 고백합니다.

> 인간의 몸으로 하나님 우편으로 오르신 주님
> 우리도 영광스러운 주님과 함께 앉을 것을 믿네

보좌에 앉으사 하나님과 만인 다스리는 예수님
우리도 전능하신 주님과 같이 오를 것을 믿네.

성육신은 그리스도와의 연합에 있어 필수적입니다. 그리스도가 성육신을 통해 우리와 연합한 것과 같이, 우리도 성령을 통하여 그분과 연합할 수 있습니다.

단순히 하나님의 아들이 성육신하셨다는 사실만으로 그분과 우리가 연합하고, 구원을 성취하는 것은 아닙니다. 그리스도는 스스로 인성과 연합하였고, 어떤 선별도 없었기에 인류 전체와 동일한 인성을 지니셨습니다. 그리스도가 사람이 된 것은 십자가에서 우리의 죄를 완전하고 유효하게 속죄(atonement)하고, 부활하심으로 죽음을 이기시며, 우리의 본성 그대로 하나님 우편에 오르시는 목적을 이루시기 위함이었습니다.

그러나 성육신이 없다면 속죄도 있을 수 없습니다. 하나님의 의로우신 속성에 따라 그리고 그분이 정하신 영원한 법에 따라, 죄를 단번에 사하기 위해서는 하나님의 아들의 대속적 죽음이라는 필요조건이 충족되어야 했습니다. 사람이 죄를 지었기 때문에, 그분은 '사람으로서' 이 일을 이루어야 했습니다. 파기할 수 없는 인격적 연합으로 인해, 그분은 십자가 위에서 아버지께 자신을 드릴 때에도 '우리와 같은 본성'이었고, 지으신 모든 것 위로 승천하실 때에도 우리와 같은 본성이었으며, 영원히 다스리시는 지금도 '우리와 같은 본성'입니다. 만약 성육신이 없었다면 연합은 내적으로 분리되어 있었을 것이기에, '성육신은 연합의 기초 그 이상'입니다. 만약 영원하신 아들이 우리의 살과 피에 완전하게 동화되지 않았다면, 우리와 그분의 연합은 이루어지지 못했을 것입니다. 지금뿐 아니라 앞으로도 영원히 성육신을 통한 그리스도와 우리의 연합은 그분과 우리의 관계의 기초가 됩니다. 칼빈이 기록한 바와 같이 이는 우리의 양자됨의 서약입니다. "우리와 그리스도의 공통된 본성은 우리가 하나님의 아들과 맺은 유대의 서약이기에, 우리와 같은 육을 옷 입음으로써 그분의 죽음과 죄를 이기고 정복하심이 우리의 것이 될 수 있습니다. 그분은 우리와 같은 육체를 제물로 드려, 우리의 죄를 사하셨고, 아버지의 공의로운 분노를 무마하였습니다."[73] 칼빈이 알고 있었던 것처럼 그 연합은 그 자체로 구속적이진 않지만,[74] 다음 장에서 살펴보려고 하는 바와 같이 우리는 그리스도 안에서만 구속을 얻을 수 있기 때문에 그것은 필수불가결한 요소일 뿐 아니라 구속의 핵심이라 할 수 있습니다.

그러므로 성육신을 구원의 '수단'으로만 봐서는 안 됩니다. 구원은 인간과 하나님의 연합 안에서 궁극적으로 성취됩니다. 한 측면에서 볼 때 성육신이 속죄와 그에 따르는 모든 것들의 수단이었다면, 다른(더 영속적인) 관점에서 볼 때 속죄는 그리스도가 다스리고 우리는 그분 안에 거하는, 새롭게 된 우주 안에서 온 인류가 승격과 성취를 얻는 수단이었다고 할 수 있습니다.[75]

그러나 여기에 더해야 할 것이 있습니다. 이는 성육신과 분리된 실체, 사건, 행동과 같은 외부적인 무언가가 더해져야 한다는 것이 아닙

---

[73] Ibid., 2.12.3.
[74] Ibid., 3.1.1.1; CI, 15:722-74.
[75] 서철원 박사가 "회복 중심의 신학"(restitution-line theology)과 "승귀 중심의 신학"(elevation-line theology)이라고 명하는 논의, 즉 구원이 근본적으로 속죄를 위함인지 아니면 인류를 더 높은 차원으로 승격시키기 위함인지에 대한 논의를 깊이 이해하기 위해서는 Chul-won Suh, *The Creation Mediatorship of Jesus Christ* (Amsterdam: Rodopi, 1982)를 보십시오.

니다. 이와는 달리 성육신에는 더 특별한 의미가 있다는 것입니다. 이는 성삼위일체의 영광스러운 역사하심의 한 부분으로 떼어낼 수 없는 것입니다. 아들은 하나님의 보내심을 받았으며, 성령의 충만함으로 성육신하였습니다. 하나님의 은혜로운 두 번째 일하심은 오순절의 성령강림으로, 성령은 아버지로부터 나아와 하나님의 우편에 계신 아들의 보내심을 받았습니다.

토니 레인(tony lane)은 이를 생생한 비유로 설명합니다. 전선이 집을 통과하더라도 전기 공급의 혜택을 받으려면 그 집이 전선에 연결되어야 합니다.[76] 펜실베니아 랭커스터 지역에는 전기를 집에 들여놓는 것을 금하는 아미쉬 규칙을 철저히 준수하여, 전기를 사용하지 않는 가정들이 많이 있습니다. 전기가 온 세계에 보급되어 있어 그 지역에도 전선이 지나가지만, 그 집들은 전기에 연결되어 있지 않았기 때문에 난방이나 조명을 사용하지 못합니다. 이와 마찬가지로 그리스도와 연합하기 위해서는 믿음으로 성령에 의하여 그리스도와 연결되어 있어야 합니다.

> 그리스도가 우리의 바깥에 계시고 우리가 그분과 분리되어 있다면, 인류를 위한 그분의 고난과 구원을 위하여 그분이 행하신 모든 일들이 우리에게 아무런 효력도 없습니다.[77]

여기에는 두 실체가 연결되어 있습니다. 전선이 연결되어 있어도

---

[76] Tony Lane, *Justification by Faith in Catholic-Protestant Dialogue: An Evangelical Assessment* (London: T&T Clark, 2002), 23.

[77] *Institutes*, 3.1.1.

전기가 전선을 통하여 흐르지 않는다면 집은 전기를 사용할 수 없습니다. 만약 그리스도가 성육신하여 우리의 육체로 십자가에 달려, 하나님의 공의에 자신을 내어드린 사건이 없었다면, 어떤 것도 우리를 죄와 하나님의 거룩하신 공의와 진노에서 구원할 수 없었을 것입니다. 여기에 연결을 가능하게 하는 한 가지가 더 있습니다. 다음은 위에 인용한 부분에서 이어지는 부분입니다.

> 그러므로 그는 아버지로부터 받은 것을 우리와 공유하기 위해서 우리와 같이 되어야 했고 우리와 함께 거하여야 했습니다. 그렇기에 성경에서는 그분을 "그는 머리니"(엡 4:15), "많은 형제 중에서 맏아들"(롬 8:29)이라고 부릅니다. 그리고 우리는 그분에게 "접붙임이 되어"(롬 11:17), "그리스도로 옷 입었느니라"(갈 3:27)라고 칭하여집니다. 앞서 말한 바와 같이 그분이 가진 모든 것은 우리가 그분과 연합하는 한 몸으로 자랄 때까지는 우리의 것이 아닙니다. 참으로 우리는 이것을 믿음으로 얻습니다. 그러나 복음서에 기록된 바와 같이 누구나 성찬에 참여할 수 있는 것은 아닙니다. 이성이 우리를 더 높은 곳에 이르도록 그리고 성령의 신비한 능력 앞에서 우리를 점검하도록 가르칩니다.[78]

성육신한 아들과 성령은 구별되나 독립적인 방식으로 함께 그리스도와 우리를 연합하게 합니다. 다음 장에서는 우리를 그리스도와 연합하게 하는 이 성령의 사역에 대해 살펴보려 합니다.

---

[78] Ibid.

Union with Christ

In Scripture, History, And Theology

3. 오순절

헤르만 바빙크(Herman Bavinck)는 그의 저서를 통해서 우리가 어디를 향하여 가고 있는지를 보여주려 합니다. "창조와 성육신 이후, 하나님의 세 번째 위대한 사역은 성령의 부으심입니다."[1] 아버지에게서 나왔고 아들의 보내심을 받은 성령은 우리에게는 거의 알려지지 않으셨습니다. 왜냐하면 성령은 성육신한 아들과 다르며, 우리는 물질적인 존재이기에, 우리의 육체적 영역에는 생경한 존재이시기 때문입니다.

1. 성령의 약속

여호와(*Yahweh*)가 사람들에게 그분의 성령을 부어주시리라는 기대는 새 언약의 약속에 있어서 핵심적인 요소입니다. 요엘 선지자는 이에 대해 분명하게 예언하고 있습니다.

---

[1] Herman Bavinck, *Reformed Dogmatics*, vol. 3, *Sin and Salvation in Christ* (Grand Rapids: Baker Academic, 2006), 500.

> 그 후에 내가 내 영을 만민에게 부어주리니(욜 2:28).

새 언약의 약속은 여호와가 선포하신 바와 같이 돌판에 기록하는 것이 아니라 그분의 백성들의 마음속에 두심으로써 성취되는 것입니다(렘 31:33). 에스겔은 야훼가 굳은 마음을 제하고 부드러운 마음을 주실 것이며 또한 이렇게 하시리라 예언합니다.

> 또 내 영을 너희 속에 두어 너희로 내 율례를 행하게 하리니 너
> 희가 내 규례를 지켜 행할지라(겔 36:27).

에스겔은 당시 자신이 처해 있던 유배의 역사적 상황은 이스라엘 백성들의 불신앙과 우상숭배 때문에 하나님이 모세 언약이 깨어진 것에 대한 처벌로서 땅에서 추방된 것이라 보았습니다. 이 약속은 장차 하나님의 백성이 하나님의 말씀을 믿고 순종하리라는 것도 내포하고 있습니다.

아브라함 언약은 처음부터 온 우주에까지 미치는 것이었습니다. 아브라함은 온 세계 만민인 그의 후손이 복을 얻을 것이라는 약속을 받았습니다(창 12:1-3). 이 약속은 먼저는 성육신한 아들의 사역과 삶을 통해 그리고 나서 오순절에 성령을 보내주심으로써 성령의 사역을 통해 결실을 맺습니다. 그 결과 교회는 "그리스도 안에서 하늘에 속한 모든 신령한 복"(엡 1:3)을 받았습니다.

2. 예수님의 삶과 사역 안의 성령

누가복음에서는 예수님의 나심과 삶에 있어서 성령의 일하심이 강조됩니다. 보리스 보브린스코이(Boris Bobrinskoy)는 "그리스도의 나심과 성령의 부으심에는 큰 공통점이 있다"[2]고 말합니다. 그 아이는 창조 때에 수면 위에 운행하였던 것과 유사한 방식으로 성령에 의해 잉태되었습니다(눅 1:34-35, 창 1:2 참고). 이렇게 하여 새 창조는 실체가 되었습니다. 창조 때에 하나님의 주권적 능력이 역사하였던 것과 같이, 구원에 있어서도 강하고 불가항력적인 능력이 성령에 의해 새로운 사역을 시작하였습니다. "성령 안에서 또한 성령을 통하여 하나님의 말씀이 역사 속으로 침입하였습니다."[3]

여기에는 사람의 힘으로는 구원할 수 없다는 극적인 교훈이 있습니다. 이후 누가복음에서는 예수님의 유아기나 공적 사역을 시작하는 모든 단계들이 성령의 임재, 지도, 능력 주심에 비추어 기록되어 있습니다. 마리아가 그녀의 친족 엘리사벳을 방문했을 때, 엘리사벳은 성령으로 충만하였고, 아이는 복중에서 기쁨으로 뛰놀았습니다(눅 1:41-44). 엘리사벳의 남편 사가랴는 성령에 충만하여 그의 아들 세례 요한에 대해 예언하였습니다(눅 1:67). 예수님이 나신 후 정결 예식을 행하기 위해 성전에 올라가셨을 때, 성령이 임한 시므온이 그들을 맞이하였습니다. 시므온은 그 전에 그리스도를 보기 전에는 죽지 아니하리라는 성령의 지

---

[2] Bobis Bobrinskoy, *The Mystery of the Trinity: Trinitarian Experience and Vision in the Biblical and Patristic Tradition*, trans. Anthony P. Gythiel (Crestwood, NY: St. Vladimir's Seminary Press, 1999), 87.

[3] Ibid.

시를 받았는데, 그날 성령의 감동으로 성전에 들어간 것입니다(눅 2:25-28). 그 후 예수님의 공적 사역의 시작 단계에 일어난 모든 일에서도 성령의 역사를 찾을 수 있습니다. 특히 요한은 세례를 베풀면서, 이제는 "성령과 불"(눅 3:16)로 세례를 베풀 분이 오신다고 선포하였습니다(눅 3:16). 예수님의 세례 때에는 성령이 비둘기 같은 형체로 그의 위에 강림하셨습니다(눅 3:22; 요 1:32-33).

보브린스코이는 이것을 "영원부터 아들 안에 계신 아버지의 영의 영원한 운동에 대한 계시"라고 말함으로써, 구원자의 영원한 삶이 "성령 안에 있는 아버지와의 지속적이고 실존적인 관계에 의해 규정된다"고 말합니다.[4] 이는 성령이 그 아들에게 영원히 임하심을 분명하게 나타냅니다.[5] 예수님은 성령의 충만함을 입어 요단강에서 돌아오셨고, 성령에게 이끌리어 마귀에게 시험을 받기 위해 광야로 가셨습니다(눅 4:1). 하나님의 영의 인도하심 아래 모든 시험을 당하신 후 "성령의 능력으로"(눅 4:14) 갈릴리라는 공적인 삶의 영역으로 돌아오셨습니다. 그분은 여러 회당에서 주의 성령이 그분의 일을 행하기 위하여 메시아에게 임하셨다는 선지자 이사야의 글을 읽으시고, 이 글이 오늘 자신을 통해 응하였다고 선포하십니다.

누가는 독자들에게 예수님이 이런저런 사건에서 그분이 하신 모든 일에 있어서 성령의 통치하심과 인도하심을 받았다고 전합니다. 그리스도요 기름부음을 받은 자로서 그분의 사역은 성령의 능력을 힘입었습니다. 예수님은 유아기때부터 모든 인간적인 성장과정에 있어서 성

---

4 Ibid., 88, 91.
5 Ibid., 94, 99.

령의 즉각적인 인도하심을 받으셨습니다.

바빙크는 다음과 같이 말합니다.

> 여기서 반드시 짚고 넘어가야 하는 것은 그리스도의 인성에 대한 성령의 모든 활동은 절대적으로 그 자체만으로 서는 것이 아니라는 것입니다. 그것은 수태에서 시작되었지만, 그것이 전부가 아닙니다. 그것은 그분의 삶 전반에 걸쳐 있으며, 승천하실 때도 마찬가지입니다. 이 활동이 중요하다는 것은 성령이 모든 피조물적 생명(creaturely life), 특히 인간을 종교-윤리적인 생명으로 만드신 분이라는 사실에서 추론할 수 있습니다. 성령의 내주하심이 없는 하나님의 형상을 가진 참된 인간은 상상도 할 수 없습니다.[6]

3. 많은 사람들에게 내주하며 그리스도와 그들을 연합하기 위해 오신 오순절 성령 강림

요한복음 14-17장에 기록된 다락방 이야기의 핵심은 오순절에 성령이 파송될 것이라는 것입니다. 예수님은 곧 떠나실 것이었습니다. 그러나 그분은 제자들을 고아와 같이 버려두지 않으셨습니다. 그분은 '보혜사'(*paraklētos*)의 인격으로 그들에게 오실 것입니다. 그러한 보내심은 예수님의 부활과 승천을 뒤잇습니다. 이는 요한복음 7:37-39에서 예수님

---

6 Bavinck, *Reformed Dogmatics*, 3:292.

의 말씀과 요한이 이에 대해 덧붙인 설명에서 분명하게 나타납니다. 성령은 아직 오시지 않았고, 예수님은 아직 영광을 얻지 않으셨습니다. 그렇기에 다락방에서 하신 예수님의 말씀은 미래시제로 기록되어 있습니다.

예수님이 영광을 얻으신 후 성령은 보냄을 받으셨습니다. 베드로는 오순절의 놀라운 현상을 이렇게 전합니다.

> 이 예수를 하나님이 살리신지라 우리가 다 이 일에 증인이로다 하나님이 오른손으로 예수를 높이시매 그가 약속하신 성령을 아버지께 받아서 너희가 보고 듣는 이것을 부어주셨느니라
> (행 2:32-33).

다락방에서 예수님은 성령의 사역에 대해 설명하였습니다. 제자들이 이전에는 이해하거나 받아들일 수 없었기 때문에 예수님이 알리지 않으셨던 모든 진리로 성령은 인도하실 것입니다(요 16:12-15). 그분은 자신에게 주의를 돌리지 않고 그리스도에 대하여 알리실 것입니다(요 16:13-14). 그분은 죄에 대하여, 의에 대하여, 심판에 대하여 세상을 책망하실 것입니다(요 16:8-11).

무엇보다도 성령은 믿는 자들에게 내주하고 그들을 그리스도와 연합하도록 하기 위하여 오실 것입니다(요 14:16-23). 예수님은 이미 제자들에게 자신과 아버지는 구분되나 또한 하나이심을 가르쳐 주셨습니다. 그분과 아버지는 동등한 신앙의 대상입니다(요 14:1). 그분을 본 자는 아버지를 본 것이었습니다(요 14:8-10). 왜냐하면 그분과 아버지는 서로 안에 거하시기 때문입니다.

> 내가 아버지 안에 거하고 아버지는 내 안에 계신 것을 네가 믿지 아니하느냐 내가 너희에게 이르는 말은 스스로 하는 것이 아니라 아버지께서 내 안에 계셔서 그의 일을 하시는 것이라 내가 아버지 안에 거하고 아버지께서 내 안에 계심을 믿으라 그렇지 못하겠거든 행하는 그 일로 말미암아 나를 믿으라(요 14:10-11).

이는 삼위일체의 신학에서 삼위의 세 인격이 서로 안에 거한다는 '상호내재'(*perichorēsis*)를 가리킵니다. 제럴드 브레이(Gerald Bray)에 의하면 세 인격은 똑같이 무한한 신적 공간을 차지합니다.[7] 아버지와 아들 모두 완전한 하나님이십니다. 하나님 되심은 두 인격 모두 가질 수 있다는 것입니다. 그럼에도 구분이 됩니다. 아버지와 아들 그리고 성령은 끊을 수 없는 연합으로 서로 '안에' 거하고 있습니다. 이 연합은 서로의 독자성을 훼손하지 않습니다.

이어서 예수님은 성령이 오시면 그분이 제자들의 안에 거하시리라고 말씀하십니다. 또한 제자들은 그분과 아버지가 서로 안에 계심을 알게 될 것입니다. 그리고 무엇보다도 그리스도가 성령을 통하여 그들 안에 있음을 알게 될 것입니다.

> 그날에는 내가 아버지 안에, 너희가 내 안에, 내가 너희 안에 있는 것을 너희가 알리라(요 14:20).

여기에서는 아버지와 아들이 서로 안에 거하신다는 것과 그리스도

---

[7] Gerald Bray, *The Doctrine of God* (Leicester, UK: Inter-Varsity Press, 1993), 158.

와 제자들이 서로 안에 거한다는 비유를 발견할 수 있습니다. 여기에는 분명한 차이가 있습니다. 아버지와 아들은 크고 영원하신 한 존재이지만, 그리스도와 제자들은 분명히 분리되어 있기 때문입니다. 이 본문의 핵심은 성령이 내주하심의 주체라는 것입니다. 그분은 셀 수 없이 많은 사람들 안에 거하십니다. 사람들은 그들 안에 거하시는 성령 하나님과 연합하여 관계적이며 소통하는 개체로 남아있습니다.

여기서 그치지 않고 예수님은 앞서 말한 것에 대해 더 자세히 설명하십니다. 예수님은 요한복음 14:23에서 자신을 사랑하는 자는 아버지와 자신의 사랑을 받을 것이라고 말씀하십니다. 그리고 이렇게 덧붙이십니다.

> 사람이 나를 사랑하면 내 말을 지키리니 내 아버지께서 그를 사랑하실 것이요 우리가 그에게 가서 거처를 그와 함께 하리라 (요 14:23).

아버지와 아들이 모두 예수님을 사랑하는 자에게 가실 것입니다. 다시 한 번 이 본문은 약속된 성령의 활동을 말하고 있습니다. 성령이 내주하기 위해 오실 때는 아버지와 아들도 거기에 함께 계십니다. 사랑하는 제자들은 성령의 인격을 입으신 삼위 하나님 전체와 함께 친밀한 교제 그리고 연합을 나누게 될 것입니다. 이 이면에는 삼위가 함께 각각의 역할을 분명하게 분담하고 있지만, 나눌 수 없는 연합으로 하나님의 일을 하고 계신다는 사실이 들어 있습니다. 아들은 성령으로 말미암아 십자가에서 자신을 아버지께 드렸습니다(히 9:14). 그리고 여기서 성령은 아버지의 보내심을 받아 아들을 통해 오순절에 보내어졌습니다.

결국 성령의 내주하심으로 아버지와 아들은 나눌 수 없는 연합으로 엮여 있습니다.[8] 이것은 일시적인 것이 아닙니다. 성령은 거쳐 가는 분이 아닙니다. 예수님은 자신과 아버지는 성령과 함께 영원히 거하신다고 말씀하십니다. '처소'는 텐트와 같이 단기간의 방편과 반대되는 것으로 항구적인 거주지에 사용하는 단어입니다. 사도행전 2장에서 누가가 기록한 대로 이 위대한 사건이 오순절 하루 동안에 일어났고, 그 결과는 영원히 지속됩니다.

바울은 교회 안에서 일어나는 성령의 사역에 대한 질문에 답하는 고린도전서 12:12-13에서 이런 주제를 다룹니다.

> 몸은 하나인데 많은 지체가 있고 몸의 지체가 많으나 한 몸임과 같이 그리스도도 그러하니라 우리가 유대인이나 헬라인이나 종이나 자유인이나 다 한 성령으로 세례를 받아 한 몸이 되었고 또 다 한 성령을 마시게 하셨느니라(고전 12:12-13).

여기에는 세례와 성찬의 예식이 배경으로 들어 있습니다. 성령은 모든 믿는 자에게 한 몸으로 세례를 주십니다. 그리하여 우리는 한 몸으로, 성령에 덧붙여졌고, 연합하게 되었습니다. 세례의 물이 우리를 덮고 적시는 것과 같이, 성령이 우리에게 스며듭니다.[9] 몸이 하나인 것

---

8 Robert Letham, *The Holy Trinity: In Scripture, Theology, and Worship* (Phillipsburg, NJ: P&R Publishing, 2004), 186-93.

9 세례의 원래의 형태인 침례에 대해서는 다음을 보십시오. Hughes Oliphant Old, *The Shaping of the Reformed Baptismal Rite in the Sixteenth Century* (Grand Rapids: Eerdmans, 1992), 264-82; Robert Letham, "Baptism in the Writings of the Reformers." *SBET* 7,2 (Autumn 1989): 21-44; Robert Letham, *The Westminster Assembly: Reading Its Theology in Historical Context* (Phillipsburg, NJ: P&R Publishing, 2009), 339-45; Certain Learned

은 성령의 충만하심에 덮였기 때문입니다. 우리에게는 하나님의 은혜에 의지해야만 하는 호혜적인 반응이 요청됩니다. 우리에게는 한 성령이 주어졌습니다. 이것은 주의 성찬에서 그리스도의 피를 마신 것을 떠올리게 합니다. 그것은 물질적이고 표면적인 것이 아니었으며, 성령 안에서 마신 것입니다. 성령은 영원히 우리 안에 거하시기 위해 아버지와 아들과 함께 오셨기에, 우리가 그 잔을 마시면 성령은 우리에게 들어와 우리의 모든 것들을 성령에 흠뻑 잠기게 합니다.

갈라디아서 4:4-6에서 바울은 하나님이 성육신으로 우리에게 이루신 운동에 대해 기록합니다. 하나님은 "때가 차매"(갈 4:4) 아들을 보내셨고, 이는 우리로 아들의 명분을 얻게 하기 위함이었습니다(*exapesteilen ho theos ton huion autou…hina tēn hiuothesian apolabōmen*). 이는 오순절 때에 사람을 위한 그분의 사역에 똑같이 반복됩니다. 우리는 이제 아들이기에, 하나님은 오순절에 "그 아들의 영을 우리 마음 가운데"(갈 4:6) 보내셨습니다(*exapesteilen ho theos to pneuma tou huiou autou eis tas kardias hēmōn*). 여기서 성령은 아들의 영으로 묘사되어 있는데, 이는 바울이 고린도후서 3:16-17에서 "주의 영"(고후 3:17)이라고 언급했던 성령과 부활하신 아들의 연합을 떠올리게 합니다. 아버지의 아들의 영이 우리 안에 거하시기에, 우리는 하나님의 아들입니다(요일 3:24).

여기에는 그리스도께 우리가 연합되는 믿음의 선물이 따릅니다. 바울과 요한은 '구원의 믿음'(saving faith)이 하나님의 선물이며, 성령이 우리를 그리스도께 이끄심이 없이는 얻을 수 없다고 기록합니다. 바울은

Divines, *Annotations upon All the Books of the Old and New Testament: Wherein the Text Is Explained, Doubts Resolved, Scriptures Paralleled, and Various Readings Observed* (London: John Legatt and John Rawworth, 1645), Wing / 351.01, on Romans 6:4, Timothy Ware, *The Orthodox Church* (London: Penguin Books, 1969), 284.

타락한 인간은 "허물과 죄로 죽었던"(엡 2:1) 자이며, 그렇기 때문에 자신의 상황에 변화를 일으킬 수 없는 존재라고 주장합니다. 예수님은 제자들에게 아버지께서 이끌지 아니하시면 아무도 그분에게 갈 수 없으며, 믿음은 하나님의 선물이라고 가르치셨습니다(요 6:44-46, 64-65). 칼빈이 말한 것과 같이 이것이 성령의 가장 주된 사역입니다.[10]

로우랜드 스테드만(Rouland Stedman)은 그리스도와 그분의 사람들이 연합하는 것에 대해 "주 그리스도가 성령에 의해 그들의 주인이 되어 그들 안에 거하며, 믿는 자들은 성령에 의해 믿음으로 그리스도를 붙잡고 그분을 입어, 함께 얽혀 하나가 된다"고 말하였습니다. 주 예수님은 "사람들에게 오셔서 그들의 안에 거주하십니다. 그리하여 그들은 그리스도께 나아갈 힘을 얻어 복음을 위하여 드려진 그 예수님을 영접합니다. 그들은 그분 안에 있고, 이로써 연합이 이루어집니다."[11] 스테드만은 이 연합에는 "두 유대 또는 연결고리가 있다"고 말합니다. 그리스도의 편에서 보면, 그는 성령에 의해 믿는 자들의 안에 거합니다. 그리고 사람들의 편에서 보면, 그들은 믿음으로 그리스도를 붙잡고 "그분을 그들의 마음이라는 거처로 영접하였습니다."[12] 스테드만은 전자를 '자연적 유대'(natural bond), 후자를 '법적 유대'(legal bond)라고 칭합니다. 자연적 유대는 중생의 양성 원소(positive element)입니다. 그것은 전체에 대한 것으로, 그리스도는 전 인격의 주인이 됩니다. 물론 그 일이 일어나기 위

---

10 *Institutes*, 3.1.1.

11 Rowland Stedman, *The Mystical Union of Believers with Christ, or A Treatise Wherein That Great Mystery and Privilege of the Saints Union with the Son of God Is Opened* (London: W. R, for Thomas Parkhurst, at the Golden-Bible on London-Bridge, under the gate, 1668), 121, Wing / 335:13.

12 Ibid., 122.

해서는 사람이 그 은혜의 수단에 참여해야 하지만, 사람의 힘이 영향을 미칠 수는 없습니다.[13] 그분의 본성에 따라 우리의 본성이 지어져 가는 이유는 그리스도의 인성과 성화된 인성 사이에 '적절성'(suitableness)이 있기 때문입니다.[14] 우리는 이제 다음 두 장에서 이것이 초래하는 결과에 대하여 살펴볼 것입니다.

"율법이 그들을 하나로 여긴다"고 하였다는 점에서 연합은 법적 용어로 '빚진 자'나 '보증'과 비슷한 의미를 갖습니다. 법의 눈으로는 그들은 하나이기 때문에 보증으로 빚을 갚은 것은 빚진 자가 스스로 갚은 것과 같이 여겨집니다.[15]

이에 대해서는 4장에서 상세히 다룰 것입니다. 스테드만은 친한 친구 사이처럼 사랑으로 묶인 '윤리적 연합'을 언급하며, 이 연합으로 "주 예수와 그분의 택하신 사람들이 함께 엮여 있다"고 말합니다. 예수님은 사람들 안에 거하고, 그들은 그분을 즐거워하기에 갈급합니다.[16] 에반스가 지적한 바와 같이 여기에는 죄의 전가와 변화라는 분리의 징후가 있을 수 있습니다.[17]

---

13 Ibid., 123-32.
14 Ibid., 133.
15 Ibid., 134-35.
16 Ibid., 148-49.
17 다음을 보십시오. William B. Evans, *Imputation and Impartation: Union with Christ in American Reformed Theology* (Eugene, OR: Wipf & Stock 2008).

4. 그리스도가 우리의 본성을 입으시고, 우리는 그분의 인성을 따라 은혜로 그분과 하나가 됩니다

이 장에서 우리는 성령이 우리의 인생사 속에서 그리스도와 하나가 되게 하시는 분이라고 말해왔습니다. 그분은 은혜로 믿음을 통해 이 일을 이루십니다. 우리의 믿음과 그리스도의 삶 속에서 이루어진 모든 일들은 하나님의 형상, 즉 그리스도 안에서 우리를 새롭게 하고, 그리스도를 닮도록 바꾸시는 성령께서 이룬 것입니다(고후 3:18).

그리고 마침내 그리스도가 영광 중에 오실 때에 우리는 그분과 같을 것입니다(요일 3:1-2). 이 모든 놀라운 과정들은 우리가 그리스도를 받아들였던 것과 같이 믿음을 통해 일어납니다. 그러므로 우리는 아무것도 드릴 것이 없는 빈손으로 왔습니다. 웨스트민스터 신앙고백서 14.2의 고백처럼 구원의 믿음은 "영원한 생명을 위해 오직 그리스도만을 영접하고 받아들이며 의지하는 것입니다." 레인은 칼빈과 종교개혁가들처럼 이렇게 말하였습니다. "믿음은 그 자체로 효력이 있는 것이 아니라 우리를 그리스도와 하나되게 하기에 효력이 있습니다. 오직 믿음으로 의롭다함을 얻을 수 있는데, 그것은 믿음의 가치나 성취 때문이 아니라, 믿음을 의롭다 여겨주시기 때문입니다."[18]

칼빈의 글에서 찾을 수 있는 것처럼, 믿음은 성령의 주된 사역입니다. 성령은 우리를 그리스도와 하나되게 합니다. 집에 전기가 연결되면 집 전체를 환하게 밝히듯이, 우리가 그리스도와 하나가 됨으로써 그분이 이루신 사역이 우리의 것이 됩니다. 그분은 우리의 자리에서 우리를

---

18 Tony Lane, *Justification by Faith in Catholic-Protestant Dialogue: An Evangelical Assessment* (London: T&T Clark, 2002), 26.

대신하는 대표자(representative)이고 대리자(substitute)이실 뿐만 아니라 우리는 그분과 하나입니다. 우리는 같은 편이기에 그분의 사역이 곧 우리의 것입니다. 축구 경기에서 골키퍼가 실책으로 역전골을 허용한다면 팀 전체가 경기에서 질 것입니다. 혹은 공격수가 역전골을 넣는다면 팀 전체가 우승의 기쁨을 누릴 것입니다. 말하자면 성령은 우리를 팀 구성원으로 선택하셨고, 그리스도는 속죄를 이루어 팀 전체에 승리를 가져다 주셨습니다. 다만 축구 경기와 같지 않은 것은, 성령이 우리 마음속에 부어짐으로써 이를 이루셨고 축구팀 이상의 깊은 관계를 맺게 해주셨다는 것입니다.

5. 우리는 그리스도와 아버지의 관계에 참여합니다

우리는 그리스도와 하나가 되었기 때문에, 하나님은 우리를 그리스도와 똑같이 여기십니다. 아버지는 그분의 영원하고 사랑하시는 아들과 똑같이 우리를 대하십니다.

예수님은 일관되게 자신을 하나님의 아들이라고 설명하십니다. 그리고 그분은 하나님을 아버지라고 부르십니다. 그분은 단순히 아버지나 마찬가지라는 비유 혹은 놓칠 수 있는 자신의 성품의 한 부분을 강조하기 위해 은유로 그렇게 표현한 것이 아니었습니다. 그분은 그것을 당연하게 자신의 이름처럼 여겼습니다. 하나님의 어머니와 같은 이미지는 구약성경에서 비유로서 등장하고, 신약성경에서는 은유로조차도 등장하지 않는데, 이것과는 현저한 차이가 있습니다.

이것은 혁신적이었습니다. 어떤 유대인도 하나님을 그렇게 말하거나 생각조차 할 수 없었습니다. 실제로 예수님을 반대하는 자들은 그분을 신성모독으로 고소했고, 돌로 치기 위해 돌을 집어 들었습니다. 예수님은 자신의 의도를 곡해했다고 변명하지 않으셨고, 자신이 참된 말을 했기에 신성모독에 대해서는 결백하다고 변호하셨습니다. 각각의 사건에서 그분은 한 단계씩 주장의 수위를 높여 가셨습니다. 처음에는 하나님과 동등되다 말씀하셨고(요 5:16-47), 성부 하나님과 하나라고 주장하셨으며(요 10:22-36), 하나님과 자신을 믿음의 대상이라 말씀하셨고(요 14:1), 아버지와 자신은 서로 안에 거하기 때문에 누구든지 자신을 본 자는 아버지를 본 것과 같다고 말씀하셨습니다(요 14:7-11).

이와 같은 사실 그리고 우리는 그와 하나되었다는 사실에 힘입어, 우리는 하나님을 "우리 아버지"라고 부를 수 있습니다. 예수님은 그의 제자들에게 "하늘에 계신 우리 아버지"라고 기도하도록 가르쳐 주셨습니다. 이것은 기도의 본이 되었습니다. 여기에는 양자됨과 계속해서 아들의 지위가 지속됨이 함축되어 있습니다(마 6:9; 눅 11:2). 이는 예수님과 아버지의 특별한 관계를 나눔을 의미합니다. 그분은 참 아들이나, 우리는 은혜로 말미암아 양자로 받아들여진 아들입니다.

우리는 그리스도와 함께 한 상속자입니다(롬 8:15-17). 우리 안에 내주하시고 우리를 채우시는 성령은 우리가 양자됨을 알게 해주십니다(갈 4:4-6). 로마서 8장과 갈라디아서 4장은 유대인에게나(*abba*) 헬라인에게나(*patēr*) 성령이 우리의 우리 안에 부은 바 되었고, 우리가 아들[19]로 받

---

19 믿는 자들을 성포괄적 언어(gender-inclusive language)로 하나님의 '자녀'(sons and daughters)라고 표현하는 최근의 경향은 이 진리를 가리어 오도하며 그리스도와의 연합에 대한 교회의 감격을 무디게 합니다. 예수 그리스도는 영원히 아버지의 아들이십니다. 이것은 그의 이름이자 지위입니다. 하나님은 성으로 구분되는 존재가 아니시기에 이 표현은 특정한 성을 지칭하는 용어가 아닙니다. 그리스도를 믿는 자들을 가리켜 '아들들'이라고 칭하는 것은 당시의 가부장적 문화의 영향 때문입니다. 이는 우리가 성령과

아들여겼음을 알게 해줍니다. 다음 장에서 이에 대해 더 자세히 살펴보려 합니다.

6. 요약

지금까지 발견한 것을 간추려봅니다.

첫째, 그리스도와의 연합은 하나님이 사람을 어떤 면에서는 그분과 동등됨을 취할 수 있도록 만드셨기에 가능한 것입니다. 그분은 창조주이시고 우리는 그분의 피조물입니다. 사람을 그분의 형상으로 만드시면서 하나님은 그리스도(가시적 하나님의 형상)를 사람이 되게 하시고, 사람을 그리스도와 연합하게 하시려는 목적을 가지셨습니다.

둘째, 그리스도와의 연합은 그리스도가 그분의 성육신을 통해 우리와 연합하셨다는 사실의 기초 위에 세워져 있습니다. 아버지의 영원하신 아들이자 아버지와 동일한 존재인 그분이 인성과 위격적으로 연합하였습니다. 그리스도는 우리들 중 하나와 같이 되셨고, 그럼에도 그분은 이전과 동일하십니다. 그분은 위격적으로 연합하셨습니다. 아들의 위격은 스스로 하나의 인성과 연합하셨습니다.

셋째, 영원한 아들이신 그리스도는 내적으로 인성과 연합하셨고, 이제는 (성령이 믿음으로 우리를 그에게로 인도하심을 따라) 성령을 통하여 우리와 연합하십니다. 이는 아들의 성육신에서 볼 수 있는 것과 같은 인

함께 또한 성령에 의해 아버지의 아들과 같은 지위를 갖는다는 것을 말하고자 하는 것입니다. 그리스도인의 삶의 핵심을 논하는 이 부분에서 '딸들'이라고 정정하는 것은 불필요해 보입니다.

격적 연합이 아닙니다. 이 연합에서는 성령이 셀 수 없이 많은 인격에 들어오셔서, 내주하시고, 부으시며, 충만하시어, 그들을 아들이신 그리스도와 연합하게 합니다. 청교도 저자 존 플레이블(John Flavel)은 요한복음 17:23의 예수님의 말씀을 인용하여 이렇게 말했습니다. "이것이 그리스도와 신자의 신비로운 연합입니다. 그분과 나는 본질적으로 하나를 이루며, 그분들과 나는 신비로 하나를 이룹니다. 그분들과 나는 성령의 충만함과 삼위일체의 교통함으로 하나를 이루며, 그들과 나는 나와 성령을 통하여 교통함으로 하나를 이룹니다.[20]

이제는 그리스도와의 연합은 무엇으로 지속되는가에 대한 의문점이 남아있습니다. 우리는 우리가 할 수 있는 데까지 이 문제에 대해 다음 장에서 살펴보려 합니다.

---

[20] John Flavel, *The Works of John Flavel* (London: Banner of Truth, 1968), 2:34.

Union with Christ

In Scripture, History, And Theology

4 예수님과의 연합과 대표

1. 그리스도는 언약의 머리로서 우리를 대표하십니다.

그리스도와의 연합에는 법적인 측면이 있습니다. 하나님은 공의로 우십니다. 처음부터 그는 아담에게 자신과의 올바른 관계를 확인하고 생명을 얻게 하기 위한 수단으로서, 자신의 뜻에 순종하기를 요구하셨습니다(창 2:15-17). 타락 이후에 그의 법은 은혜언약(covenant of grace) 안에서 우리의 의무를 측정하기 위한 기준이 되었습니다. 그리스도의 구원은 법정적인 것입니다. 속죄에서 가장 중요한 것이 하나님의 의로우심이라는 점에서 이를 알 수 있습니다(롬 3:26).

그리스도는 우리를 위하여 우리의 대표자로서 율법을 완성하셨습니다. 그분은 '적극적인 순종'으로 이를 이루셨습니다. 그분은 사람으로서 하나님의 거룩하신 법의 명령에 복종하셨습니다. 아담은 하나님의 뜻에 순종할 의무가 있었습니다. 그러나 아담은 순종하지 못하였고, 선과 악을 알게 하는 나무의 열매를 먹지 말라는 명령을 지키지 못하였습니다. 아담의 행동은 그에게 국한되어 있지 않았습니다. 그는 온 인류가 그와 연대되어 있는 공인이었습니다. 그의 죄과는 그의 것만이 아니라 모든 사람의 것이 되었습니다. 아담과 전 인류는 타락의 상태에 처하였고 하나님의 정죄(condemnation) 아래 있게 되었습니다. 바울은 로마서 5:12-21에서 여기에 대해 분명히 설명합니다. 바울은 죽음과 정죄를 초래한 아담과 그의 죄 그리고 칭의와 생명을 가져다 준 그리스도의 순종을 비교합니다.

고린도전서 15:20-23에서도 아담과 그리스도를 비교합니다. 아담은 모두에게 죽음을 가져다 주었고, 그리스도는 생명과 부활을 가져다 주셨습니다. 이는 성경 본문 전체에서 나타나는 연대책임(corporate solidarity)입니다. 한 사람, 아간이 죄를 지은 것이 이스라엘 전체의 죄가 되었습니다(수 7:1-26). 개인은 독립체가 아닌 어느 부족의 누군가의 아들로 소개됩니다. 여기에는 팀과 공통점이 있습니다.

만약 팀의 주장이 경기의 마지막 순간에 실점한다면 그것은 팀 전체의 패배입니다. 이 경우 주장은 그 팀을 대표하고, 그의 행동은 전체에 영향을 미칩니다. 그와 팀은 하나입니다. 그의 기량이 곧 팀 전체의 기량입니다. 이런 생각은 르네상스와 계몽주의의 개인주의로 점철된 현대의 서구적 사고방식으로는 생소한 것입니다. 우리는 민주주의 시대를 살고 있습니다. 모든 개인이 동등한 권리를 가지고 자신의 거취를 결정합니다.

그리스도는 그분의 성육신의 삶과 사역에 있어서 둘째 아담이셨습니다. 사람이 죄를 지었기에 사람이 바로잡아야 했습니다. 사람이 단순히 죄를 짓지 않을 뿐만 아니라, 아담이 드리지 못했던 순종을 하나님께 드려야 했습니다. 그러나 사람이란 모두가 똑같은 과정을 통해 태어났기에, 생득적으로 아담의 죄와 타락한 본성을 물려받았습니다. 사람은 구원을 이룰 수 있는 능력이 없었습니다. 그렇기에 하나님의 아들이 개입하여 성령으로 동정녀 마리아를 통해 성육신하셨고 아담의 자리를 대신해 아버지께 순종하셨습니다. 그분은 삶을 통하여 이를 이루셨습니다. 사람인 그분은 새로운 피조물이었으며, 성령이 창조 때에 수면위에 계셨던 것처럼 마리아에게 임하셔서 운행하셨습니다(눅 1:34-35; 창 1:2 참고). 그분은 새로운 팀의 주장이시며 아버지께서 세상의 기초를 세우시기 전에 그분에게 주셨던 신인류의 머리이십니다.

이렇게 어린 시절의 예수님은 하나님과 사람에게 사랑스럽게 자라가셨습니다(눅 2:52). 그분은 점점 높은 단계의 순종으로 나아가셨습니다. 열두 번째 생일이 되었을 때 성전에서 있었던 사건은 아버지가 주신 사역을 따르는 순종의 첫 단계였습니다.[1] 이후에 그분은 자신을 죄로 책잡으며 대적하는 자들에게 확신에 찬 도전을 제기하십니다(요 8:46). 그들은 책잡을 수 없었습니다. 또한 예수님의 도전 그 자체가 그분의 깨끗한 양심을 증거하는 것입니다.

신약성경에서 그분은 계속해서 죄가 없으신 분으로 그려집니다. 동시에 그분의 참 인성에는 어떤 불확실성도 없음을 단언합니다. 그분은 배고프고 목마르셨으며, 피곤하고 슬프셨으며, 친구가 있으셨습니다. 또한 가까운 이의 죽음을 애도하셨고, 어머니에 대해 책임감이 있으셨으며, 시험과 고난과 죽음을 겪고 장사되셨습니다. 그분은 전적으로 하나님의 뜻에 순종하셨습니다(요 4:34; 17:4). 영원 전부터 계획된 죽음과 그것을 피할 길을 눈앞에 두었을 때도(마 26:39; 히 10:7), 첫 아담으로 인한 훼손을 바로잡기 위해 그분은 비켜가지 않으셨습니다(롬 5:12-21). 그분은 '적극적인 순종'으로 우리의 편에서 우리의 자리를 대신하실 뿐만

---

1 Robert Letham, *The Work of Christ* (Leicester, UK: Inter-Varsity Press, 1993), 113-14.

아니라 우리와 연합하셔서 하나님의 뜻을 이루셨습니다. 그분은 단지 밖에 있는 우리를 대신하여 대속제물이 되신 것이 아닙니다. 그분은 우리와 연합하셨고 우리는 그분과 연합하였기에, 그분이 우리 안에 계신 것처럼 우리도 그분 안에 있습니다. 그분은 팀의 주장이시며 그분이 이루신 것은 곧 우리의 것이 되었습니다.

그뿐 아니라 그분이 아버지께 드린 복종에는 그분이 우리를 위해 깨어진 법에 대한 형벌을 감내하였던 '소극적인 순종'(*patior*, 수난)이라는 다른 측면도 있습니다. 우리는 아담 안에서 죄를 지었으며 그 결과는 죽음과 정죄였습니다.

하나님이 우리를 다시 받아들이기 위해서는 적어도 법을 어긴 형벌을 그리스도가 받으셔야 했습니다.[2] 그리하여 신약성경은 그리스도에 대해 이렇게 고백합니다. "의인으로서 불의한 자를 대신하셨으니 이는 우리를 하나님 앞으로 인도하려 하심이라"(벧전 3:18; 롬 3:25; 4:25; 5:8; 히 10:1-14:1; 벧전 2:21 참고). 그리하여 그는 자기 목숨을 많은 사람의 대속물로 주셨습니다(마 20:28; 막 10:45). 그의 순종으로 많은 사람들이 의롭다 하심을 얻었습니다(롬 5:12-21). 순종의 두 측면은 그리스도가 하나님께 드린 온전한 순종의 각 부분입니다.[3]

---

2   그렇지 않다면 다른 대안은 영원한 죽음과 정죄, 의롭고 거룩하신 하나님의 진노의 형벌을 우리가 감내하는 것입니다.

3   Letham, *The Work of Christ*, 113-21.

2. 그리스도는 우리와 한 본성이기에 우리를 대표합니다.

그리스도가 우리의 대표자가 될 완전한 자격이 있다는 것에는 의심할 수 없는 두 가지 근거가 있습니다.

첫째, 그분은 하나님의 영원한 아들이십니다. 히브리서의 저자는 히브리서 4:14-16에서 "승천하신 이 곧 하나님의 아들 예수"(히 4:14)라고 기록하였습니다. 이는 그분이 하나님의 아들이시고, 선지자나 천사나 모세나 구약의 제사장보다 더 큰 분이시며, 아버지의 우편으로 승천하셨다는 서신 전체의 주제를 축약해서 보여주는 본문입니다. 이 본문은 그분이 누구이신가와(하나님의 아들), 그분이 이루신 일을 따라서(권능으로 통치하시는 자리로 승천하심), 그분은 우리가 필요로 할 때 우리를 도울 '능력이 있는 분'이라는 것을 입증합니다.

둘째, 그는 우리의 본성과 연합하였기에 그는 우리의 대표자가 될 '자격'이 있습니다. 그는 우리와 똑같이 시험을 받으셨지만 죄는 없으십니다. 그분은 시험을 겪으셨고 그것을 이겨냈기에 우리를 도우실 수 있습니다. 성육신에서 그분은 우리의 인성과 연합하셨습니다.

그분이 누구이신가와 그분이 중보자로서 이루셨고 이루시는 일들은 우리의 본성 안에 있습니다. 둘째 아담으로서 받으신 시험(마 4:1-10)으로부터 그분의 부활(고전 15:22)과 승천(엡 2:6)에 이르기까지, 그분의 순종은 우리를 대신한 것입니다.[4] 15세기의 라틴 찬송시는 다음과 같이 말합니다.

---

4 Ibid., 116.

오 그 사랑 얼마나 깊고 넓고 높은지! 다 헤아릴 수 없네
하나님과 그 아들이 죽을 수밖에 없는
우리의 몸과 허물을 대신하셨네
우리를 위해 세례 받으셨고
우리를 위해 금식하시고 주리셨네
우리를 위해 미리 아신 시험을 받으셨고
우리를 위해 사단의 유혹을 이기셨네
우리를 위해 악한 자에게 팔리셨고 채찍을 맞으셨으며 조롱당
하셨고 가시 면류관을 쓰셨네
우리를 위해 십자가에서 죽으셨네
우리를 위해 죽음에서 사셨고
우리를 위해 높은 곳에서 통치하시네
우리를 위해 영을 보내사 인도하시고 힘주시고 능력주시네.

성령이 믿음으로 우리를 그리스도와 하나되게 하셨으므로 그리스도가 우리를 대신하신 사역은 효력이 있으며, 우리의 안에 있습니다.

3. 그리스도와의 연합과 속죄

1) 그리스도 우리의 대속자

예수님은 그분의 삶과 사역, 특히 십자가와 부활과 승천 사건에서 우리의 자리를 대신하셨습니다. 대속은 마치 축구 경기에서 선수를 교

체하는 것처럼 다른 이가 점유하고 있는 자리를 대신하는 것입니다. 신약성경은 전반적으로 그리스도를 그와 같은 방식으로 표현합니다. 그러한 표현은 특히 십자가의 죄인들을 위한 대속적 희생에 초점을 두고 있습니다.

복음서는 최후의 만찬에서 하신 예수님의 말씀(눅 22:19)에 대해 기록하고 있으며, 바울은 그 말씀을 인용합니다(고전 11:24). 잡히시던 날 밤에 예수님은 "받아서 먹으라 이것은 내 몸이니라 하시고 이것은 죄 사함을 얻게 하려고 많은 사람을 위하여 흘리는 바(to peri pollōn ekchunnimenon) 나의 피 곧 언약의 피니라"(마 26:26-28)라고 말씀하셨습니다. 이에 앞서 그는 "인자가 온 것은 섬김을 받으려 함이 아니라 도리어 섬기려 하고 자기 목숨을 많은 사람의 대속물로(lutron anti pollōn) 주려 함이니라"(마 20:28)고 말씀하신 바 있습니다(막 10:45). 예수님은 자신의 임박한 죽음은 "세상의 생명을 위한"(요 6:51) 것이라고 말씀하셨습니다. 가야바는 한 사람이 온 백성을 위하여 죽는 것이 유익이라고 말하여 예수님이 어떻게 죽으실 것을 알지 못하는 중에 예언하였습니다(요 11:50).

바울은 눈에 띄게 속죄를 대리적인 용어로 기술합니다. 복음의 핵심 주제는 "성경대로 그리스도께서 우리 죄를 위하여"(고전 15:3) 죽으셨다(huper tōn hamartiōn hēmōn)는 것입니다. 바울은 고린도후서에서 이것을 다시 한 번 되풀이합니다. "한 사람이 모든 사람을 대신하여 죽었은즉"(heis huper pantōn apathanen)(고후 5:14), "하나님이 죄를 알지도 못하신 이를 우리를 대신하여 죄로 삼으신 것은 우리로 하여금 그 안에서 하나님의 의가 되게 하려 하심이라"(고후 5:21). 그리스도가 우리를 위하여 죽으셨고(Christos huper hemōn apathanee), 아버지는 우리 모두를 위하여 아들을 내어주셨으며(롬 8:32), 그리스도는 모든 사람을 위하여 자기를 대속물로 주셨습니다(딤전 2:6). 베드로는 바울과 같은 믿음을 갖고 있습니다. 그리스도는 친히 나무에 달려 그분의 몸으로 우리 죄를 담당하셨습니다(벧전 2:21-24). 그분은 의인으로서 불의한 자를 대신하셨습니다(벧전 3:18). 히브리서의 저자는 그리스도가 많은 사람의 죄를 담당하시려고 단번에 드리신 바 되었음을 고백합니다(히 9:28).

대표적인 것들만 살펴본 이 모든 고백의 이면에는, 사람이 동물을 제물로 드려 동물에게 죄책을 전가하고 그 피를 제단에 뿌리면, 죄 사함을 받았다는 판결이 내려지는 (레위기 4-5장에서 볼 수 있는) 구약시대 희생제사에 대한 인식이 깔려있습니다. 동물이 자신을 대신하여 죽었기에 제사를 드린 사람은 상징적으로 죄로부터 놓이게 됩니다. 분명 사람의 죄를 씻는 것은 동물의 희생으로는 불충분합니다. 그것들은 단지 자기 백성들의 죄를 단번에 정결하게 하는 십자가에서의 그리스도의 놀라운 희생을 예표할 뿐입니다.[5]

2) 그리스도는 우리의 대표자이다

그리스도가 이미 이루신 일들과 지금 이루시는 모든 것은 우리를 위함입니다. 대표한다는 것은 다른 이를 위하는 것입니다. 영국에서 의회의 구성원은 유권자의 이익을 대변합니다. 선출된 의원은 지역구의 주민들의 의견을 피력합니다. 외교관은 자국을 위하며 그의 발언은 자

---

5 다음을 보십시오. Alan M. Stibbs, *The Meaning of the Word "Blood" in Scripture* (London: Tyndale press, 1948); Leon Morris, *The Apostolic Preaching of the Cross* (London: Tyndale press, 1955); Letham, *The Work of Christ*, 132-40.

국의 정책을 반영하는 것으로 받아들여집니다.[6]

그리하여 바울은 그리스도가 우리가 범죄한 것 때문에 내어줌이 되고 또한 우리를 의롭다 하시기 위하여 살아나셨다고 기록합니다(롬 4:25). 그분은 자신을 위함이 아니라 머리요 대표자로서 자기 백성의 위 하셨습니다. 아담이 죄를 범하여 전 인류를 죄와 비참함, 죽음의 나라 로 떨어지게 하였을 때 온 인류를 대표하였듯이, 그리스도는 자신의 백성을 대신하여 순종하셨습니다(롬 5:12-21).

말하자면 그분의 순종은 그들의 것으로 여겨졌고, 그들은 의롭다 여김을 받았습니다. 위에서 언급한 대속에 대한 몇몇 구절에서도 이 대속의 주제를 찾을 수 있습니다. 대속자가 다른 사람의 자리를 대신하는 것이라면, 대표자는 다른 이의 입장을 표명하는 것입니다. 그분의 행동이 그분이 대표하는 이들의 것으로 간주되는 것을 볼 때, 그분은 단순히 별개의 동떨어진 개별자가 아닙니다. 이는 특히 히브리서에서 구약시대의 대제사장직을 반영하는 것으로 설명되는 그리스도의 대제사장직의 경우에서 분명하게 드러납니다.

구약시대에 아론은 해마다 속죄일에 이스라엘 백성을 대표하여 지성소에 들어갔습니다. 그가 입던 대제사장의 흉패에 열두 지파를 의미하는 열두 보석이 있었다는 사실이 그의 역할을 보여줍니다. 그가 성소에 들어갈 때 그는 이 보석을 붙인 흉패를 입고 여호와 앞에 나아가 그 백성을 위하여 속죄의 예식을 행하였습니다. 그 전에 아론은 먼저 자신을 위하여 희생 제물을 바쳐야만 다른 이들을 위하여 여호와의 임재에 들어갈 수 있었습니다. 하지만 그리스도는 속하여야 할 죄가 없으시

---

6 이것은 법적 지위를 말합니다. 그러나 의원들이 자신을 지원한 이익단체의 의견을 반영하는 경우도 많이 있습니다.

기에 하늘에 들어가사 우리를 위하여 하나님 앞에 나타나셨습니다(히 4:14-5:10; 6:18-20; 7:23-8:1; 9:11-10:14).

이를 근거로 그리스도는 십자가 위에서 우리의 자리를 대신하셨고 우리를 향한 하나님의 진노를 온전히 견디셨습니다. 이 모든 것 위에 그분은 부활하실 때나 우리를 위하여 하나님 우편으로 승천하실 때에도 우리를 대표하셨습니다.

3) 우리는 그리스도와 하나가 되었으며, 그리스도는 우리와 연합하여 행하십니다.

대속자와 대표자로서 그리스도는 그분의 행하신 일을 누리는 이들과는 구별됩니다. 대속자는 당연히 의탁하는 이와는 다른 존재입니다. 대표자도 역시 다른 이를 위하는 존재입니다. 법적으로 한 사람의 행위가 그가 대표하는 이들의 것으로 여겨진다고 할 때, 그들은 분명 서로 다른 인격을 말합니다. 연합의 개념은 이 두 비유보다 더 높은 단계로 우리를 인도합니다. 이 경우 우리는 그분과 하나이기에, 그리스도가 행하셨고 지금도 행하시는 모든 일들은 곧 우리가 하는 것입니다. 대속자와 대표자에는 '타자성'(otherness)이라는 전제가 깔려있습니다.

그리스도는 대속자로서 우리를 대신하고, 대표자로서 우리를 위하실 뿐 아니라, 그리스도와 우리의 연합이 지속되는 한 그분의 행위는 '곧' 우리의 것이 됩니다. 또한 대속자와 대표자의 타자성은 우리의 존재가 그리스도와 합하여 있고 본질적인 변화가 일어나고 있다는 생각을 저해합니다.⁷하나님이 죄 없는 이에게 형벌을 내리는 것이 불의하신 가라는 논쟁을 고려할 때는 속죄와 연결시켜 이해하는 것이 중요합니다. 이 논의는 구약성경에 나타나는 하나님의 특성에 비추어 볼 때 옳은 말입니다. 이는 모세 언약에서 율법의 근간을 이루는 것입니다.

> 너는 가난한 자의 송사라고 정의를 굽게 하지 말며 거짓 일을 멀리 하며 무죄한 자와 의로운 자를 죽이지 말라 나는 악인을 의롭다 하지 아니하겠노라 너는 뇌물을 받지 말라 뇌물은 밝은 자의 눈을 어둡게 하고 의로운 자의 말을 굽게 하느니라(출 23:6-8).

> 무죄한 자를 죽이려고 뇌물을 받는 자는 저주를 받을 것이라 할 것이요 모든 백성은 아멘 할지니라(신 27:25).

이는 잠언에서도 찾아볼 수 있습니다.

> 악인을 의롭다 하고 의인을 악하다 하는 이 두 사람은 다 여호와께 미움을 받느니라(잠 17:15).

> 의인을 벌하는 것과 귀인을 정직하다고 때리는 것은 선하지 못하니라(잠 17:26).

---

7 다음을 보십시오. Mark Garcia, "Imputation and the Christology of Union with Christ: Calvin, Osiander and the Contemporary Quest for a Reformed Model," *WTJ* 68 (2006): 219-51.

> 악인을 두둔하는 것과 재판할 때에 의인을 억울하게 하는 것이
> 선하지 아니하니라(잠 18:5).

선지자들도 "뇌물로 말미암아 악인을 의롭다 하고 의인에게서 그 공의를 빼앗는"(사 5:23) 통치자들에게 화있으리라고 예언하였습니다. 여기에는 죄를 면제하지 아니하시는 여호와의 공의로우심이 들어있습니다(출 34:7).

『그가 찔림은 우리의 허물 때문이요』(*Pierced for Our Transgressions*)라는 책은 이 원리의 중요성에 대해 피력합니다. 이 책의 저자들은 위의 주장이나 이 주장의 변용에 근거한 '형벌 대속설'(penal substitutionary doctrine)에 관한 비판에 답하고 있습니다. 하나의 비판에 답하면 또 하나의 비판이 제기되는 구도가 계속 반복됩니다.[8] 이런 반론은 모두 그리스도와의 연합으로 상쇄됩니다. 그리스도와의 연합이 그 문제에 영향을 주기 시작하면 이야기는 달라집니다. 그것은 더 이상 하나님이 무죄한 자를 벌하시고 죄 있는 자를 면책시켜 주는 문제가 아닙니다. 그리스도와 그분의 택하신 백성들 사이에 연합이 이루어져 있기 때문에 죄 있는 편의 잘못은 그리스도의 것이 되었습니다. 그들은 하나로 여겨지기에 처벌을 받은 이의 의로움도 다른 이들의 것이 되었습니다.

휴 마틴(Hugh Martin)은 다음과 같이 말합니다. "참된 속죄의 가능성은 속하는 이와 그 속죄를 누리는 이들 사이의 결속을 전제합니다. 이것은 입증할 필요조차 없는 것입니다."[9] 마틴이 묻고자 했던 것은 이것

---

[8] Steve Jeffery, Michael Ovey, and Andrew Sach, *Pierced for Our Transgressions: Recovering the Glory of the Penal Substitution* (Wheaton, IL: Crossway, 2007).

[9] Hugh Martin, *The Atonement: In Its Relations to the Covenant, the Priesthood, the Intercession*

입니다. 구원의 사역을 위해서는 그리스도와 죄인 사이에 어떠한 결속이 필요한가? 그의 대답은 이렇습니다. 그 결속은 성육신 안에서 그분과 우리의 연합을 넘어서는 것입니다. 왜냐하면 그것은 인성과의 연합이었으며 그것만으로는 어느 누구도 구원할 수 없기 때문입니다.[10] 그것은 대속와 대표도 넘어서는 것입니다. 그것은 단지 왜 그리고 어떻게 그리스도가 대속자이시며 대표자가 되시는지라는 의문만을 낳기 때문입니다.

그것은 마틴이 말한 그리스도와 그분의 백성들의 연합이 세워진 영원한 언약을 가리킵니다. "그분은 우리와 하나이기에 우리의 죄를 대속하셨습니다."[11] 그는 이것이 아버지와 아들 사이의 언약이라고 주장합니다. 한편, 웨스트민스터 총회는 삼위일체 하나님과 둘째 아담이자 택자들의 머리이신 그리스도 간의 결정이라고 지적합니다.[12] 이 입장은 공의회 이전의 정통 개혁신학의 지지를 받습니다. 그러나 마틴은 그를 따르는 다른 이들과 같이, 하나님의 영원한 회의로 세워진 그리스도와 그분의 백성들의 연합이 속죄의 근간을 이루고 있으며 의미를 부여한다는 사실에 동의합니다.[13] 이것은 바울이 로마서 6:1에서 말한 것처럼

---

of Our Lord (Edinburgh: Lyon and Gemmell, 1877), 38.

10 Ibid., 40-1.

11 Ibid., 42-4.

12 *WLC* 31(문: 은혜언약은 누구와 맺어졌습니까? 답: 은혜언약은 두 번째 아담이신 그리스도와 맺어졌으며 또한 그 안에서 그분의 씨인 모든 선택된 자들과도 맺어졌습니다).

13 Martin은 아버지의 뜻, 아들의 뜻 그리고 (암묵적으로) 성령의 뜻에 대해 언급함에 있어서, 의도한 바는 아니더라도 표현의 형식에 있어서는 삼신론(tritheism)으로 노선을 전환했습니다. 뜻은 인격보다는 본성의 술부이기에, 정통 삼위일체 신학은 삼위가 하나의 뜻을 가지고 있다는 입장을 견지합니다. 삼위는 분리할 수 없기에 세 인격은 분리할 수 없는 동시에 독립적으로 행합니다. Martin, *Atonement*, 45. 아마도 이것이 Martin이 하나님의 작정을 냉철하고 사랑이 없는 것으로 생각했던 이유일 것입니다. 삼위는 완전한 사랑이며, 하나님의 거룩한 계획과 목적은 하나님의 성품인 선함과 영원한 사랑을

그리스도가 십자가에서 죽으시고 죽음에서 다시 사셨을때, 우리도 참으로 그분과 함께 죽었고 다시 살았다는 것을 따릅니다. 더 나아가 이것은 또한 그리스도가 우리와의 연합 안에 죽으셨기 때문에, 그분이 죽으셨을 때 우리의 죄는 전적으로 처리되었다는 것을 따릅니다. 죄는 더 이상 우리를 지배하지 못합니다!

속죄는 칭의의 교리와 깊이 연결되어 있습니다. 그리스도와의 연합과 칭의가 어떻게 연관되어 있는지는 우리에게 숙제로 남아있습니다. 그에 앞서 잠시 되짚어 봅시다. 속죄에 대해 깊이 알아갈수록, 우리는 우리의 구원, 속죄, 칭의 전체의 근본인 삼위일체의 영원한 회의를 돌아보게 됩니다. 그렇다면 먼저 우리는 어떻게 그리스도와의 연합이 택하신 자들을 위한 영원한 작정 그리고 성삼위일체가 성육신하신 그리스도와의 연합을 통해 우리를 구원하시려는 사랑의 계획으로 표현되었는지를 살펴볼 것입니다.

4. 그리스도와의 연합과 선택

'그리스도 안에서' 이루어지는 선택은 신약성경에 분명히 나타납니다. 바울은 우리가 하나님의 택하심을 받았음을 기록하며 그것을 그리스도와의 연합이라고 표현합니다. 에베소서 1:4에서 그는 하나님, 곧 우리 주 예수 그리스도의 아버지가 "창세 전에 그리스도 안에서 우리를"(엡 1:4) 택하셨다고 말합니다. 또한 그는 하나님, 곧 그리스도의 아

보여주는데 어떻게 그럴 수 있겠습니까?

버지가 택하셨고, 우주가 있기 전에 영원한 선택이 있었다고 확신하며, 그것이 '그리스도 안에서' 이루어졌다고 말합니다. 그리고 본문의 나머지 부분에서 그는 그리스도 안에서 일어난 구원의 서정의 각 부분과 각 단계를 펼쳐 보입니다. 그것은 우리의 영원한 선택이 이루어진 사랑하는 아들, 예수 그리스도와의 연합 안에 있다는 사실에 따르는 것입니다. 이와 비슷하게 바울은 디모데후서 1:9에서 하나님의 은혜는 "영원 전부터 그리스도 예수 안에서 우리에게 주신 은혜"(딤후 1:9)라고 말합니다. 바울이 로마서 8:29-30에서 보여준 구원의 큰 연결고리에서 하나님이 우리를 예정하신 것은 "그 아들의 형상을 본받게 하기 위하여 미리 정하셨으니 이는 그로 많은 형제 중에서 맏아들이 되게 하려 하심"(롬 8:29)이었습니다.

이는 요한이 기록한 예수님의 말씀과 일치합니다. "아버지께서 내게 주시는 자는 다 내게로 올 것이요 내게 오는 자는 내가 결코 내쫓지 아니하리라"(요 6:37). 선택의 교리는 그리스도 안에 있다고 집중하지 않는다면, 성경적으로나 신학적으로 이해할 수 없습니다. 그것은 삼위의 작정이며, 그리스도의 사역과 인격에 밀접하게 연결되고, 복음과 떼놓을 수 없으며, 그리스도와의 연합이 인간 역사와 신자의 삶의 경험에서 작동하는 모든 방식의 토대이며 뿌리입니다. 이는 숙명론과는 거리가 먼 것입니다.[14]

여러 주제들을 정통 개혁신학으로 생각하다보면 많은 것이 분명해집니다. 우리는 대표적인 개혁신학자들과 신앙고백서들을 살펴보려고

---

14 더 깊은 논의를 위해서는 다음을 보십시오. Letham, *The Work of Christ*, 53-6; Richard Muller, *Christ and the Decree: Christology and Predestination in Reformed Theology form Calvin to Perkins* (Grand Rapids: Baker, 1986).

합니다. 여기서는 그 관점들이 만장일치로 통일되었다는 것을 주장하려는 것이 아니라, 그 교리들이 개혁적 전통 안에 있는 중요한 인물들에게서 나왔다는 것을 보여주려 합니다.

1) 존 칼빈(1509-64)

칼빈의 관점에서는 세상의 기초가 세워지기 전에 그리스도 안에서 우리가 택해졌기 때문에, 선택의 확신은 그리스도 안에서만 있는 것입니다.

선택의 신비는 우리의 한계를 넘어서는 것이기에, 우리 편에서 그것을 증명하고자 하는 어떤 시도도 소용이 없습니다. 그러나 하나님은 우리에게 구원을 주시는 그 아들 안에서 스스로를 나타내십니다.

> 따라서 하나님이 자녀로 삼으신 사람들은 그들 자체로서 선택된 것이 아니라 그리스도 안에서 선택되었습니다(엡 1:4). 먼저 그들이 그분과 함께 참여하는 자(partaker)가 되지 않는다면, 그분은 그들을 사랑할 수 없고, 그들은 그분의 왕국의 유업을 받을 자로 높여질 수 없습니다. 그러나 만약 우리가 그분을 택했다면, 우리는 우리 자신의 택함을 확증할 수 없습니다. 그리고 만약 우리가 하나님 아버지를 아들과 단절된 이로 여긴다면 그분도 마찬가지입니다. 그렇기에 그리스도는 우리가 그 안에서 우리의 선택을 비춰보는 거울과도 같습니다. 아버지는 영원 전부터 그분의 것이 되도록 뜻하신 이들을 그리스도의 몸과 접붙여지도록 예정하셨습니다. 그분이 아들된 자들을 그들 중에 있

게 하실 것이라 하신 것은, 우리가 그리스도와 사귐이 있다면 그 생명책에 우리가 기록되어 있으리라는 충분히 분명하고 확고한 증언입니다(계 21:27 참고).[15]

칼빈은 그리스도 안의 선택이 분명한 실천적 의미를 갖고 있다고 생각합니다. 우리는 그리스도와의 연합 안에서 택함을 받았기 때문에, 그리스도와 교통하고 있다면 우리는 우리가 선택받았음을 확신합니다. 여기서 그리스도를 믿음은 하나님의 택하심의 영원한 목적을 거울과 같이 비춰 보여줍니다. 왜냐하면 하나님의 택하심의 목적은 우리의 머리이신 그리스도가 이루셨기 때문입니다.

칼빈은 그리스도가 "아버지와 같이 스스로 선택권이 있다고 주장한다"고 생각합니다.[16] 더 나아가 어거스틴을 따라 그는 그리스도는 스스로 중보자가 되기로 택하셨다는 점에서 첫 선택자였다고 이야기합니다. 그분은 은혜와 예정의 환한 빛이며 하나님의 선하신 뜻에 따른 중보자로 정해지셨습니다.[17] 아버지는 우리 모두를 머리이신 그리스도 안에 모으시고 떼어놓을 수 없는 연대로 그분과 동참하게 하십니다. 그리하여 그리스도에 참여하는 이들은 "머리에 접붙여져서, 구원에서 떨어져 나가지 않을 것입니다"[18] 선택은 그리스도와 분리해서는 바르게 이해할 수 없습니다.

---

15 *Institutes*, 3.24.5.
16 Ibid., 3.22.7.
17 Ibid., 3.24.5.
18 Ibid., 3.21.7.

2) 히에로니무스 잔키우스(Hieronymus Zanchius, 1516-90)

이탈리아 출신인 잔키우스는 『하나님의 본성에 관하여』(*De natura Dei*)라는 그의 방대한 논고에서 그리스도의 선택에 대해 상당한 분량을 할애하여 서술하고 있습니다. 특히 에베소서 1:4에 대해 논하며 선택은 삼위 전체의 공통적인 사역이기에(*quandoquidem eligere opus est totius Trinitatis commune*), 아버지는 아버지로서가 아니라 하나님으로서 택하신 것이라고 말합니다. 물론 아들 또한 참여하였는데, 여기서 아버지와 그리스도는 같은 하나님이시기에 구분이 없습니다. 잔키우스는 '그분 안에서' 우리가 택함을 입었다는 것은, 하나님도 아니요 사람도 아닌 신-인(*theanthrōpos*: God-man)인 그리스도 안에서 택함을 입었음을 뜻한다고 말합니다. 그리스도는 직접 우리를 택하셨기에 여기서 하나님으로서만 등장하지 않습니다(요 13:18).

단지 사람인 것만도 아닙니다. 바울이 뜻한 바는 선택에는 선택한 이와 선택된 이 사이에, 즉 하나님과 사람 사이에 결합이 있었다는 것입니다. 중보의 직무를 수행할 구원자는 하나님이자 동시에 사람이어야 했습니다.[19] 아들은 이 직무를 위하여 예정되어 있었고 이 작정에는 인성과 연합하여 성육신하는 것도 포함되어 있었습니다. 그리하여 그리스도는 인성을 따라 로고스와의 연합으로, 중보자요 택하신 이들의

---

[19] Itaque cum sit Apostolus, nos electos fuisse in Christo: Christus propontur considerandus, non ut purus Deus, neque ut simplex homo: sed ut Deus & homo simul, cum officio Mediatoris aeterno. Proinde non decit, nos esse electos *en tō logō*, neque in filio hominisL sed in Christo. Hoc enom nomen &duas naturas simul, & officium complectitur. Hieronymus Zanchius, *Operum Theologicorum Omnium* (Amsterdam: Stephanus Gamonentus, 1613), 2.535.

구원자인 하나님의 아들로 태어나는 영광을 위하여 선택되셨습니다.[20] 그리고 하나님의 아들, 그리스도 안에서 택함을 입은 모든 자들은 아들 안에서 양자됨과 거듭남의 영을 받도록 예정되었고, 사랑을 받고, 택함을 받고, 미리 알려진 바 되었습니다.[21]

이어 잔키우스는 이 연결에 대해 설명할 때, 그리스도에 대해 "그분 안에서, 그분을 통하여, 그분으로 말미암아"(*en hō, di' hou, di' hon*)라는 세 가지 표현이 사용된다는 점을 지적합니다. 간혹 이들은 같은 의미로 사용되기도 합니다.

첫 번째 표현은 그리스도는 성부 하나님의 모든 축복을 받은 교회의 머리라는 점을 나타냅니다. 이 값진 보물은 모두 영원히 우리에게 전해집니다. 하나님은 교회의 머리이신 '그리스도 안에서' 우리를 사랑하시며, 우리를 아들로 받아주십니다(*pro filiis agnovit*). 이 점에서 우리는 그리스도와 같습니다(*nempe per inde atque si reipsa talis essemus, qualis Christus est, iustissimi, sanctissimi, mundissimi, beatissimi*). 하나님의 보시기에 우리는 그분과 동일합니다(*Tales nos quoque sumus in conspectu Dei, quotquot ille intuetur in Christo, qualis est & ipse Christus*).

두 번째 표현은 중보자로서의 직무를 가리킵니다. 그리스도를 통하여 우리는 하나님과 화해하였습니다.[22] 즉 그리스도가 우리를 위하여 죽으셨기 때문에 하나님이 우리를 택한 것이 아니라, 하나님이 그분 안에서 우리를 택하셨기 때문에 그리스도는 우리를 위하여 죽으신 것입

---

20 Ibid., 2.536.
21 Ibid.
22 Ibid.

니다.²³ 그러므로 선택은 그분이 하신 일보다 우선하며 그분의 공로도 그 범위 안에 들어 있기에, 우리는 그리스도의 공로로 선택된 것이 아닙니다.²⁴

잔키우스는 1595년에 유작으로 출판된 『에베소서 주해』에서 이런 견해를 밝히고 있습니다. 하나님은 우리를 택하셨고, 중보자이며 우리의 머리이신 그리스도 안에서 선택하셨다고 거듭 말씀하십니다. 그리스도는 우리의 머리로서 가장 먼저 선택을 받으셨고, 우리는 그분 안에서 선택을 받았습니다. 우리는 우리의 머리이신 그리스도 외에는 복을 누릴 수 없습니다.²⁵

『하나님의 본성에 관하여』(De natura Dei)에서 잔키우스는 속죄의 의도를 그리스도의 선택과 연관시킵니다. 그분은 목숨을 받치는 이유가 된 이들을 위하여, 그들의 죄를 속하였고, 그들을 죽음에서 자유케 하셨습니다. 그리하여 그들은 그리스도로 인하여(propter Christum) 영생을 누리고, 의롭게 되었으며, 영화롭게 되었습니다. 세상의 기초가 세워지기도 전에 택함을 입은 모든 이들은, 이를 위하여 그리스도 안에서 택함을 입었습니다. 택함을 입지 못한 이들은 이러한 복을 누리지 못합니다.²⁶ 여기서 잔키우스는 구원의 모든 복이 성령의 영원하신 택함의 목

---

23 *Non enim ideo nos elegit, quia Christus mortuus est pro nobis, sed contra ideo missus est Filius, qui pro nobis moreretur, quia nos elegerit in ipso. Unde dicitur Deus sic dilexisse Mundum, ut Filium suum unigenitum dederit us, quisquis credit in eum, non pereat.* ibid., 2:536-37.

24 Ibid., 2.537.

25 "*Sicut igitur non sumus benedicti, nisi in Christo capite: ita etiam non fuimus electi sine Christo, aut ullo ardine naturae extra Christum, sed in Christo, ut in capite…Summa haec estL omnem benedictionem nos accepisse in Christo & habere non fuimus electi estra Christum, sed in Christo, ut membra in capite.*" ibid., 6:1:11-12.

26 Ibid., 2.498.

적 안에서 (우주가 만들어지기도 전부터) 그리스도로부터 흘러나왔다는 점을 표현합니다.

3) 아만두스 폴라누스(Amandus Polanus, 1561-1610)

폴라누스는 16세기 말부터 그 다음 세기 초까지 바젤에서 활동하였으며, 개혁교회에서 중요한 신학자입니다. 그는 새로운 것을 창안하지는 않았지만, 개혁 교리를 종합하였습니다. 말하자면 그는 당시 개혁교회에서 목회자들이 배우고 있던 것들의 척도와 같습니다.[27] 그의 책 『기독교 신학집성』(*Syntagma Theologiae Christianae*)은 그가 가르친 것을 담은 조직적인 개론으로서 그의 연구를 보여주는 방대한 예입니다. 거기에서 그는 예정과 선택에 상당한 분량을 할애합니다.

폴라누스에 따르면, 그리스도의 선택은 '하나님이 영원부터 그분의 독생자를 그분의 인성을 따라 하나님의 아들이 되도록 그리고 천사들과 사람들의 머리가 되도록 정해진 예정'의 한 측면입니다.[28] 삼위 전체가 작용인(efficient cause)으로서, 이를 함께 작정하셨습니다. 아버지는 아버지로서가 아니라 하나님으로서 우리를 택하셨습니다. 택함은 아버지의 인격만의 사역이 아니고, 아버지가 원천이요 기초인 삼위 전체의 사

---

27 다음을 보십시오. Robert Letham, "Amandus Polanus: A Neglected Theologian?" *SCJ* 21 (1990): 463-76, 멀러는 *Christ and the decree* 130에서 그를 '상당한 중요성을 갖는 신학자'이자 개신교 스콜라주의의 '초기 정통주의 시대의 대표적인 신학자'라 언급했습니다. Richard Muller, *After Calvin: Studies in the Development of a Theological Tradition* (Oxford: Oxford University Press, 2003), 148.

28 "…*est praedestinatio qua Deus Filium suum unigenitum designavit ab aeterno, ut etiam quo ad suam humanam natura esset Filius Dei & caput Angelorum & hominesque.*" Amandus Polanus, *Syntagma Theologiae Christianae* (Geneva: Petri Auberti, 1612), 1:678. 그는 참고 구절로 사 42:1; 마 12:18; 벧전 1:20; 2:5을 인용합니다.

역입니다(*sed ut Deus, quandoquidem electio est totius Sacrosanctiae Trinitatis commune opus, cuius principium est Pater*). 아들(요 13:18; 15:16, 19)과 성령(요 3:6; 행 13:2; 고전 6:11; 12:3, 13; 엡 4:4)도 아버지와의 연합 안에서 우리를 택하십니다.[29] 그리스도의 이 선택은 전적으로 거저 주어지는 것입니다. 이는 사람의 공로로 주어지는 것이 아닙니다. 그리고 그것의 결국은 하나님의 영광입니다. 그리스도는 그분의 두 본성에 따라 하나님의 아들로 여겨집니다. 그분의 신성에 따라 그분은 출생에 있어 아버지로부터 난 것이지(*ex Patri generatione*), 그분의 신성에 따라 하나님의 아들로 택하심을 입은 것은 아닙니다. 반면 그분은 그분의 인성에 따라 영원히 택함을 입었으며, 하나님의 형상과 영원한 아들과의 인격적 연합의 은혜로 지으심을 받았습니다. 이 그리스도의 선택은 천사와 사람의 선택의 기초입니다(*Electio Christi est fundamentum electionis Angelorum & hominum*).[30] 그분은 택하심을 입은 우리의 중보자 그리스도입니다.[31]

폴라누스는 사람을 택하심은 두 부분으로 나뉜다고 말합니다.[32] 이스라엘과 같이 민족에 대한 보편선택(general election)이 있고, 하나님의 값없는 사랑으로 택한 이에게 영원한 생명을 주는 특별선택(special election)이 있습니다.[33] 그는 그 근거로 아타나시우스(Athanasius)를 인용합

---

29 Polanus, *Syntagma*, 1:681.
30 Ibid., 1:679.
31 "*Election subjectum...in quo electi sumus, est Christus, non quatenus Deus, nec quatenus nudus homo, sed quatenus theanthrōpos & Mediator noster...Ita Christus est vinculum, quo Deus & electi coniunguntur.*" ibid., 1:689-90.
32 폴라누스는 지식을 이분법적으로 양분할 수 있다고 본 페트루스 라무스(Petrus Ramus, 1514-72)의 철학적 방법론의 영향을 받았습니다. Letham, "Polanus", Walter J. Ong, *Ramus, Method and the Decay of Dialogue* (Cambridge, MA: Harvard University Press, 1958); Donald K. McKim, *Ramism in William Perkin's Theology* (New York: Peter Lang, 1987).
33 Polanus, *Syntagma*, 1:680.

니다. 그는 『아리아누스주의에 반대하여』(Oration contra Arianos) 3:1에서, 시간도 그리스도 안에서 창조되었기에 우리의 생명은 영원 전부터 그리스도 안에 있었다고 말합니다.[34] 그가 말하고자 하는 것은 단지 그리스도가 우리의 구원을 위한 수단으로 선택되었다는 것뿐만 아니라 그 선택이 '그분 안에서' 이루어졌다는 것입니다(Nec enim Paulus dicit, elegit nos per ispum, sed elegit nos in ipso).[35]

폴라누스는 선택에 대한 개혁파 교리를 그리스도와 무관한 것이라고 비판한 (칼 바르트[Karl Barth]의 전조[前兆]라 할 수 있는) 아르미니우스(Jacobus Arminius)의 지적에 답합니다. "어떤 이는 우리가 하나님이 그리스도를 무시하고 사람들을 택하셨다는 전적선택(absolutum electionem)을 지지하고, 그리스도 안에서 세워진 선택에 반대한다고 비판합니다(opponunt electionem in Christo fumdatam, fuisque mediis & mediorum taxei ordinatam)." 그는 다음과 같이 답합니다. "우리의 온 마음으로 하나님의 은혜를 통해 알고 있고 고백하는 바는, 하나님이 그리스도 안에서 믿음을 통해 우리를 택하셨고, 구원에 이르는 선택은 우리의 머리이자 몸인 그리스도 안에서 성립되었다는 사실입니다."[36]

첫째, 폴라누스는 구원은 그리스도가 중재자요 구원자인 삼위 전체의 택하심을 따라 이루어졌다는 잔키우스와 의견을 같이 합니다. 이는

---

34 "Athanasium sensisse nos esse in Christo electos, quia Christus est fundamentum in qui electio & tota instauratio nostri fundata est." ibid., 1:686, 덧붙여, Athanasius, *Oration against the Arians*, 2:70.

35 Polanus, *Syntagma*, 1:686.

36 "Atqui nos agnoscimus toto corde per Dei gratiam & aperte profitemus, quod Deus nos elegerit in Christo per fidem agnoscendo ac quod electio nostra ad salutem aeternam fundata sit in Christo, in quo tanquam in capite nos tanquam membra mysticii corporis eius gratiose electi sumus." ibid., 1:690.

성육신과 우리를 위한 모든 사역과 구원에 있어서 인성의 아들을 통해 이루어졌다는 것을 전제하는 것입니다. 이 모든 것은 '그리스도 안에서'로 표현할 수 있습니다.

둘째, 하나님은 자신의 자유롭고 주권적인 사랑을 그 위에 두신 이들을 구원하시며, 그들의 머리이자 중재자인 그리스도와의 연합 안에서 그것을 이루십니다. 그리스도 안에서가 아닌 상태는 생각조차 할 수 없습니다.

4) 토마스 굿윈(Thomas Goodwin, 1600-80)

굿윈은 웨스트민스터 총회의 중요한 일원이었으며 교회론에 있어서도 독보적인 인물이었습니다. 그가 쓴 에베소서 주해는 잔키우스와 폴라누스와 비슷한 맥락입니다. 선택에 있어서 그리스도는 택함을 입은 자들의 머리로서 평범한 사람이셨습니다. 세상의 기초가 세워지기 전 그리스도는 처음으로 택함을 입으셨으며 동시에 우리는 그분 안에 있었습니다. 보통 사람으로서 그분은 성육신한 하나님의 아들이셨으며, 하나님의 명령에 따라 그분은 우리의 본성을 지니도록 그리고 하나님 앞에선 머리로서 그 인격을 지속하도록 선정되고 지목되셨습니다.[37] 하나님은 선택의 행위를 통해 우리를 그리스도께 주셨고, 우리를 그리스도께 주심으로써 우리를 선택하셨습니다. 한마디로 태 안에서 머리와 몸은 나뉠 수 없고 함께 있으며 서로 관계를 맺는 것처럼, 우리와 그리스도도 선택이라는 영원한 태 안에서 함께 만들어졌고 하나의 신비로

---

[37] Thomas Goodwin, *An Exposition of Ephesians Chapter 1 to 2:10* (n.p.: Sovereign Grace Book Club, 1958), 69-72.

운 몸을 이룹니다. 우리는 그분과 함께 있고 동시에 우리는 그분 안에 있기에, 하나님의 택하심이 그분과 우리에게 이르러 종결되었습니다. 결론적으로 그리스도가 우리의 머리가 되시기 때문에 그리스도는 우리를 대표합니다.[38]

5) 웨스트민스터 신앙고백서(16243-47)

신앙고백서의 작성자들은 비록 강하게 강조하지는 않더라도 선택은 그리스도 안에서 이루어졌다는 믿음을 분명하게 표현합니다. 이는 그들이 선택과 유기의 차이를 드러내는 데서 발견할 수 있습니다. 후자는 택함을 받지 못한 이들의 죄와 직접적으로 연관되어 있으며, 하나님의 공의로우심과 일치합니다. 한편 선택은 전적으로 값없는 은혜와 사랑의 문제입니다. 택자들은 그리스도 안에서 택하심을 입습니다. 택함을 받지 못한 자들은 그들의 죄에 버려두십니다. 선택은 '그분의 영광스러운 은혜를 찬양하기 위함'이며, 유기는 '그분의 영광스러운 공의를 찬양하기 위함'입니다. 후자인 선택받지 못한 이들은 그들의 죄의 결과를 받고, 전자인 선택받은 이들은 그리스도 안에서 그분에게 정해진 것을 받습니다. 이 둘은 모두 공의로운 것입니다. 선택도 중재자를 통하여, 그분 안에서 주어지는 은혜로운 공의이기 때문입니다(웨스트민스터 신앙고백서 3.5-7).[39]

---

[38] ibid., 74-5.
[39] Robert Letham, *The Westminster Assembly: Reading Its Theology in Historical Context* (Phillipsburg, NJ: P&R Publishing, 2009), 186-87.

6) 헤르만 바빙크(1854-1921)

바빙크는 『개혁교의학』(*Reformed Dogmatics*)에서 "교회와 그리스도는 하나로서 한 하나님의 작정으로 함께 택함을 받았다"는 잔키우스 및 폴라누스와 견해를 따릅니다(엡 1:4).[40] "택자는 독자적으로 존재하는 것이 아니라 단일한 유기체로서 여겨집니다. 그들은 하나님의 백성, 그리스도의 몸, 성령의 전을 이룹니다. 그리하여 그들은 그리스도의 몸을 이루는 지체로서 그리스도 안에서 택함을 받았습니다(엡 1:4). 그리스도와 교회는 모두 예정의 작정하심 안에 있습니다."[41]

그는 이에 대한 근거로 어거스틴(Augustine)이 쓴 『성도의 예정에 관하여』(*On the Predestination of the Saints*)를 인용합니다. 바빙크는 그리스도는 죄와 비참으로부터 하나님의 은혜를 받은 우리와 다르나, 그분이 중재자로서의 직무를 부여받았고 인성과 연합하기 위하여 택함을 받았다는 것은 사실이라는 것을 분명히 밝힙니다. 이에 더해 바빙크는 우리가 '그리스도 안에서'[42] 택함을 받았다는 것과 그분에게서 받은 복에 대해 성경은 계속해서 말하고 있다고 언급합니다.[43]

미묘한 차이는 있지만, 개혁신학자들은 그리스도와 교회가 선택의 참된 주체를 이루고 있다고 한 목소리로 말합니다.[44] 폴라누스가 그랬던 것처럼 천사를 선택에 포함시키는 것은, 선택은 사람의 구원뿐만 아

---

[40] Herman Bavinck, *Reformed Theology, vol.2, God and Creation* (Grand Rapids: Baker Academic, 2004), 401.
[41] Ibid., 402-3.
[42] Ibid., 403.
[43] Ibid., 404.
[44] Ibid..

니라 온 우주의 거듭남을 포함한다는 점을 그들이 강하게 확신하였다는 것을 가리킬 뿐입니다.[45]

5. 그리스도와의 연합과 칭의

선택은 그리스도와의 연합 안에서 이루어지기에, 구원의 성취와 적용의 모든 국면들 역시 그리스도와의 연합과 연결시켜 보아야 합니다. 우리는 앞서 이것이 속죄와 어떻게 연결되는지를 살펴 보았습니다. 그리스도의 속죄의 죽음이 우리의 칭의의 초석이기에 후자가 그리스도의 연합과 어떻게 연관되는지를 살펴볼 것입니다.

1) 칭의와 믿음의 관계

칭의는 믿음으로만 얻을 수 있기에, 당연히 믿음은 칭의에 선행합니다. 개혁신학자들과 루터신학자들은 칭의를 '믿음만으로'(by faith alone) 얻어지는 것으로 묘사합니다. 토니 레인이 말했듯이, 이는 '오직 믿음으로'(only by faith) 얻는 것이라 표현하는 것이 더 적절합니다. 믿음은 절대 그것만으로(alone) 작동하지는 않기 때문입니다.[46] 우리에게 구원에 이르는 믿음을 선물로 주시는 성령은 언제나 그것을 받는 이들에게서 열매를 맺습니다. 성화는 칭의와 구분되긴 하지만, 떼어놓을 수 없는

---

45 Ibid., 404-5.

46 Anthony N. S. Lane, *Justification by Faith in Catholic-Protestant Dialogue: An Evangelical Assessment* (London: T&T Clark, 2002), 27.

부산물입니다. 그러나 칭의는 '오직 믿음을 통해서만'(only through faith) 이를 수 있습니다. '만'(alone)이라는 제한의 접속사는 칭의가 그리스도 안에 기반을 두고 있으며, 그분의 순종으로 우리의 것이 되었고, 믿음이라는 수단을 통해서 주어졌음을 강조하기 위하여 쓰였습니다. 이는 우리 안에 있는 어떤 것도, 심지어 성령을 통해 우리에게 주어지는 하나님의 은혜조차도 배제합니다. 오직 믿음으로(only by faith) 얻은 칭의는 이를 확증하며, 우리가 그리스도를 영접한 그 믿음이 동일한 결과를 가져오리라는 오해에 대해서도 미리 방지합니다.

바울은 갈라디아서와 로마서의 앞부분에서 오직 믿음을 통해서 칭의를 얻을 수 있다는 것을 분명히 합니다. 왜냐하면 이는 그리스도와 그분의 순종을 통해서만 얻을 수 있기 때문입니다. 그분은 이후의 편지에서 우리가 하나님 앞에서 우리의 지위를 얻기 위해 어떠한 기여를 할 수 있다는 생각과 싸우려 합니다. 그리고 만약 누구든 그런 것을 가르친다면, 저주를 받을 것이라고 말합니다(갈 1:8-9).

에베소서 2:8-9에서 바울이 강조하는 것처럼, 구원의 믿음은 하나님의 선물입니다. 요한복음 6:44-45과 6:64-65을 보면, 예수님 역시 니고데모와 대화하시면서 우리에게 믿음과 거듭남을 주는 이는 성령이시라는 점을 강조하셨습니다(요 3:1-15). 여기서 중요한 것은 중생, 즉 성령이 죄 가운데 죽은 우리를 살리심으로 주어진 거듭남은 믿음에 선행한다는 것입니다(엡 2:1). 믿음이 칭의에 선행하기에, 중생은 칭의와 믿음, 모두에 선행합니다. 그리하여 우리는 중생, 믿음, 칭의라는 순서를 발견하게 됩니다. 그러나 이것은 중생을 칭의의 순간 우리에게 시작된 하나님의 은혜의 사역을 통하여 받았다는 뜻일까요? 중생이 칭의에 앞선다면, 후자는 성령의 내적 사역으로 생각해야 하지 않을까요? 이것이 성령을 통하여 그리스도의 의가 우리에게 전하여진다는, 즉 사랑을 통한 믿음의 기초 위에서 우리가 의롭게 된다는 로마가톨릭교회의 교리입니다. 루터신학자들(Lutheran)과 개혁교회(Reformed), 두 개신교회는 이를 완고하게 반대했습니다. 왜 그럴까요?

위에서 언급한 논리적 순서에 의해 만들어지는 교착상태를 피하려는 것은 신학적이고 성경적인 이유가 있었습니다. 마틴 루터, 존 칼빈, 그리고 루터신학자들과 개혁신학자들은 모두 한 목소리로 우리 안에서 일어나는 하나님의 은혜로운 사역이 칭의를 유념한 것은 아니라고 강조하였습니다. 왜 그럴까요? 칭의는 그리스도의 순종과 의에 '입각한' 것이기 때문입니다. 이는 우리의 인격적 성취로 이룰 수 있는 것이 아닌 독립적이고 동떨어진 것입니다. 믿음으로 우리는 자신을 버리고 그리스도를 신뢰하기에, 그것은 믿음으로 얻는 것입니다. 우리는 태생적으로 죄 가운데 죽었고 하나님의 진노 아래 있기에, 그분의 은혜가 아니고서는 우리 안에는 의로운 상태에 도달할 수 있는 것이 아무것도 없습니다. 분명히 성령이 우리를 그리스도의 형상으로 변화시키심을 통하여 하나님은 그분의 은혜를 우리에게 주십니다. 그러나 이것은 우리가 하나님과 함께 의로운 '상태'를 얻게 된 것과는 아무런 관계가 없습니다. 우리의 칭의는 오로지 그리스도의 사역, 곧 그분의 순종의 삶, 속죄의 고난과 죽음 그리고 부활과 승천을 통한 인치심과 의롭다하심에 의한 것입니다. 오직 믿음만이, 칭의라는 값없는 선물을 받을 수 있는 자격입니다.[47]

---

[47] 이는 Calvin이 말한 성령이 우리 안에서 행하시는 은혜로운 사역의 결과인 순종의 행동이자, 우리의 계속된 죄성의 영향을 받지 않은 우리의 선행에 의한 하나님의 칭의(justification)를 말하는 것이 아닙니다. 이는 하나님 앞에서 우리의 의로운 지위를 보장해주는 그런 행위가 아니라, 그리스도와 연합한 덕분에 하나님께 받아들여지고 용서함을 받는 하나님의 은혜의 증거인 성화와 더 관계가 있습니다. *Institutes*, 3.17.5-10; Lane, *Justification*, 33-36; William B. Evans, *Imputation and Impartation: Union with Christ*

2) 오직 믿음으로(Only by Faith) 얻는 칭의에 관한 웨스트민스터 신앙고백서

첫째, 웨스트민스터 신앙고백서 11의 시작 부분에서는 칭의를 유효한 소명과 연관시키는 것을 발견할 수 있습니다. 유효한 소명은 성령을 통하여 택자들을 그리스도께로 인도하는 영광스럽고 능력 있는 하나님의 은혜로운 사역의 결과입니다. 그러므로 칭의는 그분의 은혜로운 사역으로 값없이 주어지는 것입니다. 웨스트민스터 신앙고백서 11.1은 로마가톨릭교회와 아르미니우스주의의 교리에 대해 반박합니다. 칭의는 의의 주입을 수반하지 않습니다.

대신 죄의 용서와 의롭게 된 이를 의인으로 여김이 따릅니다. 이는 그리스도의 순종과 충족하심을 그들에게 부여함으로 일어납니다. 그렇기에 칭의란 로마가톨릭교회가 가르치는 바와 같이 은혜를 전가하거나 투입하여 개선하는 것이 아니라, 그리스도의 의로우심을 전이한다는 의미에서 법정적이라 할 수 있습니다.

다른 한편으로, 아르미니우스주의의 교리와 반대로 믿음 그 자체는 전가되거나 어떤 다른 복음적인 순종과 연관되지도 않습니다. 그렇다면 칭의는 은혜의 결과와 관계없이 믿는 자 안에 내재한 어떠한 것과 관계가 있다는 주장이 되는데, 이는 단지 형태만 다를 뿐 로마가톨릭교회의 교리와 마찬가지입니다. 이는 신앙고백서가 맹렬히 반대하는 것입니다. 칭의는 '그들의 어떤 행위나 그들이 만들어 낼 수 있는 어떤

---

in American Reformed Theology (Eugene, OR: Wipf & Stock, 2008), 30-32; Mark Garcia, *Life in Christ: Union with Christ and Twofold Grace in Calvin's Theology* (Milton Keynes, UK: Paternoster, 2008), 74-8. 우리는 Calvin이 Institutes, 3.11.10에서 말한 믿음으로 그리스도와 연합하여 칭의를 얻는다는 점을 간과하려는 것은 아닙니다.

것에도 의존하지 않는 것'이기 때문입니다. 칭의는 오직 그리스도 위에 있습니다. 의롭게 된 이들의 편에서는 단지 믿음으로 그리스도의 의로움을 나누어 받고 그분 안에서 안식을 얻습니다. 이 믿음은 그 자체로 하나님의 선물입니다. 웨스트민스터 신앙고백서 14.2에 "구원에 이르는 신앙의 중요한 행위는 은혜언약에 근거하여, 칭의와 성화와 영생을 위하여 그리스도만을 받아들이고, 영접하며, 의존하는 것입니다"라고 기술된 바와 같이, 믿음은 칭의를 얻기에 충분합니다. 믿음은 그 자신이나 은혜의 사역이 아니라 오로지 그리스도만을 봅니다. 그것은 그리스도와 그분의 의로우심만으로 얻는 법정적이고, 영광스러우며, 객관적인 칭의의 속성에 대해 인간의 측면에서 답합니다.

웨스트민스터 신앙고백서 11.2에 의하면, 그리스도와 그분의 의를 받아들이고 의존하는 믿음은 칭의의 유일한 방편입니다. 이는 칭의가 의롭게 된 그들 안에서 이루어진 어떤 것이나 또는 그들에 의해서 된 어떤 것 때문이 아니라 오직 그리스도 때문이라는 웨스트민스터 신앙고백서 11.1과도 일치합니다. 그리스도만이 유일한 근거이시기에 믿음은 칭의의 도구일 뿐입니다. "이 몸에 소망 무언가 우리 주 예수뿐일세 주 나의 반석이시니 그 위에 내가 서리라 그 위에 내가 서리라"라는 찬송시처럼 말입니다.

구원하는 믿음은 의롭게 된 자에게 홀로 있는 것이 아니라 항상 다른 은혜들을 수반합니다. 이는 사랑을 통해 이루어집니다. 행함이 없이는 죽은 것이기에, 이는 살아있는 믿음입니다. 요약하면 회개하지 않는 신자는 신자가 아니라는 것입니다. 여기서 다른 은혜가 칭의와 무슨 관계가 있다는 것인지 의문이 생깁니다. 만약 우리가 의롭다함을 얻는 믿음이 사랑을 동반한다면, 사랑이 의롭게 하는 것은 아닙니까? 만약 구원의 믿음을 가진 자가 회개한다면, 회개는 칭의와 관계가 있어야 하는 것이 아닙니까? 웨스트민스터 신앙고백서는 이것들은 칭의와 아무런 관계가 없다고 답합니다. 이들은 의롭게 하는 믿음으로부터 나눌 수 없지만, 믿음을 통해 받은 칭의와는 분리되어 있습니다. 이들은 단지 의롭게 된 사람을 정의하는 것일 뿐, 사람을 의롭게 하는 것이 아닙니다. 이들은 단지 믿음을 가졌음을 진술하는 것일 뿐, 믿음을 통해 받은 하나님 앞에서의 지위를 구성하는 것이 아닙니다.[48]

웨스트민스터 신앙고백서의 작성자들은 그 신앙고백서 11.3에서 칭의에 있어서 하나님의 순전한 은혜를 강조합니다. 그리스도는 모든 의롭게 된 자들을 위하여 하나님의 공의를 완전하고 충만하게 만족시키셨습니다. 그리스도의 의는 그들의 것으로 여겨져, 그들의 의가 완성되었고, 그들은 완전하게 무죄선고를 받았습니다. 이는 전적으로 하나님의 값없는 은혜입니다. 하나님의 정밀한 공의와 충만한 은혜가 함께 맞아 떨어집니다.

아르미니우스주의자들이 주장하는 것처럼, 믿음 그 자체가 의를 전가시키는 것이 아닙니다. 만약 그것이 사실이라면, 믿음은 행위에 불과할 것이며, 칭의의 은혜로운 본성은 위태롭게 됩니다. 믿음은 그리스도와 그분의 의로우심을 받아들이는 도구일 뿐입니다. 믿음은 그리스도께만 달려 있고 그리스도를 받아들이게 하는 수납을 위한 도구입니다(웨스트민스터 신앙고백서 14.1-2). 다시 말하면 그리스도와의 연합은 오직 믿음으로(only by faith) 얻는 칭의와 완전하게 들어맞습니다. 구체적으로

---

[48] 복음의 은혜들은 칭의와 관련하여 고려하여야 한다고 이 구절을 해석하는 후대 해석자들은, 당대에 논쟁적이던 맥락에서 단어를 왜곡하였고, 웨스트민스터 총회의 가르침을 곡해하였습니다. Letham, *Westminster Assembly*, 250-76.

말하면 의로운 지위는 오직 그리스도(only by christ)로 얻을 수 있기 때문에 또는 하나님에 의해 전가되는 것이기 때문에, 자신을 버리고 그리스도를 오직 믿음으로(only by faith) 신뢰하는 자들에게 실현되는 것입니다.

3) 웨스트민스터 대요리문답

토마스 토랜스는 웨스트민스터 총회가 칭의를 그리스도와의 연합과 분리할 수 없다는 칼빈의 교리와 스코틀랜드 개혁교회의 교리에서 벗어났다고 비난했습니다. 그는 웨스트민스터 대요리문답 65-90문을 생각하지 못한 것 같습니다.[49] 자신의 저작 전체에서 그렇게 세심하고 주의 깊었던 학자가 이런 부분을 생각하지 못했다는 것은 놀라운 일입니다. 이 대요리문답은 성령을 통해 우리에게 적용되는 구원의 전 과정을 그리스도와의 연합의 측면에서 고려합니다. 웨스트민스터 신앙고백서에서 칭의는 구원이라는 축복의 첫 단계이며, 그 다음으로는 양자됨, 성화, 견인, 확신이 뒤따르는데, 대요리문답에서는 이 모두를 우리가 영광 중에 누리는 그리스도와 연합과 교통의 측면에서 다룹니다.

분명히 총회의 구성원들은 이 두 관점의 차이를 보았을 것입니다. 그들은 이 둘이 서로 상충하는 것이 아니라, 보완적이라고 이해했습니다. 이를 두고 신앙고백서의 작성자들이 그들의 신학에 있어서 분열증적이었다고 말하기는 어렵습니다.

에드워드 모리스(Edward Morris)는 그리스도와의 연합이 믿음을 통

---

[49] Thomas F. Torrnace, *Scottish Theology: From John Knox to John McLeod Campbell* (Edinburgh: T&T Clark, 1996), 144.

한 칭의를 뒷받침한다는 점을 매우 분명히 밝힙니다. 죄인을 오염된 상태로 남겨두는 양해로는 구원을 받기에 충분하지 않습니다. 그러나 믿음으로 그리스도와 연합한다면, 그는 아버지의 보좌 앞에서 환대받을 수 있는 자격이 주어집니다. 하나님은 그분의 영으로 중생한 영들에게 의로움을 불어넣어 즉각적으로 거룩하게 만들거나, 그들에게 믿음이나 복음적 순종을 어떤 형태로든 부여하여 거룩한 자로 대하시지 않습니다. 오히려 믿음을 통하여 세워진 그리스도와의 연합의 덕을 통하여 거룩하다 여기십니다. 그 근거로 그는 『아우크스부르크 신앙고백』(the Augsburg Confession), 『일치신조』(the Formula of Concord), 『제2 스위스 신앙고백』(the Second Helvetic Confession), 『스코틀랜드 신앙고백서』(the Scots Confession), 『39개조 신조』(the Thirty-nine Articles), 『아일랜드 신조』(Irish Articles)을 인용합니다.[50]

여기서 작성자들은 칼빈의 발자취를 따라갑니다. 우리는 칭의에 있어서 그리스도의 의의 전가를 옹호하는 입장으로 그를 인용하였습니다. 『기독교강요』에서 그는 다시 한 번 그리스도와의 연합을 직접적으로 연관시킵니다. 그리고 극단적 루터신학자인 오시안더(Osiander)를 반박하면서 이렇게 말합니다.

> 그러므로 머리와 지체들의 저 연합, 우리의 마음 안에 그리스도의 내주(요컨대 저 신비적 연합)는 우리에게 가장 중요한 것입니다. 그 그리스도는 우리의 것이 되어 우리로 하여금 그분이 우

---

50 Edward Morris, *Theology of the Westminster Symbols; A Commentary Historical, Doctrinal, Practical on the Confession of Faith and Catechisms, and the Related Formularies of Presbyterian Churches* (Columbus, OH, 1900), 442-43.

리에게 주는 선물에 참여하는 자가 되게 합니다. 우리는 그분의 의가 우리에게 전가되도록 하기 위하여 그분을 멀리서 관조하는 것이 아니라, 우리가 그분을 입고 그분의 몸에 접붙여지기 때문입니다. 즉 그분이 우리를 그분과 하나가 되도록 만드셨기 때문입니다. 그리하여 우리는 그분의 의로움에 동참하여 영화롭게 됩니다.[51]

칼빈은 고린도전서 1:30에 대한 주해에서 칭의와 성화는 구분할 수 있음을 지적하면서도, "이 은혜로운 선물들은 떼어놓을 수 없는 유대로 묶인 것처럼 함께 작동합니다. 누군가 이를 떼어놓고자 한다면, 그는 그리스도를 둘로 나누려는 것입니다"라고 말했습니다. 토니 레인은 이들을 두 갈래로 나뉘는 바지에 비유했습니다.[52] 칼빈이 말한 것처럼 바울은 그리스도만이 모든 의와 거룩과 지혜와 구원의 완성이라고 표현했습니다.

대요리문답 70문은 웨스트민스터 신앙고백서와 같이 칭의를 하나님이 죄인에게 베푸시는 값없는 은혜라고 묘사합니다. 이는 그리스도와의 연합의 은혜로운 측면입니다. 그리스도와의 연합에서 우리의 죄는 양해되었고, 우리의 인격은 의인과 같이 용납되었습니다. 이는 오로지 그리스도의 완전한 순종과 넘치도록 충족시키심이 믿음만으로 수납되고 부여되었기 때문입니다. 웨스트민스터 대요리문답은 그리스도와의 연합 안에서 우리가 이를 받았다고 말하고 있습니다. 그 안에는 그리스

---

51 Institutes, 3.11.10. 칼빈의 그리스도와의 연합에 대한 교리를 더 깊이 이해하기 위해서는 다음을 보십시오. Garcia, *Life in Christ*.

52 Lane, *Justification*, 18.

도가 그분의 사람들을 대표하는 '공적인 사람'이라는 것이 내포되어 있습니다. 그분의 완전한 순종은 그들을 위한 것이며, 그분의 고난은 택자들을 위한 것이었습니다. 신약성경에 나타나는 그리스도와의 연합의 역동적인 측면들을 살펴보고 싶지만, 제가 알고 있는 바로는 이에 대한 명확한 증거는 아직 없습니다. 신조들이 로마가톨릭교회의 입장으로부터 칭의를 보호하고자 했다는 것에 대한 논의는, 부여된 은혜의 도구적 역할을 부정하는 것과 마찬가지로 전혀 다른 방향으로 인도됩니다.

71문은 이것의 근거가 됩니다. 칭의는 그리스도가 하나님의 공의를 만족시키셨기 때문이기도 하지만 또한 값없는 은혜에 의한 것이라고 말하고 있습니다.

첫째, 하나님이 보증을 율법의 완성으로 받으셨습니다.

둘째, 그 보증은 하나님이 주신 것입니다.

셋째, 이 보증은 그분의 아들입니다.

넷째, 그분은 칭의의 대가로 그들에게 믿음 외에는 아무것도 요구하지 않으십니다.

다섯째, 그렇기에 이는 그분의 선물입니다.

웨스트민스터 대요리문답은 율법과 은혜를 하나로 묶어, 하나님의 은혜가 충만하게 율법을 충족시키는 것을 보여줍니다. 사람이 죄를 범하였고, 하나님의 율법을 어겼으며, 죄책과 저주에 처하였습니다. 아들이신 그리스도는 자비로 개입하여 택자들의 자리를 대신하셨고, 율법을 완성하셨으며, 그들의 형벌을 견디셨습니다. 그리하여 하나님의 공의에 대한 의무는 사면되었고, 그분의 백성들은 그들의 자연적 상태로부터 구원을 받고 새로운 상태가 되었으며 또한 그리스도의 의로움을 부여받았습니다. 이 모든 것은 그리스도가 그분의 성육신을 통해 우리와 같은 완전한 사람이 되어 우리의 머리요, 대표자가 되셨다는 것에 근거를 두고 있습니다. 게다가 그분이 우리를 위해 이 모든 일을 행하셨고, 우리는 그분과 연합하였기에, 우리는 그분과 그분이 행하신 모든 일들과 결국 하나입니다. 칭의와 성화가 양립하는 것과 마찬가지로, 그리스도와의 연합은 법정적 의와 양립할 수 있습니다. 이는 토랜스가 웨스트민스터 총회의 내용을 하나님과 구원에 대해 엄밀한 법적인 관점을 갖는 것으로 표현했을 당시, 그가 웨스트민스터 대요리문답을 미처 고려하지 못했음을 보여줍니다.

이에 대한 근거로 우리는 앞서 언급한 구절들을 들 수 있습니다. 에베소서 1:3-14에서 바울은 구원의 전 과정을 그리스도로부터 받은 것으로 서술합니다. 보다 구체적으로 칭의에 대해 논의하는 로마서 4장의 절정 부분에서 그는 "예수는 우리가 범죄한 것 때문에 내줌이 되고 또한 우리를 의롭다 하시기 위하여 살아나셨느니라"라고 설명합니다(롬 4:25). 그리스도가 십자가에서 우리를 대신하여, 우리를 위하여, 우리와 같은 한 사람으로서 죄에 대하여 죽으심과 같이, 그분의 부활과 하나님의 공적 입증도 우리를 대신하여, 우리를 위하여, 우리와 같은 한 사람으로서 이루신 것입니다. 그러므로 우리는 그리스도의 죽으심 안에서 죄에 대하여 죽었으며, 그분의 다시 사심 안에서 새로운 삶으로 다시 산 것입니다.

4) 고전적 개혁신학

우리는 앞서 잔키우스가 그리스도는 택자들의 머리로서 선택되시고 예정되셨다는 점을 어떻게 다루었는지를 보았습니다. 잔키우스에 따르면 이는 바울이 에베소서 1:3에서 말하려 했던 바와 같이 우리는 우리의 머리이신 그리스도와의 연합 안에서 정밀하고도 독점적으로 모든 신령한 복을 받았다는 것을 의미합니다. 칭의도 마찬가지입니다.

사람이자 중보자이신 그리스도는 우리보다 먼저 모든 예정된 자들, 즉 온 교회의 머리로 선택되었고 예정되었습니다. 그러므로 그리스도를 통하여, 중보자인 그리스도로 말미암아 우리는 하늘의 신령한 복을 받고, 부르심을 받으며, 의롭게 되고, 영화롭게 되었습니다. 그렇기에 또한 우리는 영원 전부터 아버지의 아신 바 되고, 우리의 머리이신 중보자 그리스도 안에서 소명과 칭의와 영화를 받도록, 사랑하시고, 택하시고, 예정하신 바입니다.[53]

세상의 기초가 있기 전에, 우리는 '그리스도의 칭의를 위하여' 예정되었습니다. 의롭게 된 이들은 그리스도를 통하여 또한 그분으로 말미암아 의롭게 되었습니다.[54] 우리의 안과 밖에, 우리에게 있는 모든 선한 것은 그리스도 안에, 오직 그리스도 안에 있는 것입니다.[55]

아만두스 폴라누스도 칭의와 선택을 연결시켰고, 이 둘을 똑같이 그리스도와의 연합이라는 측면에서 이해해야 한다고 하였습니다. 선택에

---

[53] *"Christum, qua homo & Mediator est, fuisse ante omnes nos electum & praedestinatum ut caput esset omnium praedestinandorum, hoc est, totius Ecclesiae. Deinde significatur, sicut nunc per & propter Christum Mediatorem, reapse benedicimus omni benedictione spirituali, in colestibus, vocamus, iusfuisse ab aeterno a Patre araecognotos, amatos, electos, & ad vocationem, iustificationem, glorificationem, omnesque spirituales benedictiones praedestinatos."* 잔키우스, Operum, 2:537.

[54] *"Sicut qui nunc iustificantur per & propter Christum, ante Mundi constitutionem fuerunt ad hanc iustificationem in Christo praedestinati: ita qui nunquam per & peopter Christum iustificantur, eos fuisse nunquam in Christo ad iustificationem electos,"* ibid.

[55] *"Quicquid igitur bonorum, aut habemus estra nos, aut in nobis possidemus, possessurive fuimus: torum illud nobis fuisse & preparatum & donatum in Christo: extra Christum autem omnino nihil,"* ibid.

있어서 하나님은 자비를 주시고 영생을 주기 원하시는 이들을 영원 전부터 그리스도께 주셨습니다. 이는 그들이 그리스도 안에서 양자됨과 그리스도 안에서 의롭게 되고 영화롭게 됨을 수반하는 것입니다.[56] 우리는 우리가 택함 받은 절차에 따라 중생하였고 의롭게 되었습니다(*per eundem & electi sumus ad vitam aeternam*).[57]

하인리히 헤페(Heinrich Heppe)는 이것들을 연결시킨 일련의 대표적인 신학자들을 언급합니다.[58] 먼저 그가 언급한 존 헨리 하이데거(John Henry Heidegger)는 그의 1696년 저작에서 아버지는 자신이 그리스도께 심으신 이들이 그리스도의 행하시고 겪으신 일들을 소유한 것처럼 여기시며, 그리스도께 연합된 이들은 그분의 피로 인하여 그분의 의에 참여하는 자가 되었다고 기록하였습니다.

그리고 헨드릭 반 마스트리흐트(Hendrik van Maastricht)는 1714년의 저작에서 그리스도와 연합한 이들은 하나님에게 의로 여기신 바 되었고, 하나님은 그리스도 안에 있는 이들에게 그리스도가 의를 이루셨다고 말씀하신다고 하였습니다. 이 문장들은 그리스도의 의에 기반을 두고 있으므로, 칭의에 대한 로마가톨릭교회의 교리를 담고 있다고 볼 수 없음은 분명합니다. 바울의 말처럼 의는 우리에게 낯선 것으로, 예수님은 하나님께로부터 나와서 우리에게 의로움이 되셨습니다(고전 1:30).[59]

---

[56] "*Electio hominum aeternum sevandorum, est praedestinatio quae Deus ad aeterno dedit Christo eos homines quorum voluit misereri, et illis daret vitam aeternem…In filios adoptare in Christo, iustificare in Christo & glorificare vellet, ut Christi gloriam in aeternum spectent, & in ipso sint particepts caelestic haereditatis & vitae aeternae.*" Polanus, Syntagma, 1:680.

[57] Ibid., 1:681.

[58] Heinrich Heppe, *Reformed Dogmatics: Set out and Illustrated from the Sources*, trans. Ernst Bizer and G.T. Thomson (Grand Rapids: Baker, 1950), 543.

[59] 다음 책에 등장하는 이에 대한 논의를 보십시오. Richard B. Gaffin JR., *By Faith, Not by Sight: Paul and the Order of Salvation* (Milton Keynes, UK: Paternoster, 2006), 50-

5) 로우랜드 스테드만(1630?-73)

스테드만은 웨스트민스트 대요리문답 65-90문의 내용과 같이 그리스도와의 연합은 그리스도 안에서 주어지는 모든 언약적 축복의 근거가 된다고 하였습니다.[60] 칭의에 대하여 그는 "그리스도와의 연합이 없이는 그분의 피로 인한 칭의도 없으며, 의로 옷 입어 그분과 함께 용납됨도 없습니다"라고 말했습니다.[61]

우리의 의는 그리스도 안에 있고, 그러므로 우리는 그분의 의에 참여하기 위하여 그분 안에 있어야만 합니다. 그는 수용과 구속이 그리스도 안에 있다는 에베소서 1:6-7을 인용합니다.[62] 우리는 의롭게 되기 위하여, 하나님의 무한한 거룩하심을 힘입어 완전한 의를 행하여야 합니다. "하나님은 의롭지 않은 자들을 의롭다 하지 않으십니다. 그러나 그들을 의인으로 만드신 후에는 그리고 그들이 그것을 받아들인 후에는 그들을 의롭다 하십니다."[63] 다른 말로 하면, 스테드만은 칭의를 법정적 의제가 될 수 없다고 본 것입니다. 그러나 타락으로 인해 사람은 중보자 예수 그리스도의 순종과 수난이 없이는 하나님 앞에 의로울 수 없게

---

2. Gaffin은 이렇게 말합니다. "그리스도와의 연합 안에서 그분의 의로 우리가 의롭게 되었습니다. 이는 나의 칭의에 있어서 그분의 의가 나의 의가 되었다는 것입니다. 그러나 이는 실질적으로, 필연적으로 전가의 개념이 됩니다. 전가의 측면은 그리스도와의 연합으로 주어지는 칭의에 있어서 본질적이며 필수적입니다."

60 Rowland Stedman, *The Mystical Union of Believers with Christ, or a Treatise Wherein That Great Mystery and Privilege of the Saints Union with the Son of God Is Opened* (London: W. R. for Thomas Parkhurst, at the Golden-Bible on London-Bridge, under the gate, 1668), 200, Wing/ 335:13.

61 Ibid., 202.

62 Ibid., 202-3.

63 Ibid., 206.

되었습니다.[64]

중요한 것은 우리는 그분의 의가 우리의 것이 되고 양도되기 전에는 하나님께 용서받거나 받아들여질 수 없다는 것입니다. 이는 하나님이 그리스도의 의를 사람들의 것인 것처럼 여기거나, 그리스도의 고난과 수난을 마치 그들이 고난을 당하고 수난을 겪은 것처럼 여기시는 전가를 통해서 이루어집니다.[65]

"그리스도 안에 있는 자만이 그분과 연합하고, 그분과 하나가 된 이들만이 그리스도의 의를 부여 받을 수 있습니다. 이들에게 연합은 전가의 근거가 됩니다."[66] 스테드만은 아담과 그 후손들의 관계를 지적합니다. 우리가 법적으로 그리고 전가로 아담의 안에 있지 않았다면, 아담의 죄는 우리의 것이 되지 않았을 것입니다. "마찬가지로 우리가 먼저 본성적으로 그분 안에 있지 않다면, 그리스도의 순종은 우리에게 양도되거나 우리의 것이 될 수 없습니다."[67]

그러므로 스테드만에게 있어서 그리스도와의 연합은 칭의를 위해서는 반드시 필요한 것입니다. 더 나아가 이는 어떤 식으로든 칭의의 거저 주어지는 속성을 훼손하지 않습니다. 왜냐하면 오직 '그리스도의 의'만이 효력이 있기 때문입니다. 의롭게 하는 것은 그리스도와의 '연합'이 아니라 '그리스도'와의 연합이기 때문입니다. 스테드만이 말하는 것처럼, 의롭게 하는 것은 성령의 부으시는 은혜가 아니라, 그리스도와 연합의 덕분에 실제로, 참으로, 진실로 우리의 것이 된 그리스도의 의이기 때문입니다.

---

[64] Ibid., 207.
[65] Ibid., 210-11.
[66] Ibid., 213.
[67] Ibid.

6. 로마가톨릭교회와 루터신학자들에 반대하여

여기서는 그리스도와의 연합이 오직 믿음으로(only by faith) 얻는 칭의를 훼손하지 않는다는 것이 분명해질 것입니다. 고전적 개혁신학자들은 이 둘을 함께 다룹니다. 한편으로 이들은 루터신학자들에게서 나타나는 것과 같이 전적으로 외적인 칭의와는 구별됩니다. 이를 위해 칭의를 이루는 그리스도와의 연합은 제외됩니다.

칭의는 전적으로 우리의 외부에 있으며 법정적 판결이 개인에 영향을 미칩니다. 이것이 복음의 핵심입니다. 그러나 다른 한편으로 개혁신학자들은 성령의 은혜를 통해 그리스도의 의가 우리에게 부어져 우리가 의롭게 된다는 로마가톨릭교회의 교리에 반대합니다. 이는 칭의와 성화의 융합이며, 칭의를 하나님이 우리 '안에서' 이루시는 어떤 것으로 못 박는 것입니다. 로마가톨릭은 칭의는 믿음만으로(by faith alone) 되는 것이 아니라(우리의 칭의를 이루는 복음적 순종이라는) 사랑을 통한 사역의 믿음을 통하여 이루어지는 것이라고 말합니다.

이는 개혁교회가 반대하는 것입니다. 다른 책에서 말한 바 있는 것처럼 웨스트민스터 총회의 누구도, 단 한 번도 이를 용인하지 않았습니다.[68] 개혁신학자들이 이해하는 바와 같이 그리스도와의 연합은 우리 안에 있는 하나님의 은혜가 우리의 칭의를 위한 도구적 수단이라는 것을 의미하지는 않습니다. 이는 비록 성령의 사역을 통하여 이루어지기는 하지만, 의롭게 하는 것은 믿음이나 우리 안에 있는 어떤 것이 아닌 바로 그리스도입니다. 우리는 그리스도와의 연합을 통하여 그분의 의

---

[68] Letham, *Westminster Assembly*, 271-72.

의 혜택을 얻습니다. 또한 오직 믿음이 우리가 아닌 그리스도로 눈을 돌리게 하여, 우리가 그것을 받을 수 있게 합니다.[69]

7. 최근의 동향

그리스도와의 연합과 칭의의 관계에 대한 최근의 논의는 지면이 허락하지 않아 길게 다루기는 어렵습니다. 이 책의 목적은 그리스도와의 연합이 넓은 신학의 맥락 안에서 어떤 관계를 맺고 있는지에 대한 나의 이해를 그려내기 위한 것이기 때문입니다.

이 문제에 대한 최근의 논의를 고려하자면 이 목적에 충실하지 못할 우려가 있습니다. 최근의 논의들은 논란의 여지가 남아있는 상태이기에 결과적으로 그 밖의 다른 의제들을 다룰 수밖에 없게 되기 때문입니다. 이후에 이에 대해 더 다룰 수 있는 기회가 있을 것입니다.[70]

---

69 이 문제에 대한 논의를 위해서는 다음을 보십시오. Lane Tipton, "Union with Christ and Justification," in *Justified in Christ: God's Plan for Us in Justification*, ed. K. Scott Oliphint (Fearn, Ross-shire, UK: Mentor, 2007), 23-50.

70 그 중에서도 다음을 보십시오. Evans, *Imputation and Impartation*; Gaffin, *By Faith, Not by Sight*; Garcia, "Imputation and the Christology of Union with Christ," 219-51; Michael Horton, *Covenant and Salvation: Union with Chris*t (Louisville: Westminster John Knox Press, 2007); Tipton, "Union with Christ and Justification," 25-30; Bruce McCormack, "What's at Stake in the Current Debates over Justification? The Crisis of Protestantism in the West," in *Justification: What's at Stake in the Current Debates*, ed. Mark Husbands and Daniel J. Treier (Downers Grove, IL: Intervarsity Press, 2004), 81-117.

8. 요약

첫째, 그리스도와의 연합은 그리스도가 우리의 언약의 머리이시라는 것에 기초하고 있으며, 그분이 우리와 한 본성을 공유한다는 것 위에 세워져 있습니다.

둘째, 그리스도는 우리와 같은 인성을 공유하는 우리의 머리이시며 대표자이시기에, 그분이 세상에 오셔서 행하신 모든 사역은 대속자이자 대표자로서 이루신 것입니다.

셋째, 우리의 그리스도와의 연합은 여기서 그치지 않습니다. 그분은 우리의 본성을 공유하시기에 그리고 성령이 우리를 그분과 연합시키셨기에, 그분이 이루셨고 이루시는 모든 일들은 우리와의 연합 안에 있습니다. 하나님의 진노 아래 있는 우리의 자리를 그분이 대신하셨고, 우리는 아버지의 아들인 그분의 자리를 대신하였습니다. 그분은 우리 팀의 주장이시며 우리는 팀의 구성원입니다. 주장인 그분이 마지막 순간에 승점을 얻고, 팀 전체가 그 성취에 참여합니다.

넷째, 이 연합은 칭의를 포함한 구원 전체의 기초입니다. 우리는 하나님의 아들에 참여하였기에, 아버지 앞에서 의로운 지위를 얻습니다. 그분이 이루신 모든 일은 우리의 것입니다.

그리스도의 사역으로 말미암아 하나님은 우리를 그분과 같이 여겨오셨습니다.

예수님과의 연합과 변화

그리스도와의 연합에는 외적인 측면도 있으나, 우리를 내적으로부터 변화시키는 측면도 있습니다. 그리스도가 죽으시고, 죽음에서 다시 사셨을 때, 우리는 그분과 함께 죽었고 다시 살았습니다. 또한 우리의 지위와 존재도 극적으로 바뀌었습니다.

그리스도의 승천에 이어, 성령이 내주하시어 우리로 하여금 영적인 삶을 살게 하고, 새롭게 하기 위하여 오셨기 때문에, 우리가 그리스도의 죽음과 다시 사심에 참여하는 것은 역동적이고 변화적입니다.

이 두 요소는 나눌 수 없습니다.[1] 이는 그리스도가 누구이신지와 그분이 이루신 일에 뒤따르는 것입니다. 성육신하신 하나님의 아들이신 그분은 우리의 중보자요, 구원자로서 죽음에서 다시 사셨고, 그분의 부활에 있어서는 아버지의 공적 보증(public vindication)을 받았습니다.

우리는 은혜로 구원을 성취하신 아들의 지위를 공유합니다. 그분의

---

[1] Lane Tipton은 "바울은 그리스도와의 연합으로 관계적(relational)인 범주와 사법적(judicial)인 범주를 동시에 뒤섞임 없이 말할 수 있었습니다"라고 언급한다. Lane Tipton, "Union with Christ and Justification," in *Justified in Christ: God's Plan for Us in Justification*, ed. K. Scott Oliphint (Fearn Ross-shire, UK: Mentor, 2007), 38.

부활과 불멸의 생명은 성령으로 말미암아 우리의 것이 되었습니다.[2]

1. 성경 본문

에베소서 1:3-14에서 바울은 우리의 구원 전체는 그리스도와의 연합 안에 있는 것으로서 이해해야 한다고 표현합니다. 이것이 전부가 아닙니다. 에베소서 1:15에서 그는 하나님의 능력이 그리스도의 부활 안에서 그분에게 연합된 자들에게 나타나기를 기도합니다. 하나님은 예수님을 죽음에서 다시 살리셨고, 그것은 하나님만이 하실 수 있는 일입니다. 이것은 새 창조의 정수입니다.

하나님은 그리스도를 다시 살리실 뿐 아니라 그분에게 모든 천사나, 온 천하보다 가장 높은 권세를 주셨습니다. 바울은 하나님이 그 같은 권세를 에베소에 있는 믿는 자들에게 나타내시기를 기도합니다. 그리고 그리스도를 죽음에서 올리시고 다시 높이시는 그 능력의 지극히 크심이 어떠한 것인지 그들도 경험하기를 기도합니다. 그들의 그리스도와의 연합은 실제적이며 역동적인 경험입니다.

다른 곳에서도 바울은 그리스도의 부활을 아버지를 통하여 효력을 얻은 것으로 묘사하고 있습니다(롬 8:10-11). 죄로 인한 죽음에서 부활하여 그리스도 안에서 함께 하늘에 앉게 되는 경험(엡 2:1-7)은 그리스도가 다시 사셨을 때와 같이 삼위의 세 인격이 함께 참여하는 것입니다. 아버지는 우리를 그 아들 그리스도와의 연합 안에서, 성령의 일하심으로

---

[2] Michael Horton, *Covenant and Salvation: Union with Christ* (Louisville: Westminster John Knox Press, 2007), 267-307.

다시 살리셨습니다. 바울은 그 이후의 단계들에 대해서도 언급합니다. 고린도후서 3:18에서 그는 우리가 하나님의 형상으로 변한다고 기록합니다. 그리스도가 바로 하나님의 형상입니다(고후 4:4; 골 1:15). 이 변화는 '영광에서 영광으로' 점진적으로 이루어져 갑니다. 영광은 하나님께만 속한 것이며, 하나님의 형상과 밀접한 관련이 있습니다. '주의 영광을 거울로 보는 것'과 같은 때에 일어납니다. 이 맥락을 통해 볼 때, 이는 다시 사신 그리스도를 가리킵니다.

우리를 바꾸고 영화로운 그리스도의 형상으로 변화시키는 것은, 앞서 그리스도와 동일하다고 하였던 '주의 영'입니다(고후 3:17-18). 실제로 예수님은 성령의 근본적인 사역은 그분을 증거하는 것이라고 가르치셨습니다. 다시 한 번 우리는 우리가 그리스도를 닮도록 삼위 전체가 역사하고 계시다는 사실을 발견합니다. 그리스도와의 연합은 깊은 인격적 측면이 있기에 배타적인 것이 아닙니다. 우리는 우리가 그분과 하나가 되었기 때문에 그분이 한 것이 우리의 것이 되었다는 점에서만 그리스도와 연합되어 있는 것이 아닙니다. 그리스도와 하나되어 우리는 그분과 같은 존재가 되어가는 과정에 있습니다. 그분이 나타나실 때, "우리가 그와 같을 줄을 아는 것은 그의 참모습 그대로 볼 것이기 때문"(요일 3:2)입니다.

죽음과 부활에 있어서 그리스도와의 연합은 바울의 사도적 사역과 실제 삶에 영향을 줍니다. 그는 그리스도와의 연합 안에서 그분이 죽으신 것과 같은 죽음을 경험하였습니다. 환난, 고난, 매임, 죽음의 위협과 같은 사건들을 통하여 그는 그리스도가 교회를 위하여 받으신 고난에 참여하였음을 보여줍니다(고후 1:8-11; 빌 1:12-26; 골 1:24). 동시에 그는 그 고난 중에 그리스도의 사심과 부활의 능력을 경험하였습니다(고후 4:7-18). 그는 독특한 사도적 역할을 한 인물이긴 하지만, 그것을 그 자신만의 이야기로 국한시키지 않았습니다. 오히려 그것은 보통의 그리스도인들이 경험하는 평범한 것입니다. 그는 일인칭 복수를 사용하여 자신의 경험을, 다른 이들이 각자의 고난을 감내할 수 있도록 동기를 부여하는 하나의 모형으로서 제시함으로써, 이것의 포용적인 측면을 나타냅니다. 넓게 보면 그분의 공적 사역은 믿음으로 성령을 통하여 그리스도께 연합되어 있는 모든 이에게 해당되는 것입니다. 이 주제에 대해서는 6장에서 다룰 것입니다.

2. 성화의 공간적 측면

성화는 본질상 공간적 개념입니다. 성화는 그리스도에 의해 사신 바 되고, 하나님의 소유가 되는 것을 수반합니다. 흑암의 권세 아래 있던 우리가 하나님의 사랑하시는 아들의 나라로 옮긴 바 되었습니다(골 1:13). 값으로 사신 바 되었기에 우리는 우리 자신의 것이 아닙니다(고전 6:19-20). 그리하여 죄와 세상으로부터 해방되었고, 하나님의 것이 되었습니다(롬 6:1-23). 우리는 그리스도 안에서 하나님께 속하였습니다. 그분이 이루셨고, 이루시는 모든 일들은 우리를 위함이며, 우리는 그분과 함께, 그분 안에 있습니다. 그렇게 볼 때 성화는 이미 이루어진 것입니다. 그것은 성령의 능력으로 그리스도 안에서 이루어졌습니다. 그리스도가 죽으셨기에, 우리는 그분과 연합하여 죄에 대하여 죽었습니다. 그분이 죽음에서 다시 사셨으므로, 우리는 그분 안에서 새로운 삶으로 거듭났습니다.³ 성령의 능력을 통하여, 이것은 역동적인 실체인 동시에 객관적 사실이기도 합니다.

3. 성화의 윤리적 측면

성화는 진행 중인 요소를 지니고 있습니다. 이것은 가장 눈에 띄는 요소입니다. 이는 윤리적 측면에서 가장 분명히 드러납니다. 바울서신에는 우리가 어떻게 살아야 하는지에 관한 명령이 가득합니다. 우리가 부분적으로라도 이것을 하는 것은 성령이 우리 안에서 우리를 하나님의 형상으로 바꾸어 놓는 사역을 통해서만 가능합니다(엡 4:24; 골 3:10). 윤리적인 성격에 대해 바울은 '성령의 열매'라고 묘사합니다(갈 5:22). 여기서도 그리스도와의 연합의 역동성은 믿는 자들의 삶의 경험에서 현재의 것으로 다가옵니다.

그리스도는 다시 사셨고, 다시는 죽음에 굴복하지 않으실 것입니다. 그러므로 우리는 그분과의 연합 안에서, 죄나 죽음의 권세 아래 있지 않고, 하나님이 주시는 은혜의 수단을 통한 성령의 내적 사역으로 그리스도를 따라, 말씀과 기도와 성례로 '점점 더' 자랍니다(웨스트민스터 신앙고백서 13.1).

---

3 John Murray, "Definitive Sactification," *CJT* 2,1 (1967): 5-21. 이 책은 다음 책으로 재출간되었습니다. John Murray, *Collected Writings of John Murray*, vol. 2, *Select Lectures in Systematic Theology* (Edinburgh: Banner of Truth, 1977), 277-84. Murray의 혁신적인 근본적 성화(definitive sanctification)의 개념에 대한 J. V. Fesko의 강한 비판을 주목하여 보십시오. J. V. Fesko, "Sanctification and Union with Christ: A Reformed Perspective," *EQ* 82, 3 (2010): 197-214.

4. 그리스도와의 연합과 구원의 서정

17세기 이후부터 개혁신학에 의해 사용되어 왔고, 우리가 그리스도인이 되고 믿음을 지키는 방법을 주해적으로 이해하는 도구인 구원의 서정과 그리스도와의 연합이 어떻게 연관되는지에 대해 최근 논의가 있어 왔습니다. 성경을 살펴보면 논리적으로 이 둘 사이에는 다양한 요소들이 연관되어 있습니다.

첫 번째로, 유효한 소명과 중생입니다. 소명은 우리를 죽음에서 그리스도의 생명으로 인도하는 하나님의 능력 있는 행동입니다. 전형적으로 이것은 흔히 회심의 전 과정을 포괄합니다. 중생은 우리를 죄의 죽음에서 생명, 즉 새로운 피조물로 옮기는 성령의 숨겨진 행동(hidden action)입니다(고후 5:17). 이 두 요소가 어떻게 연관되는지에 대해서는 다양한 설명이 있습니다. 어떤 이들은 소명이 우선한다고 하며, 어떤 이들은 중생이 우선한다고 합니다.[4] 존 칼빈이 우리가 구원을 수용하는 것을 중생이라 하였던 것은 문제를 더 복잡하게 합니다.

두 번째로, 믿음, 칭의, 양자됨은 모두 그리스도인의 삶의 시작 단계에서 일어나는 것입니다. 하나님의 선물인 믿음은 중생의 결과입니다. 이는 타락한 인간이 첫 출발을 한 이후에는 거룩한 은혜의 도움으로 복음을 믿을 수 있는 능력을 얻는다는 아르미니우스주의와 모든 형태의 반(半)펠라기우스주의에 반하는 것입니다. 반대로 개혁신학은 타락한 인간은 죄와 허물 가운데 죽었고, 그렇기에 그들 스스로는 영적인 삶으로 나아갈 능력이 없다는 입장을 견지합니다. 따라서 죽은 자를 살리시

---

4   Robert Letham, "Calling" in *New Dictionary of Theology*, ed. Sinclair B. Ferguson, David F. Wright, and J. I. Packer (Leicester, UK: Inter-Varsity Press, 1988), 119-20.

는 하나님의 능력이 필요하며, 이는 성령의 중생을 통하여 이루어집니다. 새롭게 거듭난 사람은 믿음으로, 예수 그리스도의 사역을 통해 의롭게 됩니다. 그리고 칭의와 더불어 점차 하나님의 자녀가 되어, 그분의 가족으로서 하나님을 아버지라 부를 수 있습니다(롬 8:15-16; 갈 4:6). 칭의와 같이 양자됨도 법적이긴 하지만 영원히 아들됨이라는 결과가 따릅니다.

세 번째로, 성화 이후로 성도는 일생 동안 견인(perseverance)됩니다. 우리는 "믿음으로 말미암아 하나님의 능력으로 보호하심을"(벧전 1:5) 받습니다. 믿음 안에서 견인되기 위해서는 우리가 해야 할 것이 있습니다. 이를 위한 능력은 하나님께 있습니다. 그러므로 우리는 우리의 삶의 여정 동안, 고난과 유혹과 모든 시험들을 통하여 예수 그리스도의 은혜와 지식 안에서 자라가야 합니다. 거룩하게 된 자들은 무슨 일이 있어도 지켜지기에 '성도의 견인'이라는 표현은 적절합니다.

네 번째로, 영화(glorification)는 하나님이 우리를 위해서 영원 전부터 갖고 계시던(그리스도 안에서 하나님의 형상으로 변해 가는 계획이 완성되는) 그리스도의 부활과 다시 오실 때에 일어납니다.

유효한 소명, 중생, 믿음, 칭의, 양자, 성화, 영화의 구원의 서정은 웨스트민스터 신앙고백서 10-18에 기록되어 있습니다. 그러나 문제는 그리스도와의 연합이 여기에 딱 맞아 떨어지지 않는다는 것입니다. 존 머레이(John Murray)는 그의 책 『존 머레이의 구속』(*Redemption Accomplished and Applied*)의 마지막 장에 이르러서, 이 문제를 어떻게 다루어야 할지 결정하기가 어렵다는 것을 명시하고 있습니다.[5] 웨스트민스터 총회를

---

5   John Murray, *Redemption Accomplished and Applied* (London: Banner of Truth, 1961), 161-62.

고려하자면, 구원의 서정 전체를 영광스럽고 은혜로운 그리스도와의 연합과 교통이라는 우산 아래 두어야 합니다(웨스트민스터 신앙고백서 65-90). 이로써 그리스도와의 연합은 구원의 과정의 한 측면이 아니라, 그 안에서 모든 측면을 보아야 하는 전체적 맥락이라는 것이 드러납니다. 리차드 개핀은 게할더스 보스(Geerhardus Vos)의 성경신학의 영향으로 구원의 서정에 대한 의문을 제기합니다.

그는 조심스레 이것이 재구성되어야 할 필요가 있다고 말합니다. 이는 바울이 구원의 성경적 계시의 핵심에는 그리스도의 죽음과 부활이 있다는 것을 확신했다고 믿는 관점입니다. 개핀은 바울이 말한 것처럼 이런 일련의 획기적인 사건들을 통한 우리와 그분의 연합을 종말론적 관점으로 본다면, 이것이 우리의 구원론을 형성한다고 말합니다.[6] 개핀은 '오직 믿음으로'(only by faith) 얻는 칭의의 교리를 훼손하려는 것이 아니라, 구원의 서정을 바울의 구속사적 관점과 일치하는 방향으로 보고자 한 것입니다. 개핀의 영향을 받은 몇몇 학자들도 이와 같이 말합니다.[7]

개핀의 지적도 중요하지만 이 책에서는 다른 관점에서 그리스도와의 연합의 중심성을 강조하려 하기 때문에, 만약 '구원의 서정'의 개념을 사용하지 않는다면 그것이 더 큰 실수일 것입니다. 분명 개핀은 이를 옹호하지 않습니다. 그리스도 안에서 구원의 각 단계로 나아간다는

---

[6] Richard B. Gaffin JR., *The Centrality of the Resurrection: A Study in Paul's Soteriology* (Grand Rapids: Baker, 1978), 135-43; Richard B. Gaffin JR., *By Faith, Not by Sight: Paul and the Order of Salvation* (Milton Keynes, UK: Paternoster, 2006).

[7] William B. Evans, *Imputation and Impartation: Union with Christ in American Reformed Theology* (Eugene, OR: Wipf & Stock, 2008); Tim J. Trumper, "Covenant Theology and Constructive Calvinism," *WTJ* 64 (2002): 387-404.

것이, 곧 이 구성요소들 간의 관계를 부인하는 것은 아닙니다. 원리적으로 이 모든 단계들을 동시에 하나의 행위로 받는다고 해도, 여전히 그 안에 연관성과 상대적인 우선순위가 있습니다.

이미 완료된 중생, 구원의 믿음, 칭의, 양자됨, 성화의 요소들은 그리스도인의 삶의 출발점에 있으며, 각 요소들은 영구적인 무게와 실체로서 존재합니다. 구원의 어떤 측면은 현재진행형입니다(견인, 점진적인 성화, 양자됨). 어떤 측면은 그리스도가 다시 오실 때에 시작되며(몸의 부활, 영화), 나머지는 그때에 완성 또는 성취됩니다. 그리스도인의 경험의 시작과 연관된 것들이 마지막 날에 성취되는 것과 같이, 여기에서도 구원의 궁극적이며 종말론적인 측면이 현존하는 실체가 됩니다. 로마서 8:30에서 바울은 성화에 대해 (부정)과거시제로 설명합니다. 아이작 와츠(Issac Watts)는 '주 사랑하는 자'(Come, We That Love the Lord)라는 찬송시로 이것을 표현하였습니다. "은혜 받은 자 영광 안에 거하리, 믿음과 사랑으로 이 땅 위에 천상의 열매 맺으리."

성령은 마지막 구속의 보증으로서 우리에게 주어졌습니다(고후 1:21-22; 엡 1:13-14).[8] 우리는 이 장에서 성화, 양자됨, 영화 안에서의 그리스도와의 연합에 대해 이야기를 하기에 앞서, 이 책 4장에서 이미 중생, 믿음, 칭의 안에서 그리스도와의 연합을 논의하며 그 관계에 대해 살펴보았습니다. 다음 장에서는 우리의 죽음과 부활 안에서의 그리스도와의 연합에 대해 살펴봄으로써 결론을 맺을 것입니다. 그리스도와의 연합이 정점이라는 사실은 우리가 구원의 서정을 폐하기를 요하지 않습

---

8 Vos는 성령의 본분(proper sphere)에 대해 "미래의 영원(future aeon)으로부터 그분은 자신을 현재로 투사하여 종말론적 작용에 있어서 자신에 대한 계시가 되시며" 또한 "그 주위를 둘러싼 환경 안에서 다가오는 영원(coming aeon)을 누리게 하는 요소"라고 언급하였습니다. Geerhardus Vos, *The Pauline Eschatology* (Grand Rapids: Eerdmans, 1972), 165, 163.

니다. 오히려 그 통합적 면모를 강조하여 그것을 보존할 뿐만 아니라 증진시킵니다. 웨스트민스터 신앙고백서의 작성자들은 웨스트민스터 신앙고백서 9-18의 논리 정연한 구원의 서정을 웨스트민스터 대요리문답 65-90문의 영광스럽고 은혜로운 그리스도와의 연합과 교통의 측면에 대한 주제와 연관시키던 17세기 당시 이를 인지하고 있었습니다.[9] 물론 우리가 바울이 그랬던 것과 같은 패턴을 따라야 하는지는 논의의 여지가 있습니다. 오직 그만이 성경을 기록한 것은 아니기 때문입니다.

5. 그리스도와의 연합과 신격화(deification, *Theōsis*)

이쯤에서 중생에서 영화에 이르는 그리스도와의 연합을 동방교회와 서방교회가 어떻게 이해했는지, 그 차이를 짚어보는 것이 도움이 될 것 같습니다. 서로의 생각을 받아들이는 교차수정(cross-fertilization)의 방식을 택하는 것은 성장과 진보의 한 방법이 될 수 있을 것입니다. 최근 동방교회의 신학에 대한 관심이 증가하는 추세가 나타났습니다. 이는 동방교회가 서방 세계에 점차 노출되었기 때문이며, 복음주의에 환멸을 느낀 이들이 개혁신앙에서 돌아서는 추세 때문입니다.[10] 동방교회의 구원에 대한 관점의 핵심은 신격화(*Theōsis*)입니다.[11] 넓게 보면 개신교(Protestantism), 좁게 보면 개혁교회(Reformed churches)는 법정적 용어로

---

9   다음을 보십시오. Robert Letham, *The Westminster Assembly: Reading Its Theology in Historic Context* (Phillipsburg, NJ: P&R Publishing, 2009), 242-92.

10 다음을 보십시오. Robert Letham, *Through Western Eyes: Eastern Orthodoxy; A Reformed Perspective* (Fearn, Ross-shire, UK: Mentor, 2007).

11 이는 deification라 표현된다.

표현되는 (그리스도인의 경험의 출발점인) 속죄와 칭의라는 주제에 집중하는 반면, 동방교회는 일찍이 진행 중인 것들과 성령에 의한 그리스도인의 종말론적인 변화에 몰두해왔습니다. 아타나시우스의 인용을 따르면 이레니우스(Irenaeus)는 그리스도의 성육신에 관하여 이렇게 표현합니다. "그분이 사람이 되었으므로, 우리는 하나님이 될 수 있습니다."[12]

이런 개념은 서방교회 개신교도들에게는 생경한 것이었습니다. 그러나 이는 대체로 오해를 받았습니다. 개혁주의 해석자들은 '신격화'를 인간이 신의 상태로 승격되는 존재론적 변화를 겪는다는 이교적 개념, 즉 '신격화'(apotheōsis)를 유발하는 것으로 여겼습니다. 이런 개념은 성경 전체의 계시의 토대가 되는 창조주와 피조물의 경계를 흐리게 하는 결과를 가져올 수 있다는 것입니다. 다시 말하면 개신교가 보기에 사람이 본질에 있어서 변화하여 하나님이 된다는 것은 기독교 신앙에 모순되는 것이었습니다. 유티케스가 그런 주장을 그리스도의 인성을 침몰시키는 이단으로 규정했던 것처럼, 그것은 그리스도의 인격에 대한 교회의 전통적 교리를 전면적으로 부정하는 것처럼 여겨졌습니다.

신격화에 대해 동방교회가 가르친 이런 인식은 오해의 여지가 있습니다. 개혁교회가 여기서 불안감을 느꼈던 것도 사실입니다. 대표적으로 알렉산드리아 학파의 아타나시우스와 키릴로스는 신격화를 하나님이 우리를 그리스도의 형상으로 변화시키는 중생, 성화, 영화의 은혜로운 전 사역의 과정 안에서 발생하는 것으로 생각하며, 개혁신학의 우산 아래 포함시켜 이해하였습니다. 동방교회 기독교가 볼 때 이것은 단지 이어져있는 하나의 단계일 뿐입니다.

---

12 Athanasius, *On the Incarnation*, 54; *PG*, 25:192.

6. 알렉산드리아의 키릴로스와 아타나시우스의 신격화 교리

동방교회 기독교 사상에는 이 문제에 대한 두 줄기가 있습니다.

첫 번째, 대표적으로 오리겐과 니사의 그레고리와 같이 신격화의 개념에 더 가까이 접근하는 것입니다. 이 사조의 관점으로 보면, 하나님에 의해 만들어졌고 이제는 거룩하게 된 보통의 인간이 있습니다. 구원은 하나님께 흡수되는 것이며, 개인은 이 신격화된 인성에 의해 자신의 정체성을 상실합니다.[13]

두 번째, 알렉산드리아의 아타나시우스와 키릴로스는 다른 접근을 채택하였습니다. 이들에 의하면 인간은 신격화된 후에도 여전히 인간으로 남아있습니다. 인간은 하나님께 자신의 인성을 상실하는 것과 같은 방식으로 흡수되지는 않습니다. 신격화는 존재 자체가 하나님과 같이 된다거나, 단순히 하나님의 속성(attributes, 그레고리 팔라마스[Gregory Palamas]가 *energies*라고 표현하는)과 교통한다는 뜻이 아닙니다. 만약 그렇다면 우리는 구원을 비인격적 관점으로 보게 될 것입니다. 신격화는 삼위의 인격과 연합하고 교통하는 것을 의미합니다. 이는 아들이 본성적으로 갖는 아버지와의 관계에 우리가 은혜로 동참함으로써 성취되며, 인격적이고 인간적인 정체성은 유지됩니다.[14] 우리가 살펴보고자 하는 것은 두 번째 접근입니다. 왜냐하면 이는 그리스도와의 연합이 포함하는 것과 포함하지 않는 것이 무엇인지를 이해하는 데 도움을 주는 설명과 통찰력을 제공하기 때문입니다.

---

[13] Donald Fairbairn "Patristic Soteriology: Three Trajectories," *JETS* 50, 2 (June 2007): 297-304.

[14] Ibid., 298-310.

먼저 우리는 아타나시우스가 다음 문장을 기록한 의중이 무엇인지를 생각해보아야 합니다. "그리스도가 사람이 되셨기에 우리는 하나님이 될 수 있다(autos huiopoiēsen, hina hemēis theōpoiēthōmen)." 노만 러셀(Norman Russell)은 아타나시우스가 이렇게 말했던 것은 "인류에게 원래 의도되었던 영광스러운 목적을 강조하기 위함이거나, 성경에 언급되는 '신들'에 포함되지 않는 말씀이 육신이 된 것의 고유성을 설명하기 위함이었다"라고 말합니다.[15]

이는 성육신의 특별함을 뜻하는 것이라 할 수 있습니다. 이 모든 것의 실체 아래에는 그리스도의 인성에 의해 인격적 연합이 이루어졌다는 가정이 깔려있습니다. 아들은 우리를 아버지의 아들로 삼으셨고, 스스로 사람이 되심으로써 사람을 신격화하셨습니다(autos huiopoiēsen hēmas tō patri, kai etheoipoiēse tous anthrōpus genomenos autos anthrōpos).[16] 아타나시우스에 의하면 아들은 사람이 되고 인간의 몸을 입으심으로써, 자신 안에 있는 (인간의) 본성을 신격화하셨습니다. 그분은 자신 안에 있는 사람의 본성을 성육신한 자신의 위격 안에 있는 하나님의 본성과 연합시킴으로써 이를 이루셨습니다.

그러므로 무엇보다 중요한 것은 성육신 안에서 아들에 의해 그리스도의 인성의 신격화가 일어났다는 것입니다. 잉태하신 순간부터 아들은 하나님과 인격적으로 연합되었으므로, 흡수된 인성은 하나님과 연합할 수 있게 되었습니다. 로고스는 인간의 몸을 입었고 그리하여 아타나시우스가 말한 것처럼 창조주와 같이 새롭게 되었고, 스스로 신격

---

15 Norman Russell, *The Doctrine of Deification in the Greek Patristic Tradition* (Oxford: Oxford University Press, 2004), 168.

16 Athanasius, *Orations against the Arians*, 1:38-39; PG, 26:92-93.

화되어, 그분의 형상을 입은(*hina en heautō theiopoiēsē*) 우리를 하늘 나라로 인도하십니다. 그 연합은 이런 것입니다. 그분은 삼위 하나님(Godhead)의 본성을 사람의 본성과 연합시켜 우리의 구원과 신격화를 가능케 만드셨습니다. 다시 말해서, 아타나시우스는 그리스도가 그분의 인성을 이루는 영과 육을 통하여 (하나님의 아들과의) 영원한 인격적 연합이 가능하게 되는 은혜를 주셨다고 말합니다.[17] 그렇지 않다면 성육신도 없었을 것입니다.

이 그리스도의 인성의 신격화는 우리의 신격화의 근거입니다. 여기서 아타나시우스의 말이 그리스도의 인성이 더 이상 사람이기를 포기했다는 의미가 아니라는 사실은 중요합니다. 사람이 되신 그리스도가 여전히 자신의 신성을 유지하고 있다는 사실은 충분히 말이 안 되는 것처럼 보일 수 있습니다. 아타나시우스는 그리스도가 사람이 되심에 있어서 하나님이시기를 포기했다고 말하려는 것이 아닙니다. 그러므로 그가 우리가 하나님과 같이 된다고 말하는 것은 우리가 사람이기를 포기한다거나 그리스도의 인성이 참 인성이 아니라는 의미가 아닌 것입니다.

아타나시우스가 말하고자 했던 것은 모든 것은 그들이 참여하는 대상의 성질(characteristics)을 영위한다는 것입니다. 성령에 참여함으로써 우리는 거룩하게 되며, 로고스에 참여함으로써 아버지를 바라볼 수 있습니다.[18] 덧붙이자면 이는 사람이 예배하는 대상을 점차 닮아가는 원리와 같습니다. 우상 숭배를 하는 자들은 그들의 우상을 닮아가며(시

---

17 Athanasius, *Against the Arians*, 3:23, 33-4; *PG*, 26:92-3.
18 Athanasius, *Letters to Serapion on the Holy Spirit*, 1:23-4; *PG*, 26:584-89.

115:4-8; 롬 1:19-23), 성령 안에서 예배하는 우리는 그리스도를 닮아갑니다. 그리고 우리는 마침내 우리의 인성을 따라 그분과 같아집니다(고후 3:18; 요일 3:1-2). 아타나시우스는 이 근거 위에서 우리가 그리스도와 하나님께 참여하는 자라고 주장합니다(*legometha metochoi Christou kai metochoi theou*).[19] '참여하는 자'(*metochoi*)는 아타나시우스의 중요한 표현입니다. 이것이 무슨 의미일까요?

러셀(Russell)은 그가 오해를 피하기 위해 동의어를 부연적으로 사용했다는 점을 지적합니다. 그는 "양자됨(adoption), 거듭남(renewal), 구원(salvation), 성화(sanctification), 은혜(grace), 초월성(transcendence), 조명(illumination), 소생(vivification)과 같은 단어들이 신격화와 동의어로 제시되었습니다. 물론 그 의미 자체는 논란의 여지가 없으나, 아타나시우스는 오해의 가능성을 배제하려 한 것입니다"라고 말하였습니다.[20] 그는 불멸성과 썩지 않음에 치우쳐 있던 강조점을, 하나님의 생명에 참여함을 통해 인성이 드높아지는 차원으로 옮김으로써 성화의 개념을 더 확대하였습니다. 러셀은 말합니다. "신격화는 죽음과 타락에서 자유케 되는 것입니다. 하지만 그것은 아들로서 입양되고, 신성에 참여함으로써 우리의 본성이 새롭게 거듭나며, 아버지와 아들의 사랑의 연대에 동참하고, 결국 그리스도와 같이 하늘 나라로 들어가는 것이기도 합니다."[21]

키릴로스에 이르면 아타나시우스보다 한 걸음 더 나아갑니다. 키릴로스는 보이지 않는 삼위의 인격이 하나님이라는 유일한 한 존재 안에 있는 것으로 인식하였기 때문에, 그에게서 삼위의 관계는 더욱 밀접하

---

[19] Athanasius, *Serapion*, 1:24; *PG*, 26:584c.
[20] Russell, *Deification*, 176-77.
[21] Ibid., 178.

다는 것을 발견할 수 있습니다.²² 그는 요한복음 14:23에 대한 주해에서 아버지와 아들과 성령이 하나이기에 성령이 우리를 신성에 참여하게 한다고 기록하였습니다.²³ '참여'는 키릴로스의 중요한 개념으로, 그는 베드로후서 1:4의 "신성한 성품에 참여하는 자"(벧후 1:4)를 자주 언급하였습니다.²⁴

성자만이 본성적으로 하나님이시며, 우리는 참여함으로 하나님의 아들입니다.²⁵ 키릴로스는 신비적인 방법이 아니라 신학적인 방법으로 이 문제에 접근합니다. 그리스도가 '우리 안에' 계시고, 우리가 '그리스도 안에' 있기에, 우리는 그리스도의 삶을 공유합니다.²⁶ 그의 기독론은 그리스도와의 연합을 강조합니다.

영원한 말씀 또는 아들은 그리스도의 모든 행동의 주체입니다. 말씀의 인성은 영과 육을 가진 완전한 인성입니다. 그러므로 예수님이 하신 모든 일은 하나님의 영원하신 아들이 하신 것이며, 거룩한 아들이신 그리스도는 구속의 행위자입니다.²⁷ 그분의 구원의 사역은 성령을 통하여 실행되었고, 우리와 하나님의 관계는 아버지와 함께, 그리스도 안에서, 성령을 통하여 맺어졌습니다.²⁸ 성육신한 그리스도 안에서 인성과

---

22 Ibid., 191-92.
23 Cyril of Alexandria, *Expositio Sive Commentarius in Ioannes Evangelium*, on John 14:23; PG, 74:291.
24 Russell, *Deification*, 192-94.
25 Cyril of Alexandria, *In Ioannes Evangelium*, lib. 11; PG, 74:541d.
26 Russell, *Deification*, 197.
27 Ibid., 198-99; Thomas G. Weinandy, "Cyril and the Mystery of the Incarnation," in *The Theology of St. Cyril of Alexandria: A Critical Appreciation*, ed. Thomas G. Weinandy and Daniel A. Keating (London: T&T Clark, 2003), 23-24.
28 Russell, Deification, 200-201; Cyril of Alexandria, *Dialogue on the Most Holy Trinity*, 7:639e-640e; PG, 75:1089.

신성이 연합하였습니다. 그분은 본성으로는 하나님이시기에 성부 하나님과 연합하셨고 또한 참 인간이시기 때문에 사람과 연합하셨습니다.[29] 우리 편에서 볼 때, 우리는 성찬 가운데 변화합니다. 성찬은 그리스도의 에너지로 충만합니다. 그리하여 우리가 그 안에 참여할 때, 우리는 변화하여, 하나님의 모양(likeness)과 형상(image)을 회복합니다.[30]

러셀은 알렉산드리아의 신격화에 대한 교리를 이렇게 요약합니다.

> 요약하자면, 알렉산드리아는 하나님의 구원 계획에 맞게 인간 본성이 영화롭게 됨을 가리키기 위해 '신격화'라는 비유를 사용하는 것입니다. 신격화의 기준점이 된 '순간'은 성육신으로 수납한 인성을 대표하는 로고스의 신격화입니다. 신자는 세례와 성찬과 도덕적 삶을 통하여 그리스도의 신격화된 몸, 즉 주의 승천한 인성에 참여할 수 있습니다. 이런 참여는 성화로 이어지는데, 이는 신비적 경험이 아니라 종말론적 몸 안에서 이루어지는 변화입니다.[31]

러셀은 동방의 전형적인 가르침을 보여주는 고백자 막시무스(Maximus the Confessor)에 대해 "그는 인성과 신성이 결합하였다는 유티케스와 순수한 지성이 그리스도께 구분되지 않도록 동화되어 승격하였다는 오리겐 모두를 배척하기에 열심이었습니다"라고 평가합니다. 또한 러셀은 그의 신격화를 하나님이 사람이 되신 것과 마찬가지로 신격화된 인성은

---

29 Russell, *Deification*, 201.
30 Ibid., 202-3.
31 Ibid., 204.

하나님이 되었지만, 신성한 에너지로 투과되었음에도 불구하고 그들은 여전히 창조된 인성을 영위하는 것으고 결론을 내립니다.[32]

7. 신격화의 성경적 근거

우리가 신성에 참여하는 것은 성경과 신학적 맥락 전체에 펼쳐져 있습니다. 이를 지지하는 성경 말씀을 찾고자 한다면, 하나님과 인간의 양립 가능성, 성육신, 오순절과 성령 강림, 신자들이 그리스도의 형상으로 변화함에 관련이 있는 모든 구절이 포함될 것입니다. 그러나 그 많은 구절들 중에서도 가장 극명하게 이 주제가 수면 위로 부상하는 부분은 베드로후서 1:3-4입니다.

> 그의 신기한 능력으로 생명과 경건에 속한 모든 것을 우리에게 주셨으니 이는 자기의 영광과 덕으로써 우리를 부르신 이를 앎으로 말미암음이라 이로써 그 보배롭고 지극히 큰 약속을 우리에게 주사 이 약속으로 말미암아 너희가 정욕 때문에 세상에서 썩어질 것을 피하여 신성한 성품에 참여하는 자가 되게 하려 하셨느니라(벧후 1:3-4).

아름답고 놀라운 약속으로 우리는 바울이 하나님의 부르심의 목적이라고 말한 '신성에 참여하는 자'(*thias koinōvoi phuseōs*)가 되었습니다. 그

---

32 Ibid., 193-94.

분은 우리를 '그분의 영광으로' 부르셨습니다. 그리스도인으로서 우리의 운명은 하나님의 영광에 참여하는 것입니다. 이는 바울이 "모든 사람이 죄를 범하였으매 하나님의 영광에 이르지 못하더니"(롬 3:23)라고 말했던 것을 떠올리게 합니다. 우리의 마땅한 지위는 하나님의 영광에 참여하는 것입니다.

죄로 말미암아 우리가 잠시 그분의 영광에 참여하지 못하였지만, 그리스도 안에서 또한 그분을 통하여 우리는 우리의 궁극적인 목적인 하나님의 영광을 되찾게 되었습니다. 영광은 오로지 하나님께만 속한 것입니다. 우리는 하나님이 어떠한 분이신지에 참여하는 자로 부르심을 받았습니다. 이는 단순한 교제(fellowship) 이상을 의미합니다. 교제는 단지 친밀한 상호작용을 수반하는 것이지, 상호작용하는 이의 본성에 참여하는 것까지 수반하지는 않습니다. 베드로가 이 단어를 사용한 것은 이것이 외적인 관계를 훨씬 능가한다는 뜻을 담고자 한 것입니다. 이는 하나님의 존재에 참여하는 데까지 이르지는 않습니다. 여기서는 신성에 대한 실제적인 참여가 일어납니다.[33] 이것이 어떤 의미인지에 대해 짧게 살펴보려고 합니다.

요한복음 14:16에서 요한은 예수님이 오순절을 앞두고 성령이 "영원토록 너희와 함께"(요 14:16) 있으리라고 가르치셨다고 기록합니다. 성

---

[33] James starr는 여기서 베드로가 헬라적 이원론(Hellastic Dualism)에 다시 빠져든 것인지 의문을 제기합니다. 사실 그는 바울이나 초대 기독교인들의 세계관을 따르고 있다고 단정합니다. 그러나 타락은 물질의 결과가 아니라, 죄의 결과입니다. 베드로는 하나님과 동등됨이나 신적 본체에 흡수되는 신격화에 대해서는 가르치지 않았습니다. 그러나 지금은 불완전하나 그리스도가 다시 오실 때에는 완전해지는 신적 속성에 참여하고 누리는 것에 대해서는 가르쳤습니다. James Starr, "Does 2 Peter 1:4 Speak of Deification?" in *Partakers of the Divine Nature: The History and Development of Deification in the Christian* Traditions, ed. Michael J. Christensen and Jeffery A. Wittung (Grand Rapids: Baker Academic, 2007), 81-92.

령, 즉 보혜사(*parakleōtos*)의 임재 가운데 바로 예수님이 계실 것입니다(요 14:16-17). 또한 예수님은 그분을 사랑하고 그분의 말을 지키는 자는 "내 아버지께서 그를 사랑하실 것이요 우리가 그에게 가서 거처를 그와 함께 하리라"(요 14:23)고 선언합니다.

'거처' 혹은 '처소'라는 말은 머물러 거할 수 있는 장소를 뜻하며,[34] 영속적인 의미를 담고 있습니다.[35] 성령의 오심은 사실상 삼위 전체의 오심입니다. 예수님을 사랑하는 자 안에 아버지, 아들, 성령이 거처를 함께 합니다. 이 거주는 영속적인 것으로서, 삼위는 신실하게 머무십니다. 또한 가장 큰 친밀함으로 삼위는 예수님을 사랑하는 자 안에 함께 거합니다. 그러므로 믿는 자는 다른 인격적 존재들과 누리는 어떤 관계보다 더 가까운 관계를 맺습니다. 이는 교제를 넘어서는 교통이며, 깨어지지 않게 결합된 연합입니다.

더 나아가 요한일서 3:1-2에서 요한은 이렇게 기록합니다.

> 보라 아버지께서 어떠한 사랑을 우리에게 베푸사 하나님의 자녀 일컬음을 받게 하셨는가, 우리가 그러하도다…사랑하는 자들아 우리가 지금은 하나님의 자녀라 장래에 어떻게 될지는 아직 나타나지 아니하였으나 그가 나타나시면 우리가 그와 같을 줄을 아는 것은 그의 참모습 그대로 볼 것이기 때문이니 (요일 3:1-2).

---

[34] *LN*, 1:732.
[35] Cf. LS, 2:1143.

아버지의 사랑으로 아들과 아버지의 관계에 우리가 참여하게 되었습니다. 우리는 이제 그리스도 안에서 하나님의 자녀입니다. 또한 그분이 다시 오실 때에 우리는 아들이신 그리스도와 같은 모습으로 변화될 것입니다. 우리는 영광 중에서 그분을 볼 것입니다. 우리는 그분과의 연합 안에 있을 것입니다.

바울은 그리스도의 삶을 처음부터 끝까지 '그리스도 안에서' 사는 것으로 묘사합니다. 영원한 선택에서부터, 그리스도의 보혈을 통한 구속과, 그리스도와의 연합 안에서 받을 유업에 이르기까지 구원의 전체 파노라마가 펼쳐지는 에베소서 1장을 보면 이것이 분명하게 나타납니다. 그는 고린도후서 3:18에서 믿는 자는 주의 영으로 말미암아 영광에서 영광에 이를 것이라고 기록합니다. 이는 시내산에서 여호와와 대면한 후 영광으로 얼굴이 빛났던 모세의 경험보다도 더 나은 것입니다(고후 3:7-11).[36]

비록 우리가 살펴 본 구절들은 일부에 불과하지만, 사실 성경의 모든 말씀은 그 연합을 가리키고 있습니다. 하나님은 이를 위해 우리를 만드셨습니다. 그분은 우리를 보이지 않는 하나님의 형상으로, 그리스도 안에서 창조하셨습니다. 우리의 죄를 위한 아들의 구속적 사역을 따라, 우리는 그리스도의 형상으로 새롭게 지어졌습니다. 삼위는 만물이 우리의 창조주이신 그분 안에, 그분과 함께 있는 것처럼, 그분이 들어와 살 수 있도록 우리를 만드셨습니다. 성육신이 그 증거입니다. 만약

---

36 Stephen Finlan은 이것은 바울이 theōsis를 가르쳤다고 보는지 그렇지 않은지에 달려있다고 말합니다. 이는 그리스도의 죽음과 연관된 대속적 교환과 분리될 수 없습니다. 그는 변화는 점진적인 변화와 종말론적인 변화 모두 그리스도의 형상으로 변화되는 것이라고 합니다. Stephen Finlan, "Can We Speak of Theōsis in Paul?" in *Partakers of the Divine Nature: The History and development of Deification in the Christian Tradition*, ed. Michael J. Christensen and Jeffery A. Wittung (Grand Rapids: Baker Academic, 2007), 68-80.

그렇지 않았다면, 그럴 수 없었다면, 창조주와 피조물의 차이가 너무나 커서 성육신이 이루어질 수 없었다면, 하나님이자 사람이신 예수 그리스도는 한 인격이 될 수 없었을 것입니다.

우리를 향한 하나님의 목적을 향하여 가는 위대하고 압도적인 승리의 여정에도 두 결정적인 순간이 있습니다.

첫째, 성육신에 있어서 아들은 인성을 인격적 연합으로 받아들이셨습니다.

둘째, 오순절에 성령이 오셔서 수많은 인격체들에게 충만하게 거하셨습니다. 여기에서 삼위의 위격 간의 차이가 나타납니다. 아들은 '한 인성'과 연합하셨고, 성령은 셀 수 없이 '많은 인격체'와 연관되십니다. 아들과는 '인격적으로 연합'하며, 성령은 충만하게 거하십니다. 이것이 이 책의 2장과 3장의 핵심 주제였습니다.

예수님이 세례 받으실 때에 성령이 그 위에 내려 그분을 믿음, 순종, 사역으로 인도하셨습니다. 그분과 연합함으로 우리는 그분 위에 강림하신 성령과 연합합니다. 그분은 영원히 거하기 위해 우리에게 오셨기에, 거하심에는 영구적인 의미가 담겨있습니다. 그러나 양동이에 액체를 부었다고 할 때, 액체는 단지 빈 공간을 채우는 것일 뿐 양동이는 영향을 받지 않는 경우가 있는 것처럼, 그 단어는 불완전성을 내포할 수 있습니다. 그러나 '충만'은 가득한 상태나 순전함을 가리켜 거함의 이미지를 완전하게 합니다. 그러나 이는 우리의 인성을 약화시키거나 감소시키는 것은 아닙니다. 무엇보다 예수님은 가장 참된 인성을 가진 온전하며 완전한 사람으로서, 그분 위에 성령이 내려 그분의 삶과 사역의 여정을 인도하시는 그리스도(곧 기름부음을 받은 자)이십니다. 사실 성령의 충만함은 우리의 인성을 세웁니다.[37] 그분은 우리가 마땅히 되어야 하는 모습으로 우리를 만듭니다. 그분은 우리를 죄와 타락의 본성에서 자유케 하여, 그리스도를 닮도록 새롭게 합니다. 이것이 사람에게 정해진 바입니다.[38] 두미트루 스타닐로에(Dumitru Staniloae)는 오직 성령이 우리의 인격적 존재를 보증하시며, 구원이 가능한 것은 오직 하나님이 삼위로 존재하시기 때문이라고 단언한 바 있습니다.[39] 구원은 하나님이 삼위이심을 밝힐 뿐 아니라, 그 실체로부터 나오는 것입니다.

니콜라우스 카바실라스(Nicolaus Cabasilas)의 글에는 그리스도가 우리에게 흘러와 우리와 섞여, 우리를 변화시키고 그분에게로 돌이키게 한다고 하였습니다.[40] 파나이오티스 넬라스(Panayiotis Nellas)는 영적인 삶의 진수는 바울의 편지에 분명하게 나타남을 지적합니다. "이제는 내가 사는 것이 아니요 오직 내 안에 그리스도께서 사시는 것이라"(갈 2:20). 우리는 이 말씀을 문자적으로 받아들여야 합니다. 또한 그는 "사람의 참된 본성은 하나님을 닮아가는 것, 더 정확히 말하면 그리스도를 닮아가고 그분을 삶의 중심에 두는 것입니다"라고 말하였습니다.[41] 여기서 사람의 본성은 신격화된 그리스도의 인성의 모습을 갖습니다. 이는 사람

---

37 충만이란 둘이 하나의 몸을 이룬다는 점에서 결혼과 비슷합니다. 결혼은 남자와 여자가 연합하여 한 몸을 이루지만, 누구 하나의 성격을 제거하거나 그들의 온당한 성격을 없애지 않습니다.

38 사람은 그리스도 안에서 성령을 통하여 하나님과 연합하기 위해 지어졌기 때문에, 자연적 진화론은 기독교 신앙과 양립할 수 없습니다. 이는 단순히 창 1장의 단어 해석 문제가 아닙니다. 이것은 기독교와 진화론의 분명한 경계를 긋습니다.

39 Dumitru Staniloae, *The Experience of God: Orthodox Dogmatic Theology*, vol.1, *Revelation and Knowledge of the Triune God*, ed. and trans. Ioan Ionita and Robert Barringer (Brookline, MA: Holy Cross Orthodox Press, 1994), 276-248.

40 Nicolaus Cabasilas, *Life in Christ*, trans. Magaret I. Lisney (London: Janus, 1995), 44.

41 Panayiotis Nellas, *Deification in Christ: Orthodox Perspectives on the Nature of the Human Person*, ed. Norman Russell (Crestwood, NY: St. Vladimir's Seminary Press, 1987), 120.

의 특성을 해체함으로써 일어나지 않고, 변화를 통하여 일어납니다.[42]

이는 창조주와 피조물의 구분을 무너뜨리는 범신론이 아닙니다. 이것을 하나님의 본체와 연합하는 것으로 이해해서는 안 됩니다. 또는 동방교회가 옹호했던 신성과 인성이 뒤섞여 두 요소가 하나의 존재론적 죽(soup)이 되어버리는 혼합도 아닙니다. 실상은 우리의 인성이 보존될 뿐만 아니라 더욱 풍성해지는 것입니다. 그리스도의 인성이 성육신으로 흡수되어 버리지 않고 고유한 존엄성을 유지하였던 것과 같이 그리스도인들은 인성을 유지합니다. 본성이 아닌 은혜의 이 연합은 너무나 친밀하여 우리의 몸은 성령의 전이 됩니다(고전 6:19).

카바실라스를 다시 인용하자면 그리스도와의 연합은 사람이 상상할 수 있는 어떤 연합보다도 친밀하여, 딱히 어떤 것과 비교할 수 없습니다. 그는 그렇기에 성경에서도 하나의 묘사로 끝내지 않고, 결혼, 머리와 몸, 집과 거기 거하는 사람과 같이 여러 종류의 예를 들었다고 지적합니다. 사실 이 묘사들을 모두 보더라도, 정확한 그림을 그려낼 수는 없습니다. 예를 들면, 그리스도의 지체는 우리의 몸의 연합보다도 더 단단하게 이어져 있습니다. 순교자들이 그리스도께로부터 떨어질 수 없어서 그들의 머리와 몸을 기꺼이 내어놓았던 것처럼 말입니다. 즉 이 연합은 사람이 자신에게 연합되어 있는 것보다 더 친밀합니다.[43] 하나님의 자녀들은 친부모와의 관계보다 더 친밀합니다. 부모를 떠나서는 살 수 있지만, 그리스도를 떠나서는 살 수 없기 때문입니다.[44] 카바실라스는 이런 이유로 그리스도를 늘 묵상하기를 권합니다. 또한 그는 기독

---

[42] Ibid., 122-23.
[43] Cabasilas, *Life in Christ*, 5-6.
[44] Ibid., 48-9.

론적 관점에서 본 팔복에 대한 묵상집을 내기도 하였습니다.⁴⁵

이는 온 피조 질서의 구속의 축소판입니다. 그리스도는 그분의 성육신으로 이 질서의 중요한 부분에 연합하셨습니다. 그리스도가 다시 오실 때에 온 천지는 변화하고 하나님의 영광으로 덮일 것입니다. 이 모든 것의 중심에는 교회의 구원과 그리스도와의 연합 안에서 일어나는 변화가 있습니다. 하지만 이것은 이 생에서 죄 없는 완전함이 있을 가능성이 있다는 뜻이 아닙니다. 이것은 회개와 함께 하나님의 명령에 순종하고, 말씀과 성례의 사역과 이웃을 사랑하고, 가난한 자를 돌보는 교회의 삶에 참여하는 것이 지속적으로 필요하다는 뜻으로 보아야 합니다. 이것은 성화나 영화와 마찬가지로 칭의와 상충하지 않습니다. 왜냐하면 이것은 하나님이 값없는 선물로 주신 순전한 은혜로 말미암기 때문입니다. 하나님은 의로우시고 구원은 그분의 법에 부합하기에, 우리의 구원에는 법적 차원이 있을 뿐 아니라 변화적 차원도 있습니다.⁴⁶

8. 서방교회의 이 유산은 얼마나 이어져 왔는가?

아돌프 본 하르낙(Adolf von Harnack)에 따르면, 신격화는 칭의와 속죄에 중심을 두는 서방교회에는 생소한 것이며, 오로지 동방교회의 특

---

45 Ibid., 93-105.

46 신격화에 대한 자료를 찾으려면 다음을 보십시오. A. N. Willams, *The Ground of Union: Deification in Aquinas and Palamas* (New York: Oxford University Press, 1999); Carl Mosser, "The Greatest Possible BlessingL Calvin and Deification," *SJT* 55 (2002): 36-57; Emil Bartos, *Deification in Eastern Orthodox Theology: An Evaluation and Critique of the Theology of Dumitru Staniloae* (Carlisle, UK: Paternoster, 1999),

징으로 여겨져 왔습니다. 최근 학자들은 이 가설에 비판을 제기하여 왔습니다. 제럴드 보너(Gerald Bonner)는 어거스틴에게서 이 주제를 찾습니다. 어거스틴(Augustine)은 그의 설교에서 아타나시우스를 따르며, 시편 주해에서 신격화를 언급합니다. 어거스틴은 신격화를 중생이 아닌 양자됨을 통한 하나님의 은혜의 사역으로 여기는데, 그에게 그것은 아들로 입양됨과 동일한 말입니다.[47] 시편 82편(당시 시편 편성에 따르면 81편)에 대한 설교에서 그는 이 개념을 자세히 설명합니다.

우리는 유한하고 약하지만, 그럼에도 하나님이 우리에게 생명을 주실 뿐만 아니라 신격화하시기를 바라는 것에 힘입어 신성을 바랍니다 (*Gerimus mortalitatem, toleramus infirmitatem, exspectamus divinitatem. Vult enim Deus non solum vivificare, sed etiam deificare nos*).

하나님은 사람을 만드셨고, 만들고 계시며, 우리를 신인(men gods)으로 만드실 것입니다. 사람의 아들을 하나님의 아들로 삼기 위해, 하나님의 아들은 사람의 아들이 되셨습니다(*Filius Dei factus est filius hominis, tu filios hominum faceret filios Dei*). 이어 그는 이것은 우리의 본체가 달라진다는 뜻은 아니라고 합니다. 다른 측면에서 이것은 창조주와 대조적으로 피조물에게 어울리는 것입니다.[48] 시편의 신들(gods)은 본성적 신이 아니라 양자됨과 은혜를 통한 신입니다. 참 하나님은 영원하십니다. 우리를 신격화하시는 분은 한 분뿐입니다. 우리를 신으로 만드시는 하나님을 찬양합니다.[49]

---

47 Gerald Bonner, "Deification, Divinization," in *Augustine Through the Ages: An Encyclopedia*, ed. Allan D. Fitzgerald, OSA (Grand Rapids: Eerdmans, 1999), 265-66.

48 François Dolbeau, "Nouveaux Sermons de Saint Augustin Pour la Conversion Des Païens et Des Donatistes," *Revue des Études Augustiniennes* 39, 1 (1993): 97.

49 Ibid., 98.

안나 윌리암스(Anna Williams)는 이 주제가 토마스 아퀴나스(Thomas Aquinas)에게서도 등장한다고 여겼으며, 이 주제에 대한 그의 생각을 동시대에 동방교회에 있었던 그레고리 팔라마스(Gregory Palamas)와 비교합니다. 아퀴나스와 그레고리 모두 구원을 통하여 신성에 참여한다는 데 동의하였을 뿐 아니라, 그에 수반되는 신학적인 논점들에 있어서도 동의합니다. 모두 창조주와 피조물 사이에는 절대 깨어질 수 없는 차이가 있음을 분명히 인정하였습니다.

사람은 여전히 사람일 뿐, 그들이 아닌 어떤 것으로 바뀌지 않습니다. 게다가 신격화는 하나님의 선물일 수밖에 없습니다. 하나님만이 우리를 그분의 성품에 참여하게 할 수 있습니다. 그것은 은혜의 사역임을 자중하며, 획득하거나 마땅한 대가로서 받은 것이 아닙니다.[50] 아퀴나스의 경우 이것을 성화로 나아가는 과정 전체의 한 부분이라 여겼으며, 서방교회의 신학자들은 그 외의 부분들에 사로잡혀 있었습니다. "서방교회는 성화를 부정할 어떤 근거도 없었습니다. 왜냐하면 이는 아퀴나스에게 발견될 뿐 아니라, 더 나아가 교부의 문헌과 궁극적으로 성경에서도 찾을 수 있기 때문입니다."[51]

이어 윌리암스는 "동방교회와 서방교회는 그들이 신격화의 개념을 서로 다르게 사용하고 있다고 말할지 모르지만, 이 연구에 의해 밝혀진 바에 따르면 적어도 중세에 이르기까지 누구도 동방교회와 서방교회의 차이에 대해서, 신격화나 성화가 완전히 둘로 나뉘어진 개념에서 파생된 것처럼 말할 수 없었습니다."라고 언급합니다.[52] 윌리암스의 주장은

---

50 Aquinas의 경우는 다음을 보십시오. Williams, *The Ground of Union*, 34-101.
51 Ibid., 174.
52 Ibid.

괴스타 할론스타인(Gösta Hallonstein)의 비판을 받았습니다. 그는 윌리암스가 어떤 뜻으로 사용했는지와, 그녀가 아퀴나스의 신격화의 '주제'와 팔라마스의 신격화에 대한 동방의 '교리'를 동일시하였다는 것을 신랄하게 지적하였습니다.[53]

할론스타인이 주제와 교리를 구분한 것은, 마틴 루터의 이신칭의 교리에는 신격화가 필수적인 부분으로 포함되어 있다고 해석한 핀란드학파의 주장을 대할 때 빛을 발합니다. 이것은 루터에게 있어서 그리스도는 믿음의 대상이자 주체라는 투오모 마네르마아(Tuomo Mannermaa)의 주장에서 비롯된 것입니다. 그리스도는 믿음 그 가운데 계십니다. 즉 그리스도는 믿음의 형상(form)이십니다.[54]

하나님은 그분의 말씀을 통하여 자신을 우리에게 주십니다. "믿음은 그 안에서 호의와 선물로 드러나는 그리스도의 위격에 근거하는 칭의입니다. 현존하시는 그리스도에 대한 믿음 그 자체를 통하여(*in ipsa fide Christ adest*) 그리스도와 구원의 전체가 나타납니다."[55] 여기서 루터의 말은 조직적으로 만들어진 것처럼 받아들여졌으며, 그의 사고를 구성하는 기본 요소로까지 발전하였습니다. 루터가 어떤 경우에서는 구원의 법정적 요소와 변화적 요소를 연결시키고자 했었다는 사실은 놀라운

---

53 Gösta Hallonstein, "Theōsis in Recent Research: A Renewal of Interest and a Need for Charity," in *Partakers of the Divine Nature: The History and Development of Deification in the Christian Traditions*, ed. Michael J. Christensen and Jeffery A. Wittung (Grand Rapids: Baker Academic, 2007), 281-93.

54 Tuomo Mannermaa, "Justification and Theōsis in Lutheran-Orthodox Perspective," in *Union with Christ: The New Finnish Interpretation of Luther*, ed. Carl E. Braaten and Robert W. Jenson (Grand Rapids: Eerdmans, 1998), 25-41.

55 Tuomo Mannermaa, "Why is Luther so Fascinating? Modern Finnish Luther Research," in *Union with Christ: The New Finnish Interpretation of Luther*, ed. Carl E. Braaten and Robert W. Jenson (Grand Rapids: Eerdmans, 1998), 14-15.

일이 아닙니다. 이 둘은 모두 성경의 가르침의 핵심이기 때문에, 어떤 신학자라도 그렇게 했을 것입니다. 그러나 이렇게 산발적인 언급에 불과한 것을 루터신학의 중심인 것처럼 과장하는 것은 잘못된 판단입니다.[56] 루터의 후기 저작들보다는 초기 저작들에서 인용했을 때, 이것은 더욱 심각합니다.[57] 스티븐 오즈먼트(Steven Ozment)는 루터가 1518년 이후로는 하나님과의 연합에 대한 독일의 신비사상에 관심을 보였다는 설득력 있는 주장을 하였습니다.[58] 그러나 마네르마아의 몇몇 비평 역시 하나님의 본질에 참여하는 존재론적 변화를 수반하는 것이라 가정하는 것으로, 정통신학의 성화를 이해하지 못하였습니다.

9. 그리스도와의 연합과 변화에 대한 개혁신학

개혁신학은 '그리스도와의 연합'이라는 표현을 구원의 법정적 요소와 변화적 요소를 모두 포괄하는 측면을 가리키는 것으로 사용하였습니다. 이는 동방교회의 성령중심주의(pneumatocentrism)와 반대되는 그

---

56 이 주제에 대한 핀란드학파의 논의는 다음 책에서 찾을 수 있습니다. Robert W. Jenson, "Response to Mark Seifrid, Paul Metzger, and Carl Trueman on Finnish Luther Research," *WTJ* 65 (2003): 245-50; Paul Louis Metzger, "Mystical Union with Christ: An Alternative to Blood Transfusions and Legal Fictions," *WTJ* 65 (2003); 201-13, Mark A. Seifrid "Paul, Luther, and Justification in Gal. 2:15-21," *WTJ* 65 (2003): 215-30; Carl R. Trueman, "Is the Finnish Line a New Beginning? A Critical Assessment of the Reading of Luther Offered by the Helsinki Circle," *WTJ* 65 (2003): 231-44.

57 Lowell C. Green, "Faith, Righteousness, and Justification: New Light on Their Development under Luther and Melanchthon," *SCJ* 4 (1972): 65-86.

58 Steven Ozment, *The Age of Reform 1250-1550* (New Haven: Yale University Press, 1980), 240-41.

리스도중심주의(christocentrism)입니다.⁵⁹ 그리스도와 성령은 보이지 않게 역사하시며, 하나님과 함께 영원 전부터 하나이십니다. 따라서 신학은 그리스도와 성령의 사역을 끊을 수 없는 연합 안에 담아야 할 것입니다. 성령의 은사는 승천하고 영광 중에 계신 그리스도로부터 오는 것이며(요 7:37-39; 14:16-23; 16:8-11; 행 2:33-15), 성령의 사역은 그리스도를 증거하고(요 16:8-15), (바울의 사상에서 발견되는 것처럼) 영광을 입으신 그리스도와 성령은 가장 가까이 연합되었다는 점에서(고후 3:17-18) 이는 분명 성경적입니다.⁶⁰

우리는 이제 개혁신학이 그리스도와 우리의 연합의 개인적 요소를 어떻게 이해하는지를 물어야 합니다. 그러기 위해서 우리는 이것이 우리와 하나님의 연합 그리고 우리가 하나님을 닮아 변화하는 것과 어떻게 연관되는지를 살펴보아야 합니다.

1) 존 칼빈

칼빈의 글의 어조가 변화하는 시점이 있기 때문에, 우리는 칼빈의 글을 연대기적으로 고려해 보아야 합니다. 칼빈은 1536년 출간된 『기독교강요』 초판에서 세례를 통하여 그분에게 접붙여지는 것을 그리스도와의 연합이라는 단어로 표현하였습니다. 바울은 그리스도의 죽음과 부활 안에서 그분을 닮으라고 권하지는 않습니다. 오히려 그는 "우

---

59 다음을 보십시오. Letham, *Through Western Eyes*, 243-65.
60 Vos는 '성령 안에서'와 '그리스도 안에서'라는 구절에서 후자가 법정적으로 사용되지 않았다고 볼 때, 바울의 구원론(soteriology)의 의미와 같다고 주장합니다. Vos, *Pauline Eschatology*, 166.

리가 세례를 통하여 그분의 죽음에 참여하여 그분에게 접붙인 바 되었다"(nempe quod per baptismum Christus nos mortis suae fecerit participes, ut in eam inseramur)고 말합니다. 우리는 성령의 생명 주시는 능력 안에서 그분의 죽음과 부활의 효력을 갖습니다(simul etiam resurrectionis, in vivificarione spiritus). 칼빈은 중생과 거듭남의 씻음으로서 세례를 말하며 디도서 3:5을 인용합니다. 칼빈은 세례 요한과 사도들을 보면 세례는 회개 및 중생과 결합된다고 말합니다.[61]

1539년 그의 『로마서 주해』에서는 로마서 6:5에 있는 바울의 주장에 대해서 그리스도가 그분의 능력을 우리에게 부어주셔서, 우리는 그분의 다시 사신 생명에 동참하고, 우리의 본성으로부터 그분의 본성으로(in eius naturam ex nostra demigramus), 즉 우리를 새롭게 하시는 성령의 더 나은 본성으로 변화된다고 말합니다.[62] 칼빈은 바울이 그리스도의 본을 따름만 아니라, "우리가 그분과 연결되어서 성령을 통해 우리를 소생시키고 또한 그분의 능력을 부어주실 수 있게 하는 비밀스러운 연합을 뜻한다"(sed arcanam coniunctionem, per quam cum ipso coaluinus, ita ut nos Spiritu suo vegetans, eius virtutem in nos transfundat)라고 말합니다.

가지가 접붙여진 나무와 삶, 죽음을 같이 함과 같이, "우리는 그리스도의 죽음에 대하여서 그리고 마찬가지로 삶에 대하여서 참여합니다"(ita vitae Christi non minus quam et mortis participes nos esse consentaneum est).[63] '하나가 되어'(be one with), '함께 자라며'(grown together)라고 번역되기도 하

---

61   OS, 1:129.
62   CO, 107; John Calvin, Commentarius in Epistolam Pauli Ad Romanos, Ioannis Calvini Opera Omnia (Genève: Librairie Droz, 1999), 121.
63   CO, 49:107; Calvin, Ad Romanos, 120.

는 '연합'(라틴어 *institii*, 헬라어 *sumphutoi*)이라는 단어에는 강한 힘이 있다고 칼빈은 주장합니다. 바울은 이 연합을 뿌리에서 영양분을 얻는 나무에 비유합니다. 하지만 칼빈은 여기에는 분명 차이가 있다고 말합니다. 나무의 가지는 심겨진 것과 동일한 성질의 열매를 맺습니다. 그러나 영적인 접붙임은 그리스도로부터 공급받은 생명의 양분과 힘을 얻을 뿐 아니라, "우리의 본성이 그분의 본성으로 변화합니다"(*sed in eius naturam ex mostra demigramus*). 그리스도의 죽음과 부활의 효력은 우리를 더 나은 성령의 본성으로 변화시킵니다(*alteram quique resurrectionis, ad renovandam in nobis meliorem Spiritus naturam*).[64]

칼빈은 그리스도와의 연합은 우리의 본성의 변화를 가져온다고 말합니다. 즉 성령이 우리의 본성을 대신하십니다. 그리스도는 성령으로 그분의 삶을 우리에게 부어주십니다.

『우리 주, 유일한 구원자이신 예수 그리스도의 성만찬에 대한 소고』(*Short Treatise on the Holy Supper of our Lord and Only Savior Jesus Christ*, 1540)와 『제네바교회의 교리문답서』(*Catechism of the Church of Geneva*, 1545)에서 칼빈은 이 부분에 대해 논합니다. 전자의 책의 결론 부분에서는 그는 "믿음의 성례에 참여할 때에…우리는 참으로 예수 그리스도의 살과 피의 참된 실체에 참여하는 자가 되며…하나님의 영이 참여하는 이들을 하나로 묶는 끈"이라고 묘사합니다.[65] 더 나아가 "성찬을 통해 우리에게 주어지는 예수 그리스도와의 참된 교통을 거부하는 것

---

[64] Calvin, *Ad Romanos*, 13:121.

[65] John Calvin, *Calvin: Theological Treatises*, ed. J. K. S. Reid (Philadelphia: Westminster Press, 1954), 166.

은 이 성례를 하찮고 소용없다고 취급하는 것과 같다"고 하였습니다.[66] 그리고 후자의 책에서는 성찬은 그리스도께로부터 받은 복을 증거하며 자랑하는 것일 뿐 아니라, 그것을 통해 우리가 그분과 연합한 것처럼 그리스도의 본체에 참여하는 자가 되는 것이라고 하였습니다(*je ne doubte par qu'il ne nous face paricipans de sa propre substance, pour nous unir avec soy en une vie*). 칼빈은 또한 다음과 같이 말합니다 "이는 그분의 영의 신비롭고 비밀스러운 덕에 의한 것이며 그분에게는 멀리 떨어져 있는 것을 연합시키는 것도 어렵지 않습니다."[67]

그 이듬해에 출간된 『고린도전서 주해』에서 그는 우리는 그리스도와의 연합 안에서 그분의 본체와 삶에 참여하게 되었다는 것을 재확언합니다. 고린도전서 6:15에 대한 주해에서 칼빈은 에베소서 5:30을 인용하여, 우리가 그리스도와 갖는 영적 연합은 영(soul)과 육(body)을 포함하는 것이기에 우리의 몸(flesh)은 그분의 몸이라고 말합니다.

우리와 그분의 연합이 그와 같이 완전하고 온전하지 않다면 부활의 소망도 희미해질 것입니다.[68] 칼빈이 가장 포용적인 부분은 고린도전서 11:24의 바울이 성찬에 대해 논의하는 부분에 대한 주해입니다. 그리스도와의 연합에 있어서 가장 우선되는 것은 우리가 '그리스도'와 연합했다는 것입니다. 즉 그분의 유익들이 이러한 인격적 연합을 따라 나옵니다. 왜냐하면 그 연합이 우리로 하여금 그 유익을 공유하게 했기 때문입니다(*Ego autem tunc nos demum participare Christi bonis agnosco, postquam*

---

66 Ibid., 146.

67 *CO*, 6:127-28; ibid., 137.

68 John Calvin, *Calvin's Commentaries: The First Epistle of Paul the Apostle to the Corinthians*, trans. David W. Torrance and John W. Fraser (Grand Rapids: Eerdmans, 1960). 130.

Christum ipsum obtinemus). 칼빈에 따르면 우리는 그분이 우리 안에 거하실 때, 그분이 우리와 하나일 때, 우리가 그의 몸의 지체를 이룰 때, 우리가 한 생명이요 본체로 묶여 있을 때야말로, 우리를 위한 그리스도의 희생을 믿을 때, 보다 더 강하게 그리스도를 소유합니다(*sed dum in nobis habitat, dum est unum nobiscum, dum eius sumus membra ex carne eius, dum in unam denique et vitam et substantiam [ut ita loquor] cum ipso coalescimus*).

그리스도는 단지 그분의 죽음과 부활의 복만을 주시는 것이 아니라, 그분이 죽고 다시사신 그 동일한 몸을 주시는 것입니다(*sed corpus ipsum, is quo passus est ac resurrexit*). 그 몸은 실제로(*realiter*) 그리고 참으로(*vere*) 성찬을 통해 우리에게 주어지는 우리 영혼의 양식입니다. 칼빈은 이렇게 결말을 맺습니다. "우리의 영혼은 그분의 몸의 본체에서 양식을 얻으며, 우리는 참으로 그분과 하나가 되었습니다(*ut vere unum efficiamur cum eo*). 또한 우리와 거리상으로 떨어져있으며 섞이지 않음에도 불구하고(*nec misceatur nobiscum*) 그리스도의 몸으로부터 우리에게 생명을 주신 능력이 성령이라는 매개자를 통하여 부어졌습니다."[69]

그러므로 칼빈에게 그리스도와의 연합은 성찬으로 표현됩니다. 이와 같이 우리는 그리스도의 살과 피를 먹습니다. 이는 로마가톨릭교회나 루터교회가 서로 다른 방식으로 고수하였던 형체적(corporeal)인 의미가 아니라, 성령으로 말미암아 된 것입니다. 그리스도는 하나님의 우편에 오르셨습니다. 그분의 몸은 공간적으로 우리에게서 멀리 있습니다. 그러나 성령은 놀라운 능력으로 멀리 떨어져 있는 것을 하나로 연합하셨습니다. 이를 위하여 그분은 그리스도의 영화롭게 된 인성을 먹을 수

---

[69] Ibid., 246; *CO*, 49:487.

있게 하셨습니다. 1546년, 칼빈은 우리가 그분과 연합하였기 때문에 그리스도의 본체를 받을 수 있다고 말하기를 주저하지 않았습니다. 그는 심지어 우리는 우리의 본성을 벗고 그분의 본성이 되었다고 말할 각오가 되어 있었습니다.

2년 후 1548년, 『에베소서 주해』에서 그는 이 주제에 대해 기록하고 있습니다. 바울이 혼인한 관계를 그리스도와 교회의 관계에 비유하는 에베소서 5장에 대해 다룰 때에, 칼빈은 그리스도와의 연합으로 그분은 우리에게 그분의 본체를 주셨다고 말합니다. 칼빈에 따르면, 우리는 그분의 본체와의 교통을 통하여 한 몸으로 자랍니다(*ita nos, ut simus vera Christi membra, substantiae eius communicare et hac communicatione nos coalescere in unum corpus*). 이 말은 곧 바울이 우리가 하나님의 뼈대요, 지체라고 증거하는 것입니다(*Paulus nos ex membris et ossibus Christi esse testatur*). 그리하여 칼빈은 그리스도는 우리가 영원한 삶을 누릴 수 있도록 성찬을 통하여 그분의 몸을 우리에게 주셨다고 주장합니다(*corpus suum in Coena fruendum nobis exhibet, ut sit nobis vitae aeternae alimentum*).[70]

또한 칼빈은 "그리스도와 우리의 연합이 이러하기에, 그분은 어떤 면에서는 자신을 우리에게 부어주신다(*se quodammodo in nos transfundit*)고 할 수 있습니다. 그분은 자신의 영의 능력으로 우리를 자신에게 접붙이셨고, 그리하여 우리는 그분을 통하여 생명을 얻는 그분의 뼈 중의 뼈 입니다"(*Spiritus virtute nos in corpus suum inserit, ut vitam ex eo hauriamus*)라고

---

[70] John Calvin, *Calvin's Commentaries: The Epistles of Paul to the Galatians, Ephesians, Philippians and Colossians*, trans. T. H. L. Parker (Grand Rapids: Eerdmans, 1965), 208-9; John Calvin, *Commentarii in Pauli Epistolas, Ioannis Calvini Opera Omnia* (Genève: Librairie Droz, 1992), 16:272.

말합니다.[71] '어떤 면에서는' 그리스도가 자신을 우리에게 부어주신다고 표현한 것을 살펴 봅시다. 칼빈은 이 단어를 말로 설명할 수 없는 것을 쉽게 이해할 수 있는 용어로 표현하고자, 은유로서 사용했을 가능성이 있음을 시사합니다. 32절에 이르면 이는 더욱 분명해집니다. 그는 "이것은 큰 신비이며…어떤 말로도 정의할 수 없으며…초월적인 것은 우리의 생각으로는 깨달을 수 없는 것"이라고 말하며 이에 대해 인지하고 있었습니다.[72]

이 자격의 요건은 1551년에 쓰인 베드로후서 1:4에 대한 그의 주해와 그 이후의 저술들에 다시 등장합니다. 그 장에서 베드로는 그분이 우리를 "신성한 성품에 참여하는 자가 되게"(벧후 1:4) 하기 위하여 보배롭고 지극히 큰 약속을 우리에게 주셨다고 말합니다. 칼빈은 이 선물이 가장 좋은 것이라는 사실을 인정합니다. 특히나 우리가 처해있던 죄의 깊이를 생각하면 이는 더욱 분명해집니다. "이 약속이 우리를 신의 성품에 참여하는 자로 만든다는 사실에서, 이것보다 좋은 어떤 것도 상상할 수 없다는 탁월함이 드러납니다"(*quo nihil praestantius cogitari potest*).[73] "우리를 하나님의 형상으로 만드는 것이 복음의 목적이며, 말하자면 그것은 실제로 신격화와 같은 것입니다"(*Notemus ergo hunc esse Evangelii finem, ut aliquando conformes Deo reddamur*). 그분은 이어 여기서 '본성'이란 '본질'(essence)이 아니라 '종류'(kind)를 뜻한다고 말합니다. 우리는 하나님의

---

71 Calvin, *Epistle of Paul*, 209; Calvin, *In Pauli Epistolas*, 16:273.
72 Calvin, *Epistle of Paul*, 209-10; Calvin, *In Pauli Epistolas*, 16:273.
73 John Calvin, *Calvin's Commentaries: The Epistle of Paul the Apostle to the Hebrews and the First and Second Epistles of St. Peter*, trans. W. B. Johnston (Grand Rapids: Eerdmans, 1963), 330; John Calvin, *Commentarii in Epistolas Canonicas, Ioannis Calvini Opera Omnia* (Genève: Librairie Droz, 2009), 20:327.

존재에 참여하는 자는 아닙니다. 즉 그분이 어떤 분이신지를 가리키는 그분의 속성과 자격, 그분의 본성에 참여하는 것입니다(caeterum naturae nomen hic non substantiam sed qualitatem designat).[74]

가르시아는 칼빈에게는 '신격화의 요소'(quasi deificari)가 없다고 단언하는 실수를 저질렀습니다. 그는 다른 대부분의 칼빈 학자들처럼 신격화에 대한 동방적 관점을 잘 알지 못했기 때문인 것 같습니다.[75] 우리가 살펴본 바와 같이, 이에 대한 칼빈의 설명은 아타나시우스나 키릴로스의 글과 일맥상통합니다. 다른 한편으로 칼빈이 사용한 '준'(quasi)이라는 단어는 상반된 두 가치가 병존하는 모순(ambivalence)을 지칭합니다.

1548년부터 그의 글에는 '말하자면'(ut ita loquor), '어느 면에서는'(quodammodo)과 같은 표현들이 곁들여집니다. 물론 칼빈이 교부 전통의 신격화(theōsis) 교리에 대해 전부 이해하지는 못했을 가능성도 있습니다. 그러나 그는 교부들의 저작들을 유념하고 있었고, 치우치지 않는 역사적인 신학자들의 저술집에 의존하였으며, 그들의 글을 인용하였는데, 도구로서 사용한다기보다는 마치 맹수를 상대하는 것처럼 무기를 사용

---

74 Calvin, *Commentaries on Hebrews and 1&2 Peter*, 330; Calvin, *In Epistolas Canonicas*, 20:328.

75 Garcia에게 그리스 교부 전통(Greek patristic tradition)에 대한 일차, 이차 참고자료가 거의 나타나지 않는 것에서 이점은 분명해집니다. 그는 동방교회의 입장은 하나님의 본질에 동참하는 신성과 인성의 혼합(emerging)을 필연적으로 수반한다고 간주하였습니다. 사실 Calvin의 관점에 대한 그의 설명은 나름대로 훌륭하다고 할 수 있는데, 그것은 신격화에 대한 알렉산드리아 전통에서 발견할 수 있는 것과 매우 흡사합니다. Calvin과 Osiander의 차이는 Calvin이 '신격화'를 부인하였기 때문이 아니라, 신적 본체(divine substance)가 '중재 없이'(unmediated) 투입(infusion)되었다는 Osiander의 주장을 그가 반박하였기 때문에 나타납니다. Calvin은 '성육신한 육의 중보'를 통해 일어난다는 기반 위에서 그런 참여에 동의합니다. 이는 연구과정에 있는 나의 학생 Andrew Ollerton이 지적한 통찰입니다. 다음 책을 보십시오. Mark Garcia, *Life in Christ: Union with Christ and Twofold Grace in Calvin's Theology* (Milton Keynes, UK: Paternoster, 2008), 209f, 257-58.

하듯이 인용하였습니다.[76]

한편 가르시아는 1550년대에 그리스도와의 연합에 대한 칼빈의 사상이 한 단계 더 발전하였다고 평가합니다. 즉 가르시아는 연합에 대한 그의 사상이 본질적으로 변하지는 않았지만, 더욱 강화되었다고 보았습니다.[77] 베드로후서에 대한 주해가 한 예입니다. 그는 『요한복음 주해』에서도 '피에트로 마르티레 베르밀리에게 보낸 편지'에서처럼 여전히 침묵하고 있지만, 1559년판 『기독교강요』에서 성령은 그리스도와의 연합을 묶는 끈이라고 가르칩니다.

1553년의 『요한복음 주해』에서 칼빈은 그리스도와의 연합은 우리의 사고 능력을 뛰어넘는 것이며 성령이 우리에게 그리스도를 부어주셔서 믿음으로 알게 된다는 것을 강조합니다. 그는 이를 '성령의 비밀스러운 효력'(the secret efficacy of the Spirit)이라고 표현합니다. 우리의 불확실한 추측으로는 우리와 그분 사이에 그리고 그분과 아버지 사이에 있는 신비롭고 거룩한 연합을 알 수 없습니다(qualis sit sacra et mystica inter nos et ipsum unio, qualis rursum inter ipsum et Patrem). 그것을 알 수 있는 유일한 길은 성령의 비밀스러운 효력으로 그리스도가 자신을 우리에게 부어주실 때입니다(quum vitam suam arcana Spiritus efficacia in nos diffundit). 이것은 믿음의 경험입니다.[78] 요한복음 17:21에 대한 주해는 『에베소서 주해』나 이전의 책에서 말했던 것과 상반되는 것처럼 보입니다. 이 본

---

[76] Tony Lane, *John Calvin: Student of the Church Fathers* (Grand Rapids: Baker, 1999), 67-86, 170-75, 232-34.

[77] Garcia, *Life in Christ*, 210-11.

[78] John Calvin, *Calvin's Commentaries: The Gospel according to St. John 11-21 and the First Epistle of John*, trans. T. H. L. Parker (Grand Rapids: Eerdmans, 1959), 84; John Calvin, *In Evangelium Secundum Johannem Commentarius Pars Altera, Ioannis Calvini Opera Omnia* (Genève: Librairie Droz, 1998), 11, 2:150.

문에서 그는 그리스도의 본질이 우리에게 부어지는 것이 아니며, 우리는 성령을 통한 교통으로 그분의 생명을 받은 것이라고 말합니다(*Unde etiam colligimus nos unum cum Christo esse, non quia suam in nos substantiam transfundat, sed quia Spiritus sui virtute nobiscum vitam suam et quicquid accepit a Patre bonorum communicet*).[79] 이것은 사실상 칼빈이 1550년 이후 다시 회귀했음을 말합니다. 그는 이전에 우리가 그리스도의 본체에 참여한다고 여러 번 말했지만, 이제는 그것을 부인하고 있습니다.

2년 후인 1555년에는 이탈리아 종교개혁가이자, 이전에는 스트라스부르그(Strasburg)와 옥스포드(Oxford)에서 활동하였으며 당시에는 취리히(Zurich)에서 활동하고 있었던 피에트로 마르티레 베르밀리(Pietro Martire Vermigli)와 서신을 주고 받습니다. 베르밀리는 3월 8일에 '그리스도의 본성의 본체와 그리스도의 몸과 교통함'(*de communione quam habemus cum porpore Christi atque substantia ipsius naturae*)[80]에 대해 편지를 씁니다. 이 주제는 우리와 그리스도의 연합을 이해하는 방식에 있어서 매우 중요한 문제입니다.[81]

그 편지의 내용은 성육신의 가장 큰 복은 그리스도가 살과 피로 우리와 교통하기를 선택하셨다는 것입니다. 그러나 그 자체는 단순히 인류와 그리스도 간의 교통이기에 취약한 연결입니다. 화해(reconciliation)를 위해서는 우리에게 믿음을 불어넣어 주심으로써 그리스도를 더욱더 따르게 하고 영원히 살게 하시는 성령이 주시는 죄의 용서와 칭의

---

[79] Calvin, *Gospel of John and 1 John*, 148; Calvin, *In Evangelium Johannem Pars Altera*, 11, 2:223.
[80] 라틴어에 대한 영어 번역 작업은 필자가 직접 한 것임.
[81] *CO*, 15:494.

라는 든든한 근거가 필요합니다. 이 그리스도와의 연합은 믿음을 통하여 성령으로 말미암아 이루어집니다.[82] 우리의 본체가 변한다는 것이 아닙니다. 우리는 그리스도의 몸과 살로 변하지 않습니다(*non quod substantiam suae naturae abiiciant, et re ipsa in corpus atque carnem Christi transeant*). 왜냐하면 이 연합은 우리가 중생에서 영화로 새롭게 되는 영적인 연합이기 때문입니다(*vero contingit per Christi spiritum quo ab iqsa regeneratione ad speciem eius gloriae innovamur*).[83] 사실상 영적인 연합 이상의 교통의 형식이 있습니다. 이것은 우리가 믿고 그리스도가 우리의 머리가 되실 때, 우리가 그분의 지체가 될 때 일어납니다.[84] 또한 비밀스럽게 일어납니다(*haec illa est arcana communio qua illi dicimur inseri*).[85]

1555년 8월 칼빈은 베르밀리에게 동의의 뜻을 표하는 답장을 보냅니다.[86] 칼빈은 베르밀리의 삼중적 분류(성육신, 믿음, 그분의 지체됨)에 동의하지만, 특별히 우리가 머리이신 그리스도께 연결되는 연합의 중재적 요소에 강조점을 둡니다. 그는 우리가 그리스도와 한 몸으로 합하여지는 성찬에 대하여 기록합니다(*et facit ut in unum cum ipso corpus coalescamus*).[87] 우리는 그분의 지체로 지어졌고, 생명은 머리로부터 우리에게로 흐릅니다. 그분이 우리의 것이 되고, 우리가 그분과 하나가 되는 것 외에는 그분의 희생적 죽음으로 화해될 수 있는 방법은 없습니다(*Neque enim aliter nos Deo mortis suae sacrificio reconciliat, nisi quia noster est ac*

---

82 Ibid.
83 Ibid.
84 Ibid.
85 Ibid., 15:495.
86 Ibid., 15:724.
87 Ibid., 15:722-23.

nos unum cum ipso).⁸⁸ 이 연합은 단순한 교제(*consortis*)나 친목, 유대, 협력(*societatis*)보다 더 강하고 친밀합니다. 왜냐하면 이 연합은 하나님의 아들이 우리를 한 몸으로 접붙이고 그분의 모든 것을 우리에게 전해주시는 거룩한 연합이기 때문입니다. "우리는 단순히 영양분을 얻는 것이 아니라, 그분의 살과 피로 생명을 마시는 것입니다."⁸⁹ 칼빈은 '본체의 무신경한 혼합'(a crass mixture of substances)을 사용하지 못하게 하였습니다. 왜냐하면 그리스도는 하늘의 영광 중에 계시고 그분으로부터 생명이 우리에게 흘러오는 것으로 충분하기 때문입니다. 그리스도와 우리가 하나의 본질이 되었다는 것은 터무니없는 생각입니다. 다른 한편으로 칼빈은 그리스도와의 연합은 우리가 이해하지 못하는 것이라는 점을 인지하고 있었습니다(*Quomodo id fiat, intelligentiae meae modulo longe altius esse fateor*).⁹⁰

이듬해인 1556년에 칼빈은 "요아킴 베스트팔에 반대하는, 성례들에 관한 경건하고 정통적인 신앙에 대한 두 번째 옹호"(*Secunda defensio piae et orthodoxae de sacramentis fidei, adversus Joachimi Westphali calumnias*)라는 논문을 썼습니다. 칼빈은 여기에서 우리가 입으로 포도주를 마시듯이, 우리의 영혼이 그리스도의 피와 교통한다고 기록합니다(*nec minus sanguinis communionem anima percipiat, quam ore vinum bibimus*).⁹¹

1559년에는 칼빈의 마지막 라틴어판 『기독교강요』가 출간됩니다. 여기서 그는 그리스도의 사역과 성령의 사역의 연결을 분명히 합니다.

---

88 Ibid., 15:723.
89 Ibid.
90 Ibid.
91 Ibid., 9:65.

"그리스도가 우리의 바깥에 계시고 우리가 그분과 분리되어 있다면, 그분의 수난 그리고 구원을 위해 행하신 모든 일들이 우리에게 아무 소용이나 가치가 없다는 것을 이해해야 합니다. 그리스도께 속한 모든 것도 우리가 그리스도와 한 몸으로 자라기까지는 우리에게는 아무것도 아닙니다. 성령은 그리스도가 우리를 그분에게 묶을 수 있게 해주는 끈이기에, 그것은 우리가 그리스도와 그분의 복을 누릴 수 있게 하시는 성령의 비밀스러운 능력으로 말미암아 이루어집니다."[92]

칼빈에게 있어서는 그리스도의 사역은 우리가 그분에게 연합되어 있을 때에만 우리에게 유익이 됩니다. 그리스도와의 연합은 칭의와 성화가 포함되는 구원의 뿌리라 할 수 있습니다. 이것은 믿음을 통해 일어나는데, 믿음은 성령의 사역의 열매입니다. 그러므로 성령은 우리를 그리스도께 연합시키십니다. 먼저 아버지는 그분의 사람들을 영원한 유업의 소망으로 모으시기 위하여, 그리스도께 성령의 충만함을 특별한 방법으로 부어주셨습니다.[93]

믿음은 성령의 주된 사역으로서, 우리가 그리스도께 연합될 때 일어납니다.[94] "우리는 그분의 구원을 기다립니다. 그분이 우리에게서 멀리 떨어져 있기 때문에 아니라, 그분이 우리를 그분의 몸으로 접붙이시고, 그분의 복과 그 자신에게 참여하는 자로 만들고 계시기 때문입니다."[95] 우리 자신에게는 영벌밖에 없습니다. "그러나 그리스도가 우리를 자신의 지체가 되어 그분과 한 몸을 이루게 하시고 우리를 위해 이루신 모

---

92 Institutes, 3.1.1.
93 Ibid., 3.1.2.
94 Ibid., 3.1.4.
95 Ibid., 3.2.24.

든 복을 우리에게 나누어 주셨기에, 그분의 의가 우리의 죄를 덮었고, 그분의 구원이 우리의 저주를 씻으셨습니다." 그러므로 우리는 그분을 우리에게서 떼어내거나 그분에게서 떨어져서는 안 됩니다. "그리스도는 우리의 밖에 계시지 않고 우리 안에 거하십니다. 그분은 교제의 보이지 않는 연대로 우리와 붙어 계실 뿐만 아니라, 놀라운 교통으로 우리와 완전히 하나가 될 때까지 날마다 우리와 한 몸이 되어가십니다."[96] 칭의라는 용어가 의미하는 바는 우리는 오직 그리스도 안에서 의롭다는 것입니다.[97] 이렇게 보면 그리스도와의 연합은 믿음에 의한 칭의보다 우선합니다. 오직 우리가 그리스도께 연합되어 있을 때에만, 하나님은 우리를 의롭다 하십니다.

그러므로 머리와 지체가 되고, 그리스도가 우리의 마음속에 거하시는 것, 즉 신비로운 연합은 우리에게 가장 중요한 것으로서, 우리에게 주어진 그리스도는 이를 통해 우리를 그분이 우리에게 주신 선물에 함께 참여하는 자로 만드십니다. 그러므로 우리는 그분을 우리와 멀리 떨어져서 의를 전가해주시는 존재로 여겨서는 안 됩니다. 왜냐하면 우리는 그리스도로 옷 입었고 그분의 몸에 접붙여져서 그분과 하나가 되었기 때문입니다. 다시 말해서 그분은 우리를 그분과 하나가 되도록 만드셨습니다. 그렇기 때문에 우리는 그분과 함께 의로운 교제를 나누는 영광을 누립니다.[98]

---

[96] Ibid., 3.1.4.
[97] Ibid., 3.11.8; *OS*, 4:190.
[98] Institutes, 3.11.10; *OS*, 4:191.

엄밀하게 말하자면 우리는 (믿음을 통하여 성령으로 말미암아) 그분과 하나가 되었기 때문에 의가 우리에게 전가되어, 그리스도의 의가 우리의 것이 되었습니다. "여러분이 아는 바와 같이 우리의 의는 우리 안에 있지 않고, 그리스도 안에 있으며, 우리가 그리스도께 참여하는 자가 되었다는 이유만으로 우리의 것이 되었습니다."[99]

"왜냐하면 그분에게 속한 모든 것이 우리의 것이고, 그분 안에 있는 것이 전부이며, 우리 안에는 아무것도 없기 때문입니다."[100] 우리가 믿음으로 통하여 그리스도께 접붙여지자마자 우리는 하나님의 아들이요, 하늘의 유업을 받는 자요, 생명을 소유한 자요, 그리스도의 자랑이 되었습니다.[101]

그러므로 우리는 그리스도와의 연합 안에서 칭의와 성화를 받는데, 그리스도는 나뉠 수 없다는 이유로 이는 동시에 일어납니다. 우리는 그분의 성화에 참여하는 자가 되지 않고서는 그리스도를 가질 수 없기 때문입니다.[102] 우리가 그리스도와 연합되지 않고서는 미래의 유업에 대한 어떤 소망도 가질 수 없습니다. 택자들은 그리스도와 연합되어 한 하나님과 그리스도께 참여하는 자로 부르심을 받았습니다(*in unius Dei ac Christi participationem etiam vocati*).[103]

그러므로 칼빈에 의하면 성례 시에 그 복들은 우리를 그리스도 안에 참여하는 자로 만드시는 성령을 통하여 그리스도에 의해 우리에게

---

99 *Institutes*, 3.11.23; *OS*, 4:206-7.
100 *Institutes*, 3.15.5; *OS*, 4:245.
101 *Institutes*, 3.15.6; *OS*, 4:245.
102 *Institutes*, 3.16.1; *OS*, 4:248-49.
103 *Institutes*, 4.1.2; *OS*, 5:4.

부어집니다(*per Spiritum sanctum, qui nos facit Christi ipsius participes*).[104] 중생의 물두멍인 세례를 통하여, 그리스도는 그 안에서 우리가 접붙여지도록 우리를 그분의 죽음에 참여하는 자로 만드십니다.[105] 그러므로 세례는 우리와 그리스도 사이의 연합의 증표입니다.[106]

그리스도는 우리와 인간의 유한함에 참여하심으로 우리를 그분의 무한함에 참여하게 하셨고, 우리의 썩을 몸을 영광의 썩지 않는 몸으로 높이셨습니다(*quam humanae nostrae mortalitatis participes factus nos divinae suae immortalitatis consortes fecit*).[107] 이것은 복음을 통하여도 우리에게 적용되나, 영혼이 참으로 그리고 깊이 그리스도에 참여하는 자가 되는 거룩한 성찬을 통하여 더욱 분명해집니다. 그러므로 음식으로 먹은 떡이 우리에게 힘을 주듯이, 그분의 생명이 우리에게 전하여지고, 우리의 것이 됩니다(*ut vita sua in nos transeat*).[108] 칼빈은 어떻게 이것이 일어나는지 다음과 같이 설명합니다.

> 우리는 이것을 비슷한 예를 들어 설명할 수 있습니다. 사람들은 샘에서 물을 떠 마시기도 하고, 퍼 올리기도 하며, 들판까지 수로로 끌어오기도 합니다. 그 근원에서는 끊이지 않고 물이 흐르지만, 필요한 곳까지 물이 스스로 흘러가는 것은 아닙니다. 이와 같이 그리스도의 육체도 아버지께로부터 흘러나온 생명을

---

104 *Institutes*, 4.14.16; *OS*, 5:274.
105 *Institutes*, 4.15.5; *OS*, 5:288.
106 *Institutes*, 4.15.6; *OS*, 5:289.
107 *Institutes*, 4.17.4; *OS*, 5:345.
108 *Institutes*, 4.17.5; *OS*, 5:346-47.

받아 우리에게 부어주시는 풍성하고 마르지 않는 샘과 같습니다. 하늘의 생명을 갈망하는 모든 이는 그리스도의 살과 피에 참여해야 한다고 말하지 않을 이가 있겠습니까?[109]

성령이 이 교통을 이루십니다. 그리스도의 살은 우리와 멀리 떨어져 있기 때문에 이 사실은 믿기 어려워 보이지만, "성령의 비밀스러운 능력은 우리의 지각이 미치지 못하며 성찬을 통해 멀리 떨어져 있는 것들을 참되게 연합하십니다."[110] 이 연결의 끈은 그리스도의 영으로서 우리는 연합 가운데 그분과 연결됩니다.

그리스도의 영은 그리스도와 그분에게 속한 모든 것들을 우리에게 주는 통로와 같습니다. 우리로 하여금 그리스도의 살과 피에 참여하게 하는 분은 성령이십니다. 그리고 성경은 우리가 그리스도께 참여하는 것을 성령의 능력과 연결시킵니다.[111] 1561년에 루터교회의 틸레만 헤슈스(Tileman Heshus)에 대해 반박하며 쓴 "성찬에서 그리스도의 살과 피에 참으로 참여하는 것에 관한 건전한 교리에 대한 명백한 설명" (*The Clear Explanation of Sound Doctrine concerning the True Partaking of the Flesh and Blood of Christ in the Holy Supper*)에서 칼빈은 그의 논지를 확장하며 정리합니다. "성찬 때에 그리스도의 살과 피가 본질적으로 우리 앞에 주어지고 보인다고 말한 것은, 말하자면 그분이 우리의 안에 거하시고 그분의 생명이 우리 모두의 것이 되게 하기 위하여, 그 영의 말할 수 없는 덕으로 인해 그리스도가 그분의 생명을 그 육의 본체로부터 우리에

---

109 *Institutes*, 4.17.9; *OS*, 5:350-51.
110 *Institutes*, 4.17.10; *OS*, 5:351-52.
111 *OS*, 5:355-56; *Institutes*, 4.17.12.

게 주사 그분의 살이 우리에게 가시화되는 방식을 설명하려 한 것입니다."[112] 칼빈이 말한 교류의 상태란 그리스도가 한량없고 놀라운 능력으로 우리를 그분과 동일한 생명으로 연합하시고, 그분의 수난의 열매를 우리에게 주실 뿐 아니라, 그분의 복을 우리에게 주심으로써 이루어진 상태를 말합니다. 참으로 그분이 우리의 것이 되셨고, 그리하여 머리와 지체가 한 몸을 이루듯 그분은 우리를 그분과 연결하셨습니다.

이 연합은 신적 본질에만 국한되지 않고, 살과 피에 속한 것이라고 확신합니다."[113] "그분이 취하신 우리의 살은 우리를 위하여 가시화되어서 우리를 위한 영적 삶의 재료가 되었습니다. 이것은 우리의 지적 능력을 초월하는 신비입니다."[114] 그리스도의 몸이 장소를 이동해야 할 필요는 없습니다. "왜냐하면 성령의 효력은 어떤 자연적인 한계도 능가하기에…성령의 신비한 덕으로 그분은 그분의 생명을 하늘로부터 우리에게 불어 넣어주셨기 때문입니다."[115] 칼빈은 '본질적인 교통'(a substantial communion)을 주장하였고, 루터신학자들이 주장하는 장소적 임재를 택하지 않았습니다.[116] 이는 복음에 어떤 것도 더하지 않았고, 성찬은 복음에서 드려진 것을 확인하는 것입니다.[117]

칼 모서(Carl Mosser)는 칼빈이 신격화의 교리를 가르친다고 주장하였습니다.[118] 조나단 슬레이터(Jonathan Slater)는 그의 주장을 강하게 비

---

112 Calvin, *Theological Treatises*, 267.
113 Ibid., 268.
114 Ibid.
115 Ibid., 278.
116 Ibid., 287.
117 Ibid., 281.
118 Mosser, "Calvin and Deification."

판했는데,[119] 그것은 네스토리우스주의와 가까운 가정에 따른 것이었습니다. 슬레이터는 칼빈이 그리스도의 인성을 사실상 자율적인 것으로 다루었다고 생각했습니다. 이는 신격화에 대한 어떠한 여지도 주지 않고 막는 것입니다. 여기서 슬레이터의 칼빈에 대한 해석은 의심스럽습니다. 그가 인용한 칼빈은 『기독교강요』에 국한됩니다. 게다가 그가 그의 주장에 대한 근거로 삼은 신학적 매개변수들은 지속적이지 않습니다. 그는 칼빈을 준네스토리우스주의라고 하는데, 이는 그의 사고가 한정적임을 보여줍니다.

네스토리우스는 그리스도의 두 본성이 나뉘었다고 보았기에 신격화에 대한 교리가 없었습니다. 슬레이터는 그리스도의 인성을 독립적으로 다루었고, 칼빈 역시 그랬다고 주장합니다. 그 대가는 그리스도의 위격적 연합을 위험에 처하게 하였습니다. 이는 신격화(theōsis)라는 단어에 반대하는 것은 창조주와 피조물의 양립 가능성을 훼손시켜가며 그 차이를 강조한 것으로부터 기인했다는 것을 보여줍니다.[120] 이 경향성은 그리스도의 신성과 인성이 분리되며, 그리스도의 위격적 연합(그리고 성육신 그 자체)이 약화되고, 그리하여 그분의 구속의 성취는 과소평가되는 네스토리우스의 기독론을 낳습니다.[121]

---

[119] Jonathan Slater, "Salvation as Participation in the Humanity of the Mediator in Calvin's Institutes of the Christian Religion: A Reply to Carl Mosser," *SJT* 58 (2005): 39-58.

[120] 1장을 보십시오.

[121] 그러나 때로 Calvin의 기독론에 대해서도 문제점이 제기되기도 합니다. 고전 15:27-28에 대한 주해에서 그는 그리스도가 그분의 왕국을 인성에서 신성에게로(마치 이들이 분리되어 있다는 듯이) 넘겨줄 것이라고 말합니다. 게다가 그리스도의 인성이 우리가 하나님을 가까이 바라보지 못하게 하며, 영화 때에 그것은 더 이상 우리와 하나님 사이에 있지 않을 것이라고 합니다. 이를 통해 보면 Calvin이 두 본성을 나뉘어 있는 것으로 보았다는 것이 나타납니다. 그는 *Institutes* 2.14.3에서도 같은 것을 기록하고 있습니다. 이것은 그가 신격화에 대해 얼버무린 것에 대한 설명이 될 것입니다. 이는 그가 그리스도의 인성에 대해 우리를 하나님으로부터 떼어놓는 것이 아니라, 그것을 알게 해주는 수단이라고 한

칼빈은 1550년까지는 그리스도가 성령을 통하여 우리에게 생명을 부어주시고 그리스도의 육의 본체에 참여하는 것에 대해 강한 어조로 말했던 것으로 보입니다. 또한 그는 우리의 본성이 변화한다고 기록하였습니다. 그는 여러 번에 걸쳐 그리스도가 그분의 본질을 우리에게 부어주신다고 말한 바 있습니다.

그 이후에는 이 용어를 한정하고 어떻게든 그리스도의 본질이 성령을 통하여 성육신 안에서 우리에게 전하여졌다는 개념과는 거리를 두려 하였습니다. 그러나 여전히 이것이 우리의 이해를 초월하는 신비라는 인식은 사라지지 않았습니다. 또한 우리가 그리스도의 살리시는 인성과 연합하였다는 그의 강조점도 약화되지 않았습니다. 이는 본질적인 차이가 아니라 어조의 차이입니다.

이 시기에 그는 루터신학자들, 특히 오시안더가 우리는 우리 안에 본질적으로 내주하시는 그리스도의 거룩한 의로써 의롭게 되었다는 주장으로 인해 논쟁에 부딪히게 되었습니다.[122] 궁극적으로 칼빈이 가장 자주 사용하는 이미지는 성령이 믿음을 통하여 우리를 그리스도께 연합시키시고, 우리를 풍성하게 하기 위하여 다시 사시고 오르신 그리스

그의 가르침과 현저한 대조를 이룹니다. 사실 *Institutes* 2.14.3-3의 맥락에서도 Calvin은 Nestorious에게 분명하게 반대하고 있기에, 그의 주장은 찾아보기 힘든 실수였다고 결론내려야 합니다. Mosser와 Slater에 대한 분석에 대해서는 다음을 보십시오. Yang-Ho Lee, "Calvin on Deification: A Reply to Carl Mosser and Jonathan Slater," *SJT* 63 (2010): 272-84.

122 개혁교회를 고립시키고 로마가톨릭교회와 루터교회의 정치적 사법권을 분리하였던 1548년의 아우크스부르크 가신조(Augsburg Interim)에 대한 대응으로, Calvin과 Heinrich Bullinger가 취리히 합의서(Consensus Tigurinus)에서 성례에 대해 합의하였던 이듬해인 1550년에 Osiander는 『의에 대한 논쟁』(*Disputation on Justification*)을 출간하였습니다. 1559년판 *Institutes* 3.5-11을 보면 Osiander에 대한 반대가 표현되어 있습니다. 나의 연구학생인 Andrew Ollerton은 대부분의 Calvin 연구가들이 놓치는 점, 즉 그리스도의 성육신한 육을 통한 신적 본성이라는 중재의 지위로 신적 본체(divine substance)의 매개되지 않은 투입에 대한 Osiander의 주장에 칼빈이 반대하였다고 지적하였습니다.

도의 생명이 성찬을 통하여 우리에게 주어졌다는 것이 되었습니다.[123] 이는 그리스도가 성육신으로 우리와 같은 한 사람이 되었고, 결과적으로 그 몸은 삼위일체 하나님으로부터 생명을 부음 받았다는 것에 뿌리를 내리고 있습니다.

이로부터 우리는 그분과의 연합 안에서 생명을 얻습니다. 그리스도의 인성의 진실성에 대한 그의 고려와 더불어, 이로 인해 그는 신격화와 같은 주제에 대해 '준'(*quasi*), '말하자면'(*ita ut loquor*), '어느 면에서는'(*quodammodo*)과 같은 표현들을 늘어 놓습니다. 여기서 그는 그리스도의 신성이 인성으로 전달된다는 속성 교류(*communicatio idiomatum*)라는 루터적 관점에 반대합니다.

이는 둘 사이의 경계를 모호하게 하며, 개혁가들의 눈에는 인성을 훼손하는 것입니다. 그는 동방교회의 입장을 다루는 것이 아닙니다. 사실 혁신을 이룬 것은 루터신학자들이며 칼빈은 많은 사람들이 생각하는 이상으로 동방교회와 가깝습니다. 루터신학의 옹호자들의 압박과 1548년 이후 취리히를 회유해야 하는 필요 때문에, 그는 그의 교리를 본질적으로 대체하는 대신에 그의 용어를 완화했을 것입니다.

---

123 칼빈의 성찬에 대해서는 다음을 보십시오. B. A. Gerrish, *Grace and Gratitude: The Eucharistic Theology of John Calvin* (Minneapolis: Fortress Press, 1993); Thomas J. Davis, *The Clearest Promises of God: The Development of Calvin's Eucharistic Teaching* (New York: AMS Press, 1995); Thomas J. Davis, *This is My Body: The Presence of Christ in Reformed Thought* (Grand Rapids: Baker Academic, 2008), 65-90, 127-48; Ronald S. Wallace, *Calvin's Doctrine of the Word and Sacrament* (Edinburgh: Oliver and Boyd, 1953); Keith A. Mathison, *Given for You: Reclaiming Calvin's Doctrine of the Lord's Supper* (Phillipsburg, NJ: P&R Publishing, 2002), 3-48; Robert Letham, *The Lord's Supper: Eternal Word in Broken Bread* (Phillipsburg, NJ: P&R Publishing, 2001), 31-7.

2) 아만두스 폴라누스(1561-1610)

16세기 말의 신학자에서 이제는 17세기 초의 신학자로 관심을 돌려보려 합니다. 폴라누스는 혁신가라기 보다는 개혁신학을 통합하여 정리한 사람이었다고 할 수 있습니다. 그렇기 때문에 당시 개혁신학이 어떻게 세워져 있었는지를 대표적으로 보여줍니다.[124] 1586년 바젤에서 그의 교리 책자인 『신학교리』(*Partitiones Theologicae*)가 출간되었습니다. 1609년에는 더 확대되고 세분화된 『기독교 신학집성』(*Syntagma Christianae Theologiae*)이 뒤따라 출간됩니다. 『신학교리』에서 폴라누스는 칼빈보다 더 약한 입장을 취하지만, 『기독교 신학집성』에서는 그리스도와의 연합을 그리스도의 가르침에 접근하는 등 여러 방식으로 더욱 발전시켰습니다.

『신학교리』에서 폴라누스는 성육신에서 그리스도가 취한 인성의 승격을 강조합니다. 그리스도의 인격적 연합의 효력은 두 차원이 있습니다. 높고 형언할 수 없는 위엄으로, 취하여진 인성이 승격되신 것과 속성 교류입니다(*exaltatio naturae assumtae ad summam & ineffabilem dignitatem & communicatio idiomatum*). 승격은 그리스도의 위격이 취하여진 본성과 교류하는 영광을 수반합니다. 이는 모든 천사와 사람보다 높이 들리는 것입니다. 이는 로고스와의 인격적 연합을 이룹니다(*quia humana natura*

---

[124] 다음을 보십시오. Robert Letham, "Amandus Polanus: A Neglected Theologian?" *SCJ* 21 (1990): 463-76. 멀러는 그를 "저명한 신학자"(a theologian of considerable stature)라고 칭합니다. Richard Muller, *Christ and the decree: Christology and Predestination in Reformed Theology from Calvin to Perkins* (Grand Rapids: Baker, 1986), 130. 멀러는 또한 그를 개혁신학의 '초기 정통 시기를 총망라한 조직신학자'라고 칭하기도 합니다. Richard Muller, *After Calvin: Studies in the Development of a Theological Tradition* (Oxford: Oxford University Press, 2003), 148.

in unitatem personae filii Dei est assumta: ita ut sit caro propria aeterni Filii Dei, 히 2:16). 그러나 아들은 인격적 연합이 자리하는 그 높은 곳으로 취하여진 인성을 높이십니다. 게다가 성령은 인성이 가질 수 있는 은사의 큰 충만함을 주십니다.

여기서 폴라누스는 동방교회와 칼빈처럼, 성육신한 연합이 그리스도의 취하여진 인성에 영향을 미친다고 이해하였습니다.[125] 폴라누스는 칼빈처럼 우리와 그리스도의 연합을 성례와 연결시킵니다. 그리스도께 참여함으로 그분은 우리에게 영생을 주십니다. 이는 참여, 연합, 융합, 그리스도께 접붙임, 그리스도의 살과 피를 먹고 마시는 것(성찬), 그분의 머리 아래 들어가는 것, 그리스도의 피로 씻음을 받는 것, 소생됨, 죽음에서 다시 사는 것 그리고 그리스도와 하나가 되어 하늘에 앉는 것으로 표현됩니다.[126] 폴라누스는 그리스도께 참여하는 것을 칭의와 중생, 양자됨, 하나님의 아들의 자유를 포함하는 것으로 생각합니다.[127] 그러나 성찬에 대하여 말할 때, 그는 화해, 칭의, 중생과 같은 은혜언약의 복에 우리가 참여하는 것에 초점을 두어, 결과적으로 우리는 그리스도 자체보다는 칭의로부터 공급을 받는다고 말합니다.[128]

『기독교 신학집성』에서는 한 걸음 더 나아갑니다. 폴라누스는 그리스도와의 교통을 그리스도와 우리가 진실로 결합되고 영원히 지속되

---

[125] Amandus Polanus, *Partitiones Theologicae*, 2nd ed. (Basel, 1590), 59-60.

[126] "Ea dicitue etiam conjunctio, unio, coalitio cum Christi, insitio in Christum, manduvatio carnis Christi, bibito sanguinis Christi, Anakephalaiōsis, id est, reductio sub unum caput, conjunctio in unum corpus sub uno capito Christi. Ephes. 1.10. Ablutio sanguine Christi, vivificatio nostri, excitatio nostri ex mortuis, collocatio nostri in coelis unum cum Christo." ibid., 82-3.

[127] Ibid., 84-5.

[128] Ibid., 127.

는 연합으로 기록합니다(*Communio ipsiusmet Christi, est unio ipsius nobiscum, qua nos sibi vere & realiter copulavit ut ipse in nobis & nos in ipso maneamus in sempiternam*).[129] 여기는 세 형태가 있습니다.

첫째, 본성 안에서, 성육신 안에서.

둘째, 은혜 안에서, 택하심 안에서.

셋째, 죽음 이후에, 주와 같이 있게 될 때.[130]

첫째는 우리의 본성이 그리스도의 인격과 하나됨 안에서, 우리의 본성이 취하여짐을 통하여 일어납니다.

둘째는 그리스도가 그분의 한 인격이 아니라 은혜로 우리 인격들을 취하심을 통하여 일어납니다(*per assumtionem personarum nostrarum non quidem in unam eum ipso personam: sed in gratiam*). 그분은 머리이시며 우리는 그분의 살과 뼈로 된 몸의 각 부분입니다. 그러므로 우리는 바울이 말한 바와 같이 그분의 신성에 참여하는 자입니다(*ex carne eius, & ex ossibus eius: adeoque in participationem naturae ipsius divinae, ut Petrus loquitur*, 벧후 1:4).[131]

셋째는 우리의 본성이 그분과 함께 영원한 영광으로 취하여지는 것입니다. 첫째에서 둘째를 거쳐 셋째에 이르는 발전 단계는, 본성에서 은혜를 거쳐 영광에 이르는 것입니다. 각 단계는 그 다음 단계로 인도됩니다.[132] 이것을 가능하게 하는 이는 가장 복되고 거룩한 삼위입니다. 아들은 마리아를 통하여 우리의 본성을 취하셨고, 아버지는 성령을 통하여 택자들을 그 아들에게 연합시키시며, 마지막 날에는 성령으로 아

---

129 Amandus Polanus, *Syntagma Theologiae Christianae* (Geneva, Petri Auberti, 1612), 2:330b.
130 Ibid., 2:330e.
131 Ibid., 2:330e-f.
132 Ibid., 2:330g.

들을 통하여 우리를 죽음에서 일으키시리라는 것이 여기에 포함됩니다.[133] 우리로 하여금 그리스도와 연합할 수 있게 해주는 우리 삶 가운데 있는 원인은 복음과 구원의 믿음입니다.[134]

그리고 폴라누스는 우리와 그리스도의 연합이 실제로 '무엇인지'를 논의합니다. 이것은 가상이 아니라 참이며 실제입니다(*vere ac realis*). 또한 이것은 끊어지지 않는 것입니다.[135] 여기서 폴라누스는 칼빈보다 더 나아가지는 않지만, 칼빈이 이르는 데까지 도달합니다. 그는 이 연합이 '본질적'이라고 말합니다. 우리는 땅에 속한 몸을 입고 있지만, 내주하시는 그리스도의 신성이 우리 가운데 내주하고 있습니다.

그분은 인성으로 하늘에 계시지만, 우리 안에 그리고 그분 안에 계시는 동일한 성령이 몸의 지체가 묶인 것과 같이, 우리를 하나로 묶습니다. 결과적으로 이 연합의 특징은 은사의 교류에 있을 뿐만 아니라, 이 연합이 그리스도의 본체로 이루어 진다는데 있습니다. 그리하여 이 연합은 본질적이고, 실제적이며, 형체가 있습니다. 물론 연합의 방식은 영적입니다. 그러나 묶이는 대상인 그분의 몸과 우리의 본성이 참된 본체와 본성이라는 점에서, 그 연합은 본질적이며 형체가 있습니다. 또한 우리는 참으로 그리스도의 본성과 몸에 또한 본질에 묶였습니다.[136]

---

[133] Ibid., 2:330g-331c.
[134] Ibid., 2:331c.
[135] Ibid., 2:331g-h.
[136] "Eadem unio est essentialis: quia nos licet in terris corporibus nostris & substantia animae exsistentes, tamen & cum divina Christi natura in nobis habitante, & cum humana, quam iam in coelo est, per eundem Spiritum Sanctum in illa & nobis manentem vere copulamur, non minus quam per animam capiti brachia, tibiae, pedes & reliqua membra corporis coniunguntur: ac proinde non tantum donorum, sed etiam substantiae Christi communicatione unio haec contat." 우리의 본성은 그분의 몸과 같이 참된 본체요 본성이기 때문에 그리고 우리는 그리스도의 본성에 연합된 것과 같이 그분의 몸에 진실로

폴라누스는 우리가 '어떻게' 두 본성에 따라 그리스도와 연합되었는지를 설명합니다. 그는 베드로후서 1:4을 인용하여 그리스도가 그분의 신성에 따라 우리 안에 거하시며, 우리를 그분에 맞게 변화시킨다는 점을 지적합니다(*ipse sua Deitate reipsa in nobis habitat & nos sibi conformes redit*, 벧후 1:4)[137] 또한 우리는 그리스도의 인성을 따라 그분과 교통합니다. 우리는 성령의 성화에 의해 그리스도에 맞춰진 우리의 본성에 따라 그리스도에 참여합니다. 또한 우리는 우리를 주께 묶는 성령에 참여합니다(*Qui agglutinatur Domino, unus cum eo Spiritus est*).[138]

성령은 성례 시에 우리를 그리스도와 하나되게 하십니다.[139] 성례적 연합은 영적이며, '기표'(*signum*)와 '기의'(*res*)의 결속(conjuction)입니다. 우리 몸의 눈으로 떡과 포도주를 보는 것은, 영의 눈, 즉 믿음으로 살과 피를 보는 것입니다.[140] 그리스도의 몸은 형체를 갖고 하늘에 있습니다. 우리에게 그것은 그리스도와 우리 안에 계셔서 우리를 몸과 지체로 하나되게 하시는 성령을 통하여 '이 땅에'(*in terra*) 영적으로 실재합니다(*mediante Spiritu suo in illo & in nobis hanitante*). 그리스도의 몸은 어떤 장소에(in loco) 있지는 않지만, 그분 안에 그리고 우리 안에 임재하는 그리스도의 영을 통한 그분과 우리의 연합으로 우리에게 나타납니다(*sed praesentissimus est nobis unione nostri cum illo, per habitantem in eo & in nobis*

참여하기 때문에, 그 연합은 그 영적인 방식뿐만 아니라 연합된 주체와 대상에 있어서도 본질적이고, 실제적이며, 실질적인 것입니다., *Syntagma*, 2:332b-c.

137 Ibid., 2:332d.
138 Ibid., 2:332e-f.
139 Ibid., 2:434a-b.
140 Ibid., 2:455c-d.

Christi Spiritum).[141] 즉 우리는 성령과 믿음을 통하여 그리스도께 연합되었습니다.[142] 그러므로 떡과 포도주는 의미상 기표일 뿐만 아니라 '드러난' 기표입니다(*Unde panis & vinum non tantum significativa signa sunt, sed etiam exhibitiva*). 그러므로 이 기표 안에서 그리스도는 그분의 살과 피를 드러내시며 참으로 성령을 그분의 제자들에게 주십니다. 그리스도의 살과 피가 임하는 방식은 따라서 성례적이며 영적입니다.[143] 폴라누스는 그리스도와의 본질적인 연합이 성찬에 표현되었다고 주장합니다.

3) 로우랜드 스테드만(1630?–73)

1662년에 추방된 목회자들 중 한 명인 로우랜드 스테드만은, 1668년 그리스도와의 연합과 그 인격적 차원에 대한 저명한 책을 저술하였습니다. 그는 이 연합을 설명하는 성경적 이미지들을 언급합니다.

첫째, 머리와 지체로 비유하는 '본성적 비유'(a natural analogy)가 있습니다. 그리스도는 친밀한 연합으로 그분의 교회의 머리이시기에, 몸의 지체들에 한 영혼이 불어넣어진 것과 같이 교회는 아들의 영으로 생명을 얻습니다.

둘째, 포도나무와 가지로 비유하는 '한 몸의 비유'(a corporal analogy)가 있습니다. 가지가 식물을 타고 흐르는 수액에 의지하는 것과 같이, 그리스도는 모든 것이 그분에게 생명을 의지하는 뿌리이십니다.

셋째, 남편과 아내라는 '부부의 비유'(a conjugal analogy)가 있습니다.

---

[141] Ibid., 2:455e.
[142] Ibid., 2:455h.
[143] Ibid., 2:456d.

혼인의 연합은 둘이 한 몸을 이룬다는 것을 뜻합니다. 바울이 에베소서 5:31-32에서 말한 것처럼, 그리스도와 교회는 한 영으로 하나가 되었습니다.

넷째, 바울이 고린도전서 3:9-11에서 건축물과 터에 비유한 '건축물의 비유'(an artificial analogy)입니다. 이를 통해 보면 그리스도는 교회와 그 구성원들의 교리적이며 인격적인 터입니다.[144]

스테드만의 비유에서 각 부분은 각자의 특정한 독자성을 잃지 않는다는 사실에 주의하십시오. 남편과 아내는 한 몸이 되면서도, 여전히 남편이요 아내로 남아있습니다. 가지는 큰 전체의 부분을 이루면서도, 여전히 가지입니다. 머리와 몸은 한 조직체를 이루면서도, 머리는 여전히 머리이고 몸은 여전히 몸입니다.

사실 각 부분은 그들이 연합하고 그들에게 전체의 부분으로서 독자적인 정체성을 부여하는 전체에서 떨어져서는 그들 자체가 될 수 없습니다. 이뿐만 아니라 이 비유들은 이들을 다 더한 것보다도 더욱 위대하고, 친밀하며, 안전한 그리스도와의 연합이라는 더 큰 실체를 가리키고 있다는 것을 알 수 있습니다.[145]

---

[144] Rowland Stedman, *The Mystical Union of Believers with Christ, of A Treatise Wherein That Great Mystery and Privilege of the Saints Union with the Son of God Is Opened* (London: W. R. for Thomas Parkhurst, at the Golden-Bible on London-Bridge, under the gate, 1668), 239-60, Wing / 335:13.

[145] Nellas, *Deification in Christ*, 119.

10. 그리스도와의 연합과 성례

웨스트민스터 신앙고백서 중 성찬에 대한 장에서는 "신실하고 성례를 받기에 합당한 자들이…그리스도의 은택을 받으며 먹는다"는 것을 분명히 하고 있습니다(웨스트민스터 신앙고백서 27.5). 그들은 실제로 그리고 참으로 그렇게 할 수 있으며, 성례는 단순한 상징 이상이기 때문에 이는 허구가 아닙니다. 이러한 양식은 영적인 것이지 육적인 것이 아니므로 성령께 의존해야 하고 믿음으로 받아야 합니다.

웨스트민스터 총회는 '사효성'(*ex opere operato*), 즉 집례되었다는 그 사실에 의거하는 로마가톨릭교회의 성례 교리에 단호히 반대합니다. 그러나 웨스트민스터 신앙고백을 작성한 신학자들은 개혁신학의 전통에 입각하여, 이것들이 단순히 상징이요, 기념이라는 재세례파의 주장에도 동일하게 반대하였습니다.

앞서 존 낙스(John Knox)는 『스코틀랜드 신앙고백서』(*Scots Confession*, 1560)에서 이 점에 대해 강하게 반박하였습니다. "그리하여 우리는 성례전은 보이는 표지 외에 다른 아무것도 아니라는 공허한 고백을 배격합니다. 우리는 세례의식에 의하여 그리스도 예수님과 연결되어 주님의 의에 참여하는 자가 되고, 그것으로써 우리의 죄가 가려지고 용서된 것을 확신합니다."[146] 그러나 개혁신학자들에게 성례는 은혜언약의 표지이며 인입니다. 또한 합당하게 받는 자들에게 그분의 뜻에 따라 그분이 정하신 때에 성령으로 그 은혜를 나타내시고 주시는 기의로서의 은혜를 나타내는 것입니다(웨스트민스터 신앙고백서 27.3, 28.6). 세례는 중

---

[146] Philip Schaff, *The Creed of Christendom* (Grand Rapids: Baker, 1966), 3:467-70.

생, 칭의, 성화 그리고 성령이 그분의 때에 부으시는 이후의 것들 안에서 우리가 그리스도께 접붙여졌다는 사실을 표시합니다. 성찬 때에 그리스도는 자신을 우리에게 내어주시고 우리를 영원한 생명으로 풍성하게 하십니다.

이는 성례를 거부하지만 않는다면 효력이 있다는 루터신학자들의 객관성과 대조됩니다. 루터는 성찬은 그리스도의 살과 피가 형체적으로 떡과 포도주 '안에, 함께, 아래'(in, with, under)에 있다고 표현하였습니다. 반대로 개혁신학자들은 그 먹는 것이 믿음으로 말미암아 받은 것이며, 성령을 통하여 그리고 성령 안에 있는 영적인 것이라고 주장합니다. 성령의 효과적인 사역은 장소나 시간에 국한되지 않습니다. 웨스트민스터 신앙고백서에 기록된 바와 같이, 기의이자 드러난 은혜는 성령에 의하여 그분의 때에 택자들에게 부어집니다. 은혜는 자동적인 것이 아닙니다.

이는 윌리엄 커닝햄(William Cunningham), 로버트 대브니(Robert Dabney), 웨인 스피어(Wayne Spear)의 신 츠빙글리주의(Neo-Zwinglianism)에도 반대됩니다.[147] 성례는 상징성을 충분히 갖고 있긴 하지만 상징 이상의 것이 있습니다. 성찬은 은혜언약의 기호나 인 그 이상입니다. 이는 중생에서 영화에 이르는 그리스도와의 연합의 은혜를 나타냅니다. 17세기에 '나타낸다'(exhibit)라는 단어는 '부여한다'(confer)는 의미를 담고 있는 지금보다 더 강한 의미로 사용되었습니다. 게다가 나타난 은혜는 성

---

[147] Wayne Spear, "The Nature of the Lord's Supper according ot Calvin and the Westminster Assembly," and "Calvin and Westminster in the Lord's Supper: Exegetical and Theological Considerations," in *The Westminster Confession into the 21st Century: Essays in Remembrance [Sic] of the 350th Anniversary of the Westminster Assembly*, vol.3, ed. J. Ligon Duncan III (Fearn, Ross-Shire, UK: Mentor, 2009), 355-414.

례 자체에 의해서 뿐만 아니라 성령에 의해 부어졌습니다(웨스트민스터 신앙고백서 27.3, 28:1, 29:7). 성찬은 그리스도의 살과 피의 사귐(*koinōnia*)입니다(고전 10:16-17).

11. 존 네빈과 찰스 핫지

19세기 미국의 존 네빈(John W. Nevin)은 1840년부터 1853년까지 멀서스버그신학교(Mercersburg Seminary)에 재직하면서, 개인주의와 무교회주의의 추세에 대항하여 이 문제를 제시하였습니다. 특히 그는 자신의 책, 『신비로운 임재』(*The Mystical Presence*)에서 그것에 대한 개혁 교리를 회복하려 합니다. 그는 1850년에 이후 100년 동안 논의된 주장을 담은 128쪽의 글을 「멀서스버그 논총」(*The Mercersburg Review*)에 기고하였습니다. 네빈은 당시 개혁교회가 전통적인 고백서의 교리를 떠나서, 성례를 단순히 상징과 기념으로 축소하였으며, 우리와 그리스도의 관계를 외적이고 계약적일 뿐인 것으로 보았다고 주장하였습니다.[148]

네빈에게 그리스도 안에서 받는 구원은 그리스도가 그분의 사람들과 교회의 안에 자리하는 새로운 삶으로 이루어져 있습니다. 우리와 그리스도의 관계는 깊고, 인격적이며, 아담이 알았던 것보다 더 뛰어난

---

[148] John W. Nevin, *The Mystical Presence: A Vindication of the Reformed or Calvinistic Doctrine of the Holy Eucharist* (1846; repr., Eugene, OR: Wipf & Stock, 2000); John W. Nevin, "The Doctrine of the Reformed Church on the Lord's Supper," *Mercersburg Review 2* (1850): 421-548. The Mystical Presence에 대한 Charles Hedge의 비평과, Calvin에 대한 William Cunningham의 비판에 대한 비평을 보십시오. John Adger, "Calvin Defended against Drs. Cunningham and Hodge," http://www.pcahistory.org/HCLibrary/periodicals/spr/v27/27-1-6.pdf에서 이용 가능함.

것입니다. 이 신비로운 연합은 그리스도의 위격과 또한 그분의 위격적인 연합에서 떼어놓을 수 없고, 성육신 안에서 그분 안으로 취하여진 그분의 인성과 함께 이루어집니다. 이 연합은 형체적이 아니라 영적인, 그러나 여전히 믿음을 통하여 성령에 의해 일어나는 실재입니다. 이는 성례적 신비의 형태로 그리스도의 인격과 참된 교류를 갖는 성찬을 통해 표현됩니다.[149] 네빈에 의하면 우리가 그리스도께 참여하는 것은 교회로 표현되는 그분의 생명을 수납하는 것을 포함합니다. 그것은 부활하시고 승천하신 그리스도의 인격과 교통하는 것입니다. 이는 법정적인 연합이나 도덕적인 연합 그 이상의 것입니다.

네빈은 1760년부터 1830년까지 철학적 사조를 주도하던 낭만주의의 영향을 받았습니다. 그는 헤겔철학의 인간론에 관한 중요한 도서를 영어로 편집하던 중 발달적(development) 측면과 진화적(evolutionary) 측면에 있어서 헤겔(Georg Hegel)의 영향을 받았습니다.[150] 이 투입의 연속은 당대의 존 헨리 뉴만(John Henry Newman)과 찰스 다윈(Charles Darwin)과 같은 이들에게도 영향을 주었습니다. 이는 네빈이 칭의, 속죄, 선택 대신에 그리스도와의 연합의 신비적 요소에 초점을 준다는 사실의 이유일 수 있습니다. 그의 성육신적 신학은 강한 일반화의 경향성이 있습니다.[151] 그는 법정적인 측면보다는 참여적 측면에 초점을 두고 있습니다. 윌리엄 에반스는 그가 이 두 요소를 그리스도와의 연합에 대한 이해 안에 통합시키는 데 실패하였다는 점을 지적합니다. 그럼에도 성찬

---

149 Nevin, *Mystical Presence*, 155-74.

150 D. G. Hart, *John Williamson Nevin: High Church Calvinist* (Phillipsburg, NJ: P&R Publishing, 2005), 76.

151 Evans, *Imputation and Impartation*, 141-83.

에 대해서 그는 당시 많은 미국 장로교 신학자들보다는 칼빈이나 웨스트민스터 총회에 더 가까웠습니다.[152]

그러나 참여와 전가를 둘로 나눈 것은 네빈만이 아니었습니다. 비슷한 방식으로, 스코틀랜드 상식 실재론(Scottish Common Sense Realism)은 로버트 대브니, 윌리엄 커닝햄, 찰스 핫지에게 영향을 주어, 칼빈의 성례신학을 꺼리게 되었습니다. 그들에게 있어 신학은 이성에 합해야 하는 것입니다. 하지의 『조직신학』(*Systematic Theology*)은 전체적으로 상식에 의지하는 문장으로 이루어져 있습니다. 이런 인물들이 인간의 정신을 초월하는 신학의 이런 측면들에 대해 강조하는 것을, 심각한 의혹을 가지고 바라보았다는 판단은 피하기 어려워 보입니다.

분명한 교리적 선언에 관심을 갖기보다는 신비적이고 초월적인 것을 공개적으로 지지하였던 네빈은 신비의 낌새가 보이는 모든 것을 피하는 합리주의와 맞닥뜨리게 되었습니다. 하지와 그의 지지자들은 법정적인 측면인 칭의와 속죄에 중점을 두었습니다. 복음과 그에 수반되는 것들은 분명하고 양해 가능한 것이어야 했습니다.[153] 개혁사조에 안타까운 분열이 발생하였습니다. 한편 이는 그리스도와의 연합에 대한 교리가 어떻게 빛을 잃게 되었는지를 설명합니다.

---

152 다음을 보십시오. William B. Evans, "Twin Sons of Different Mothers: The Remarkable Theological Convergence of John W. Nevin and Thomas F. Torrance," *Haddington House Journal 11* (2009): 155-73.

153 Evans, *Imputation and Impartation*, 187-227.

12. 그리스도와의 연합과 변화에 대한 열 가지 논제

1) 우리가 누리는 그리스도와의 연합은 우리가 우리 몸의 각 부분과 갖는 연합보다 더 실제적이며 더 근본적입니다

니콜라우스 카바실라스(1322-?)는 "그리스도와의 연합은 사람이 생각할 수 있는 어떤 연합보다 더 친밀하며 어떤 것과도 비교할 수 없다"고 하였습니다. 그는 그렇기 때문에 성경은 이것을 하나의 예로 설명하지 않고 집과 거기 사는 사람, 결혼, 머리와 지체와 같이 여러 가지 예로 설명하였다고 말합니다.

실제로 이 모든 비유를 하나로 합하더라도 정확한 그림을 만들기는 불가능합니다. 예를 들면, 순교자들은 그리스도와 떨어지기보다는 자신의 머리와 지체를 내어놓기를 기꺼이 택했던 것을 보면, 그리스도의 지체는 자신의 몸과 연결된 것보다 더 강하게 연결되어 있다는 것을 알 수 있습니다. 요약하면 이 연합은 사람이 자신에게 연합된 것보다 더 친밀하다는 것입니다.[154] 또한 하나님의 자녀들은 그들의 부모보다 그리스도와 더 친밀합니다. 우리는 우리의 부모와 떨어져서는 살 수 있지만, 그리스도와 떨어진다면 죽을 것입니다.[155] 그렇기 때문에 카바실라스는 기독론적 관점에서 그리스도에 대해 그리고 팔복에 대해 묵상하도록 권합니다.[156]

---

[154] Cabasilas, *Life in Christ*, 5-6.
[155] Ibid., 48-9.
[156] Ibid., 93-105.

2) 이는 본질의 연합이 아닙니다. 우리는 사람에서 하나님이 되거나, 존재론적 죽(soup)의 재료처럼 하나님께 혼합되는 것도 아닙니다. 이는 신으로 승격되는 신격화(*apotheōsis*)가 아닙니다

우리는 신격화에 대한 동방교회의 교리가 창조주와 피조물의 구분을 보존하려는 결단에 뿌리내리고 있다는 사실을 살펴보았습니다. 이는 우리가 하나님의 에너지와 연관되어 있기에, 우리는 신적 본질에 참여하는 자들이라는 의견에도 반대합니다. 칼빈(과 폴라누스 역시)은 본체의 연합에 대해 말할 때에 도를 넘었을 수 있습니다. 그러나 칼빈의 의도는 옳았습니다. 그는 단순한 상징을 초월하는 이 연합의 실체, 범위, 미치는 영향을 강조하고자 하였습니다. 만약 우리가 이를 단순한 상징으로 가정한다 해도, 이 상징은 무언가를 상징하고 있으며, 우리는 그 무언가와 중요한 관계가 있습니다.

3) 우리는 포괄적이고 보편적인 인성으로 우리의 인격적이고 개별적인 독자성을 잃지 않습니다

우리는 마치 깨진 계란이 존재론적 오믈렛 안에 뭉개지는 것처럼 보편적이고 포괄적인 인성에 우리를 잃어가는 것이 아닙니다. 세 인격이 하나님의 한 존재를 이루는 개별적인 연합에서도, 각 인격의 영원한 독자성은 보존됩니다. 하나님의 아들과 성육신으로 취하여진 인성과의 연합은 취하여진 인성의 실체와 온전함을 보존합니다. 그리스도와 교회의 연합에서도 교회의 인성은 지속됩니다. 성령의 내주하심은 우리의 인성을 약화시키는 것이 아니라 오히려 강화시킵니다. 그러므로 그리스도와의 연합에서도 우리는 우리로 남은채, 하나님은 우리에게 의도하신 바대로 변화합니다.

4) 그리스도와의 연합은 말씀과 성례를 통하여 세워지며, 그 안에서 표현됩니다

성령이 하나님의 말씀을 매개로 우리를 그리스도와 하나되게 하신다는 것은 분명합니다. 베드로와 야고보는 믿는 자의 중생은 말씀을 통하여 이루어진다고 하였습니다. 베드로는 우리가 거듭난 것은 썩어질 씨로 된 것이 아니요, 살아있고 항상 있는 하나님의 말씀에 따라 살고 또한 지킴으로 된 것이라고 말하였습니다(벧전 1:23). 야고보는 하나님이 우리로 첫 열매가 되게 하시려고 그분의 뜻에 따라 진리의 말씀으로 우리를 낳으셨다고 말하였습니다(약 1:18).

이 둘은 모두 바울이 그의 형제들에게 그리스도를 전파함을 통하여 믿음을 얻을 것이라고 했던 것과 동일합니다. 믿음은 들음에서 나며, 들음은 그리스도의 말씀에서 납니다(롬 10:9-10). 말하자면 복음을 전하는 것은 성령이 우리를 거듭나게 하시고 그리스도와 하나되게 하시는 산파와 같다고 할 수 있습니다. 이 세상의 신들은 믿지 않는 자들의 눈을 멀게 하였지만, 이 세상을 지으신 하나님은 '우리가 오직 그리스도 예수의 주되신 것'을 전파하실 때에, 그분의 아들을 통한 구원의 빛을 주시기 위해 우리의 마음을 비추십니다(고후 4:4-6).[157] 하나님의 아들의 음성을 듣는 이들은 부활이나 새 창조와 같이 사망에서 생명으로 옮겨

---

[157] 다음을 참고하십시오(요 5:24-25; 고전 1:18-2:5).

졌고, 그리스도와 함께 새롭고 떼어놓을 수 없는 생명으로 올려졌습니다(요 5:24).

요한복음 6장에는 그리스도와의 연합의 실체가 성례적 맥락으로 묘사되어 있습니다. 그리스도의 몸을 먹고 피를 마시는 자들은 영원한 생명을 얻을 것입니다. 이는 성령에 의해 이루어집니다(요 6:63). 예수님이 이를 가르치실 때에 식인을 의미하는 것 같은 단어를 사용하셨고 그래서 여러 제자들과 많은 이들이 그분을 떠나기도 했지만, 그분이 가르친 것은 식인이 아닙니다. 이 본문의 참 의미는 많은 공격을 받습니다. 그러나 이 본문은 그리스도와 사람들의 연합이 어떠한지 또한 얼마나 친밀한지를 가르쳐줍니다. 심지어 요한복음 6장을 성례적으로 해석하는 것을 받아들이지 않는 침례교도 그것이 성찬에서 가장 참되게 성취되었다는 사실에는 동의합니다.[158]

로버트 브루스(Robert Bruce)는 성찬에는 말씀에 없는 것은 아무것도 없고(성례는 말씀에 의지하여 성례가 된다), 성찬을 통하여 그리스도를 더욱 알게 된다고 주장하였습니다.[159] 어거스틴은 이것을 '하나님의 가시적인 말씀'이라고 묘사하였습니다.[160] 이는 그리스도와 그분의 사람들 사이의 언약적이고 인격적 연합의 현장입니다.

---

[158] George R. Beasley-Murray, John, *Word Biblical Commentary* (Waco, TX: Word, 1987), 94-5; D. A. Carson, *The Gospel According to St. John* (Leicester, UK: Inter-Varsity Press, 1991), 288-98.

[159] Robert Bruce, *The Mystery of the Lord's Supper: Sermons on the Sacrament Preached in the Kirk of Edinburgh in A. D. 1589*, ed. Thomas F. Torrance (London: James Clarke, 1958), 85.

[160] Philip Schaff, *Augustin: Letters or Tractates on the Gospel according to St. John*, Nicene and Post-Nicene Fathers of the Christian Church, 1st ser. (Peabody, MA: Hendrickson, 1995), 7:344; PL, 35:1840.

5) 그리스도의 살과 피는 성찬에 물질적, 형체적, 물리적으로 임재하지 않습니다

이는 로마가톨릭교회의 실수였고 루터교회는 여기서 벗어나지 않았습니다. 그리스도는 인성으로서 아버지의 우편에 계시며 그렇기에 한 장소에 계십니다. 그리스도와의 연합은 성령을 통하여 이루어지기에 형체적이지 않고 영적입니다. 웨스트민스터 신앙고백서 29.7에 기록되었듯이 우리가 누리는 연합은 실제이며 참이지만 동시에 영적입니다.

우리가 떡을 먹고 포도주를 마시는 것과 같이, 그리스도는 우리의 영혼에 들어오십니다.[161] 웨스트민스터 신앙고백서 29.7에 기록된 것처럼, 믿는 자는 성찬에서 실제로, 참으로 그리스도를 먹습니다. 성찬의 영적 측면을 아무리 강조한다 해도, 거기서 일어나는 실제로, 참으로 먹는 것이 약화되지는 않습니다. 예수님은 "내 살은 참된 양식이요 내 피는 참된 음료로다"(요 6:55)라고 말씀하셨습니다(요 6:51-58). 또한 바울은 그리스도와의 연합으로 우리는 "다 한 성령을 마시게"(고전 12:13) 되었습니다. 클레르보의 버나드(Bernard of Clairvaux)는 '참 기쁨되신 예수'라는 찬송시에서 이렇게 노래합니다.

---

161 Robert Bruce는 다음과 같이 말합니다. "그리스도의 몸과 피가 그 안에 결합(conjoin)되어 있기에 나는 그것을 기표(sign)라고 칭하겠습니다. 실제로 그리스도의 몸이 떡에 결합되어 있고 그리스도의 피가 포도주와 참으로 결합되어 있기에, 믿는 자가 입으로 떡을 먹는 것은 믿음으로 그리스도의 몸을 그들의 영혼에 받아들이는 것입니다. 또한 믿는 자가 입으로 포도주를 마시는 것은, 믿음으로 그리스도의 피를 그들의 영혼에 받아들이는 것입니다. 이는 주로 그들이 갖는 기의(signified)하는 대상을 나타내고 표시하는 도구로서의 기능 때문입니다…성례는 상징물이 입으로 들어갈 때에, 그들이 기의하는 대상을 영혼과 마음에 나타내고 표시하기 때문입니다." Bruce, *The Mystery of the Lord's Supper*, 44.

우리가 살아있는 떡이신 주님을 맛볼 때에, 우리가 다시는 주리지 않으며 우리가 생수의 근원이신 주님을 마실 때에, 목마른 우리의 영혼이 채워집니다.

6) 성찬에서 우리는 성령에 의해 그리스도를 먹도록 승격됩니다

이는 성령 안에서 아들과의 교제이며, 그리하여 아버지께 인격적으로 나아갈 수 있기에, 실제이고 참입니다. 우리는 삼위의 생명에 참여하게 되었습니다. 성찬에서 성령은 우리를 그리스도를 먹도록 들어올리십니다. 칼빈이 말한 것처럼, 그분은 하나님이기에 멀리 떨어져 있는 것을 묶으십니다.[162] 성령과 아들은 거룩한 삼위일체의 연합 안에서 아버지와 나뉘어질 수 없습니다. 게다가 성령의 독자적인 사역은 그리스도를 영화롭게 하시고, 그분의 백성들에게 나누어준 믿음을 통하여 그들을 그리스도께로 인도하시는 것입니다. 참으로 바울은 성령을 '주, 성령' 또는 '주의 영'이라고 칭할 수 있을 만큼, 다시 사신 그리스도와 친밀하다고 여겼습니다(고후 3:17).

7) 우리는 위격적으로(hypostatically) 아들과 연합되었습니다

그런 연합은 한 인격으로 영원히 계시는 성육신한 그리스도께로부터 유일하게 발견됩니다. 삼위가 성령을 통하여 거하심은 다릅니다(요 14:23). 성육신을 통하여 아들이 끊을 수 없는 연합으로 인성과 한 인격

---

[162] *Institutes*, 4.17.10.

으로 하나된 반면, 성령은 셀 수 없이 많은 인격체 안에 거하십니다. 그분이 하는 일은 하나님이 영원 전부터 의도하신대로 우리의 인성을 높이는 것입니다. 여기서 예수 그리스도는 전형이요, 모범입니다. 사람으로서 그분은 늘 성령의 인도하심을 받았습니다. 그분은 성육신의 삶과 사역으로 우리와 같은 믿음, 우리의 혈과 육, 우리의 시험과 고난, 죽음을 나눈 분, 그러나 다시 사시고 올라가신(롬 8:10-11; 고전 15:35-50), 구원의 창시자요, 개척자요, 완성자이십니다(히 2:5-18).

8) 우리는 그리스도의 인성과 연합합니다

이는 예수님이 요한복음 14장에 설명하셨고, 바울이 로마서 8장과 갈라디아서 4장에서 언급한 것처럼, 성령이 교회와 그 구성원들 안에 거하심을 넘어서는 것입니다. 이는 그분의 성육신에 근거를 두고 있습니다. 그분은 영원히 사람이시며, 그러므로 그분의 인성을 따라 우리와 같은 분이십니다. 이 경우에 있어서 성령은 우리를 그분과의 영적 연합으로 하나되게 하십니다. 이 연합 안에서 우리는 우리의 고유한 독자성을 보유합니다.

그 결과 우리가 갖게 되는 것은 그리스도와의 단순한 교제 이상입니다. 교제는 존재, 인식, 소통, 관심의 공유와 같은 수단을 통해 두 인격 사이에 일어납니다. 타락 이전에 아담은 하나님과 교제를 하였습니다. 구원은 우리를 아담의 상태로 돌려놓지 않았습니다. 성육신의 사건이 일어났습니다. 하나님의 아들은 영원히 사람이 되었습니다. 성령의 부으심과 거하심이 일어났으며, 지속되고 있습니다. 하나님의 영이 그리스도를 사랑하는 이들 안에 영원한 거처를 마련하였고, 그리하여 성령이 우리 안에 거하십니다. 이는 교통을 넘어서는 것입니다. 이는 연합을 뜻합니다.

이는 마이클 호튼(Michael Horton)이 말하는 그리스도의 에너지 안에 참여하는 것 그 이상을 말합니다.[163] 호튼은 우리가 그분의 사역과 이루신 일들로 하나님과 연합하였다고 말합니다. 호튼이 우리가 그리스도의 본질과 하나가 되었다는 개념을 피하려 하는 것은 정당한 것입니다. 이는 '신격화'(*theôsis*)에 대한 언급을 피하고 신적 에너지에 참여함에 대해서 말하려 했던 그레고리의 조심스러운 접근과 유사합니다.[164]

그러나 그리스도의 성육신한 인성에 관해 앞서 제기했던 질문에는 답을 해야 할 것입니다. 취하여진 인성은 하나님의 에너지에 의해 연합되었는가? 인성을 하나되게 하였던 것은 아들의 '위격'이 아니었는가?[165] 그리스도의 인성은 단순히 하나님의 어떤 속성들과 하나가 되지는 않았습니다. 만약 그랬다면 우리에게 남겨지는 것은 극단적인 형태의 네스토리우스주의일 것이며, 하나님의 단순성을 버려야 할 것이기 때문입니다. 이 연합은 의, 선함, 거룩함, 진실함과 같은 추상적인 것들과의 연합에 국한될 수 없습니다. 또한 우리의 연합은 우리가 성화의 교리와 하나가 되듯이 그리스도의 '유익들'에 연합함도 아닙니다. 우리의 연합은 '그리스도와' 연합함입니다.[166] 그리스도의 취하여진 인성이 영원한 아들에 참여하고, 그분과 함께 성화되고 영화되며, 우리가 그리스도의

---

[163] Horton, *Covenant and Salvation*, 285, 302.

[164] Russell, *Deification*, 225-32.

[165] Horton, *Covenant and Salvation*, 272-307.

[166] 이에 대해서는 Horton도 동의하리라 확신합니다. 이는 내가 언급한 그의 주장의 흐름에 분명하게 나타납니다.

살과 피를 먹고 마시기에, 우리도 역시 그리스도 안에서 그분의 영광스러운 모습으로 변화합니다.

9) 이는 말씀, 성례, 기도의 사역이라는 은혜의 수단 안에서 또한 믿음을 통하여, 성령에 의해 이루어졌으며 세워졌습니다(웨스트민스터 소요리문답 88문)

이는 개별적인 것이 아니라 (교회)공동체적인 것입니다. 이는 독립적으로 세워질 수 있는 개인적인 경험이 아닙니다. 이는 사람의 재능으로 날조된 피상적이거나 흥미롭고 극적인 경험으로 일어나는 것이 아니라, 하나님의 예정된 수단으로 매일의 일상적인 경험 안에서 일어납니다. 이는 자동적인 것이 아니라 믿음을 통해 일어납니다. 여기에는 우리에게도 그리스도와의 연합을 기경해야 하는 책임이 있습니다.

은혜라는 수단에서 참여는 필수적입니다. 하나님은 우리를 만나기 위해 그것을 감수하셨으며, 우리는 그분이 약속을 지키시리라는 것을 알고 있기 때문입니다.[167] 동시에 이것은 우리의 통제 아래 있는 내적 과정이 아닙니다. 이는 우리가 설명할 수 있는 능력을 초월합니다. 그러나 우리는 성령이 스스로 그 목적을 위하여 정하신 수단으로 일하실 것을 '기대할' 수 있습니다.

10) 그리스도와의 연합은 마침내 우리의 존재를 그리스도와 같도록 인도할 것입니다(요일 3:1-2; 롬 8:29-30; 고후 3:18)

---

167 유월절에 하나님의 어린 양은 자신을 죄의 대속물로 내어주셨으며, 오순절에 성경이 충만하게 파송되어 오셨습니다.

왜냐하면 '우리를 곧 하나님과 같은 모습으로 만들려는 것이 복음의 목적'이기 때문입니다. 현재로서 우리는 정욕 때문에 세상에서 썩어질 것을 피하여 '신적 본성에 참여하는 자'입니다(벧후 1:4). 그러나 그리스도가 다시 오실 때 우리는 그분이 영광의 인성으로 있는 그대로 볼 것이며, 마침내 결정적으로 우리의 낮은 몸을 그분의 영광의 몸의 형체와 같이 변하게 하실 것입니다(빌 3:20-21). 칼빈이 말한 것처럼, 그리스도는 우리를 그분의 몸에 접붙임을 통하여 그분의 모든 복만 아니라 그 자신에게 참여하는 자로 만드시며, 그리하여 그분은 우리와 완전히 하나가 될 때까지, 우리와 점점 한 몸이 되어가십니다.[168]

---

168 Institutes, 3.2.24.

6. 죽음과 부활 안에서 예수님과의 연합

근본적으로 그리스도와 우리의 연합은 우리가 죽음에서 다시 살아나고 우리가 그분의 형상으로 변화하는 것이 완성될 미래, 그리스도가 다시 오실 미래에 성취될 것입니다. 즉 그리스도와의 연합은 종말론적으로 이해해야 합니다. 그분의 죽음, 장사됨, 부활, 다시 오심 안에서 그리스도와의 연합이 이루어집니다. 레인 팁톤(Lane Tipton)이 말한 것처럼, "복음의 구원하는 복은 죽으시고 다시 사신 그리스도와의 연합 안에서 믿음을 통하여 믿는 자들에게 주어집니다."[1]

1. 고난 가운데 이루어지는 그리스도와의 연합

바울은 그리스도와 그 부활의 권능, 그 고난에 참여함을 알고자 한다고 표현합니다(빌 3:10).

---

1 Lane Tipton, "Union with Christ and Justification," in *Justified in Christ: God's Plan for Us in Justification*, ed. K. Scott Oliphint (Fearn, Ross-shire, UK: Mentor, 2007), 24-25.

> 내가 그리스도와 그 부활의 권능과 그 고난에 참여함을 알고자
> 하여 그의 죽으심을 본받아(빌 3:10).

이 글을 쓸 때 바울은 이것을 경험을 통해 알고 있었습니다. 그는 로마 감옥에서 재판을 기다리며 쇠약해지고 있었습니다. 그는 사형 판결을 기다리는 것이 아니라, 미래의 사역의 열매를 고대하였습니다. 실제로 그는 풀려나 마지막 구금, 재판, 처벌 이전에 사도적 사역의 기간을 누리고 있었습니다. 그러나 당시에 바울은 앞으로 일어날 사건에 대해서는 알지 못했고, 그가 이것을 쓸 때 당시 상황은 암울했습니다. 로마 감옥은 그다지 매력적인 곳은 아니었습니다.

바울도 그리스도의 겪으신 고난을 그의 사역을 통해 알고 있었습니다. 그는 기독교가 세워져가는데 대한 군사적이고 살인적인 반대에 부딪혔습니다. 그의 제자들이 그의 말이 무슨 뜻인지 이해하지 못할 때는 절망감을 느끼기도 했습니다. 그는 죄인들, 사탄의 방해와 공격 그리고 계속되는 노동에 기진하는 상황에 맞서야 했습니다. 그는 악한 세상에서 살고 있었습니다. 바울은 그리스도와의 연합 안에서 이 고난들을 일부 나누었습니다. 그는 고린도후서 11:12-33에서 이 고난들에 대해 말하고 있습니다.

> 유대인들에게 사십에서 하나 감한 매를 다섯 번 맞았으며 세 번 태장으로 맞고 한 번 돌로 맞고 세 번 파선하고 일주야를 깊은 바다에서 지냈으며 여러 번 여행하면서 강의 위험과 강도의 위험과 동족의 위험과 이방인의 위험과 시내의 위험과 광야의 위험과 바다의 위험과 거짓 형제 중의 위험을 당하고 또 수고하

며 애쓰고 여러 번 자지 못하고 주리며 목마르고 여러 번 굶고 춥고 헐벗었노라 이 외의 일은 고사하고 아직도 날마다 내 속에 눌리는 일이 있으니 곧 모든 교회를 위하여 염려하는 것이라 누가 약하면 내가 약하지 아니하며 누가 실족하게 되면 내가 애타지 아니하더냐(고후 11:24-29).

이런 요인들은 그리스도와 하나된 이들에게 공통적으로 찾아볼 수 있는 요소입니다. 그는 그리스도 때문에 고난을 받았고, 우리는 그분과 하나이기 때문에 고난을 받습니다. 우리는 이를 위하여 부르심을 받았습니다(빌 1:29). 타락한 세상에서 인간에게는 몸이 죽을 것과 질병, 죽어가는 과정과 죽음 등과 같은 고난이 따릅니다. 우리는 사랑하는 이들과 나이들어 혹은 갑작스럽게 죽음을 맞이하여 사별을 경험하기도 합니다. 비극, 비탄, 절망, 슬픔, 믿었던 이들의 배반, 괴롭힘과 비방, 힘 있는 자들의 억압, 실직으로 인한 무기력과 충격, 우리의 약점을 이용하는 사람들의 악의적인 행동들은 창조주이신 하나님께 저항과 불순종하는 세상에서 살아가는 대부분의 사람들에게 흔히 일어납니다.

기독교 신자들, 특히 복음의 사역자들은 그리스도의 거룩한 고통과 버려짐을 그분과의 연합을 통해 겪게 됩니다. 우리의 사역에는 합당한 반대도 있지만, 믿지 않는 자들의 무지와 이기심에서 오는 반대도 있습니다. 우리는 때로 복음을 거절당하기도 하고, 복음에 대한 무관심을 경험하기도 합니다. 여러 유혹으로 공격을 받기도 합니다. '타락의 남은 자들'은 이에 응하기도 합니다. 세상, 육체 그리고 사탄은 매우 자주 우리를 괴롭게 합니다. 어떤 이들은 그리스도를 따름으로 감옥에 갇히기도 합니다. 매년 많은 이들이 순교합니다. 서구 유럽에서는 복음을 따르다가 혹은 동성애자를 교인으로 받아들이고 목회자로 세우라는 정부의 명령에 교회가 따르지 않다가 구금이나 벌금형에 처해지기도 합니다. 바울은 고린도후서 4:8-12에서 기독교인의 사역에 대해 이렇게 말합니다.

> 우리가 사방으로 우겨쌈을 당하여도…답답한 일을 당하여도…
> 박해를 받아도…거꾸러뜨림을 당하여도…우리가 항상 예수의
> 죽음을 몸에 짊어짐은…우리 살아있는 자가 항상 예수를 위하
> 여 죽음에 넘겨짐은…그런즉 사망은 우리 안에서 역사하고…
> (고후 4:8-12).

이 본문에서 바울은 보상의 측면도 강조합니다. 우리가 지금 그리스도의 죽음에 참여하는 것과 같이, 우리는 그분의 부활에 참여할 것입니다. 사실 이는 우리의 고난 중에도 일부분 나타납니다. 우리는 우겨쌈을 당하여도 싸이지 아니하며, 낙심하지 아니하고, 버린 바되지 아니하며, 망하지 않습니다. 왜냐하면 그리스도의 생명이 우리 몸에 나타나기 때문입니다(고후 4:7-12). 로마서에서 바울은 현재의 고난은 장차 올 영광에 비할 수 없다고 하였습니다(롬 8:18). 고린도후서에서는 "우리가 잠시 받는 환난의 경한 것"(고후 4:17)의 가벼움과 일시적임을 강조하며 "지극히 크고 영원한 영광의 중한 것"(고후 4:17)과는 비할 수도 없다고 말합니다. 빌립보서에서 그는 그리스도의 고난에 참여하여, "부활의 권능"(빌 3:10)을 알고자 합니다. 요약하면 우리를 기다리는 영광에 너무 초점을 맞춘다면 오늘의 고난을 무시하는 위험이 따릅니다. 우리가 그리스도의 영광에 참여하기 위해서는 또한 우리가 한 영광에서 영광으

로 변화되기 위해서는 그리고 그분의 신성에 참여하는 자가 되기 위해서는 그리스도의 고난에 참여하는 등가의 정당한 길을 대체할 수는 없습니다. 십자가를 피해서는 영광으로 나아갈 수 없습니다. "우리가 주와 함께 죽었으면 또한 함께 살 것이요 참으면 또한 함께 왕노릇할 것이요 우리가 주를 부인하면 주도 우리를 부인하실 것이라"(딤후 2:11-12). 그리스도와 함께 다스릴 자는 예수님을 증언함 때문에 목 베임을 당하는 자들입니다(계 20:4).[2]

2. 죽음과 장례에서 이루어지는 그리스도와 연합

데살로니가전서 4:13-17에는 바울의 고전적인 격려의 글이 담겨있습니다.

> 형제들아 자는 자들에 관하여는 너희가 알지 못함을 우리가 원하지 아니하노니 이는 소망 없는 다른 이와 같이 슬퍼하지 않게 하려 함이라 우리가 예수님이 죽으셨다가 다시 살아나심을 믿을진대 이와 같이 예수 안에서 자는 자들도 하나님이 그와 함께 데리고 오시리라 우리가 주의 말씀으로 너희에게 이것을 말하노니 주께서 강림하실 때까지 우리 살아남아 있는 자도 자는 자보다

---

[2] 이는 해석하기 어려운 본문입니다. 저는 "첫째 부활"(5절)이 그리스도의 부활(그 외에는 첫째 부활이라 할 수 있는 것이 없기 때문에)을 가리킨다는 기초 위에서 그리스도와 함께 다스릴 자들을 언급하였으며, 그리하여 그와 함께 다스릴 자들은 그의 부활로 그와 하나가 되었습니다. 여기에는 요한계시록의 수신자이자 아시아의 일곱 교회에서 박해받는 신자들이 포함됩니다.

결코 앞서지 못하리라 주께서 호령과 천사장의 소리와 하나님의 나팔 소리로 친히 하늘로부터 강림하시리니 그리스도 안에서 죽은 자들이 먼저 일어나고 그 후에 우리 살아남은 자들도 그들과 함께 구름 속으로 끌어 올려 공중에서 주를 영접하게 하시리니 그리하여 우리가 항상 주와 함께 있으리라(살전 4:13-17).

바울은 사랑하는 자를 잃으면 슬퍼하는 것이 당연하다는 것을 알고 있었습니다. 죽음은 인간의 죄의 결과로, 하나님의 창조에 외부적으로 침입한 것입니다. 이는 인간 존재의 해체로서, 때로는 쇠퇴의 과정이나 갑작스러운 사고에 뒤따르기도 합니다. 죽음은 우리에게 알려지지 않았습니다. 우리는 경험해보지 못했으며, 우리 앞에 다가올 것이 정확히 무엇인지 알지 못합니다. 그것은 협박과 같아서 우리의 뇌리에서 떠나지 않습니다. 그런 관점에서 볼 때 슬퍼하는 것은 믿음이 없다는 증거가 아니라, 우리가 인간임을 나타내는 것입니다. 예수님은 나사로의 무덤 앞에서 우셨습니다. 죽음이라는 사실과 그 결과를 비통히 여기셨습니다. 예수님은 죄가 없으시고 완전한 믿음을 보이셨습니다. 그분은 인간이시기 때문에, 겟세마네에서 우셨고 또한 이기셨습니다(눅 22:39-46; 요 11:33-38; 히 5:7-10).

그러나 그리스도인은 세상과 똑같이 소망 없는 자들처럼 슬퍼해서는 안 됩니다. 그리스도인들의 슬픔은 분명 달라야 합니다. 믿지 않는 세상의 관점을 가진 이들에게 죽음에는 소망이 없습니다. 죽음에 대해 말하는 것을 금기시하거나 혹은 가볍게 농담처럼 말해서 그 무거운 실체를 피할 수도 있습니다. 전자는 20세기의 전형적인 방법이었습니다. 후자는 오늘날 선호되는 방식으로, 가벼운 음악으로 장례식을 채우고 죽은 이들이 남은 이들을 내려다 보리라는 소망을 표현하기도 합니다.

반면 그리스도인들의 슬픔은 소망으로 채워져 있습니다. 바울에게 소망은 희망사항과는 다릅니다. 개인적으로 저는 제가 응원하는 영국 프리미어리그팀 토트넘이 앞으로 열 경기 정도는 이기길 바랍니다. 어쩌면 이길 수도 있지만 한 경기 정도는 질 수도 있을 것입니다. 바울에게 소망이란 이런 것이 아닙니다. 바울의 소망은 불확실성과는 아무 상관이 없으며, 미래와 관계가 있습니다. 우리는 하나님의 약속이 미래의 어느 순간에 완전하게 실현될 것을 기대합니다. 우리는 성취를 기다립니다. 죽은 자들의 부활과 앞으로 올 세상에서 생명을 고대합니다. 그러므로 그리스도인들은 슬퍼하되 예수 그리스도 안에서 부활의 궁극적 완성을 기쁨으로 기다리며 슬퍼합니다.

그래야 하는 이유가 있습니다. 바울은 성경 본문에서 그 이유를 제시합니다.

첫째, 우리가 예수님이 죽으셨음을 믿기 때문입니다(살전 4:14). 예수님은 '누구'이십니까? 그분은 하나님의 영원하신 아들이십니다. 하나님의 아들인 그분이 십자가에서 대속의 죽음에 자신을 내어주셨습니다. 하나님의 아들이며, 자신이 하나님이신 그분의 인성을 따라 죽음을 경험하셨습니다. 우리 안에 있는 본성으로 그분은 우리가 겪게 될 경험에 동참하셨습니다. 그분은 그것이 어떤 것인지 분명히 알고 계십니다. 이는 너무나 거대한 사실이기에, 우리는 이에 대해 깊이 생각해야 합니다. 하나님의 아들이신 예수님은 스스로 죽음에서 장례의 긴 터널을 지나셨습니다. 하나님이 직접 사람의 죽음을 경험하셨습니다.

둘째, 우리는 예수님이 죽으셨다가 다시 살아나셨음을 믿습니다(살전 4:14). 죽음은 끝이 아닙니다. 그분이 이기셨습니다. 아버지는 성령을 통하여 그분을 죽음에서 일으키셨습니다(롬 8:10-11). 그분이 이미 이루신 일(a past triumph)입니다. 그러므로 우리는 그리스도가 죽음을 완전하게 경험하셨고, 사흘 만에 죽음에서 다시 사심으로 이기셨다는 사실을 알기에 소망을 가지고 슬퍼할 수 있습니다.

또한 우리는 지금도 지키심(a present protection)을 알기에, 슬픔 중에도 확신에 찬 기대를 할 수 있습니다. 성경 전체에서 가장 큰 확신을 여기서 찾을 수 있습니다. 바울은 죽은 신자들에 대해 "그리스도 안에서 죽은 자들"(살전 4:16)이라고 표현합니다. 장례에 있어서 그리스도와의 연합은 가장 큰 확신입니다. 그 과정이 우리를 어디로 인도하든지, 그 시련이 얼마나 슬프고 고통스럽든지, 우리가 죽으면 죄의 힘과 그 결과로 오는 쇠퇴는 끝납니다. 찬송시의 가사처럼 싸움은 모두 끝나고 생명의 승리를 얻었습니다. 사망의 나라 권세들을 주님이 깨뜨리셨고 그것들은 힘을 잃었습니다. 우리의 몸은 무덤 속으로 내려졌으며, 거기서 썩고, 해체되었습니다. 그러한 세력들은 우리의 몸을 손상시켜 악취나는 시체로 만들었으나 바울은 우리가 "그리스도와 함께 죽었다"고 말합니다. 죄와 사탄과 죽음에 따르는 모든 것들의 어떤 노력도 이 진리를 바꾸지 못합니다. 우리와 그리스도의 연합은 깨어질 수 없습니다. 우주의 어떤 힘도 우리를 만질 수 없습니다. 하나님의 영원한 아들이신 분과의 연합 안에서 우리는 안전합니다.

게다가 그리스도가 다시 오실 때에 그리스도 안에서 죽은 자들은 그때까지 살아있는 자들에 비하여 불리한 점도 없습니다. 왜냐하면 그들이 먼저 살아나 '그리스도와 함께' 있을 것이기 때문입니다. 이것이 뜻하는 바는 죽음의 상태에도 불구하고 그들은 '그리스도와 함께' 있으리라는 것입니다. 바울은 다른 곳에서도 이렇게 말한 적이 있습니다.

교회를 섬기며 사는 것과 죽는 것 사이에서 세상을 떠나는 것이 '훨씬 더 좋은 일'이라고 하였는데(빌 1:21), 그 이유는 육신을 떠나서 그리스도와 함께 거할 것이기 때문입니다(고후 5:6-8). 이는 이주를 의미하는 말입니다. 한 사람이 자국을 떠나 타국으로 가서 사는 것과 같이, 우리는 본성적인 형상을 떠나 중간에 알 수 없는 곳으로 가게 되는데, 그 동시에 우리는 그리스도와 함께 살게 됩니다. 그곳은 얼마나 더 안전한 곳일까요?

그러나 바울이 가장 원하는 것은 이것이 아닙니다. 왜냐하면 바울은 부활의 몸을 고대하고 있기 때문입니다. 바울은 고린도후서 5:1-5에서 우리가 부활 때에 받을 우리의 영원한 하늘에 있는 몸에 대해, 5:6-8에서 중간의 상태에 대해 짧게 언급했던 것보다, 더 강하고 감성적으로 표현합니다. 하지만 중요한 것은 우리의 죽음, 장례, 중간 상태(intermediate state)는 모두 그리스도와의 연합 안에서 경험하게 되리라는 것입니다. 그분은 우리보다 앞서 경험하셨습니다. 우리는 그분 안에서 그 길을 가게 될 것입니다.

3. 부활과 승천에서 이루어지는 그리스도와의 연합

팁톤은 "부활한 삶의 기초 범주를 떠나서는 구속적 삶의 개념이 있을 수 없으며, 이 부활한 삶은 그리스도와의 연합으로 주어진다"고 하였습니다.[3] 이를 위해 우리는 바울이 부활에 대해 말했던 고린도전서

---

3 Tipton, "Union," 26.

15장을 살펴보아야 합니다. 그는 복음의 핵심을 서술함으로 시작합니다. "성경대로 그리스도께서 우리 죄를 위하여 죽으시고 장사 지낸 바 되셨다가 성경대로 사흘 만에 다시 살아나사"(고전 15:3-4). 그리스도의 죽음과 부활은 가장 중요하며, (죽음과 부활에 있어서) 그분과 연합함 안에서 구원의 모든 복이 우리에게 주어집니다. 칭의의 위대한 실체는 그리스도의 죽음과 부활 안에 포함되어 있습니다. 왜냐하면 그분과의 연합 안에서 우리가 믿음을 통하여 의롭다하심을 받기 때문입니다. 이는 아들 됨, 성화 그리고 구원의 서정 안에 있는 모든 단계에 동일하게 적용됩니다.

이를 뒷받침하는 것은 그리스도의 부활과 우리의 부활이 하나의 실체라는 사실입니다. 고린도전서 15:12-19에서 바울은 앞뒤로 종횡무진합니다. 죽은 자가 다시 살아나는 일이 없으면, 그리스도도 다시 살아나신 일이 없었을 것입니다. 반대로 그리스도가 만일 다시 살아나지 못하셨으면 일반 부활도 없을 것입니다. 게다가 복음 전체가 무너지며, 우리의 미래는 어두울 것입니다. 그리스도를 증거하는 것도 시간 낭비일 것입니다. 결국 그리스도의 부활과 우리의 부활은 한 운명입니다.

앞서 가정해 본 무용설과는 반대로, 실체는 영광스럽습니다. 그리스도가 죽은 자 가운데서 다시 살아나셨으며(고전 15:20), 바울은 수많은 증인이 있다고 지적합니다. 율법도 두세 증인으로 확증된다 하였는데, 그리스도의 부활에 대해서는 수많은 증인이 있습니다. 바울은 고린도전서 15:5-8에서 이 증인들을 언급하는데, 그가 이것을 기록할 당시에도 이들 중 수백 명이 살아있다고 말합니다. 이뿐만 아니라 그리스도는 부활의 첫 열매이십니다. 이는 시기에 있어서 이 부활이 우리의 부활에 앞서는 첫 부활이라는 것과 이 둘은 동일한 성질이라는 것을 의미합니다. 수확의 첫 열매는 나머지 전체와 같은 본성입니다. 첫 사과는 그 이후의 사과와 동일한 종류입니다. 이와 같이 그리스도의 부활도 우리가 될 부활과 같은 본성입니다. 그분의 부활은 주후 30년경에 이미 이루어졌습니다. 우리의 부활은 그분이 강림하실 때에 일어날 것입니다(고전 15:23). 그에 앞서 그분은 모든 원수를 그 발아래 두시어 시편 110편을 성취하실 것입니다.

부활하는 몸에 대해 생각할수록 그리스도의 부활과 우리의 부활이 동일하다는 것은 더욱 분명해집니다. 물론 그리스도의 죽음 이전과 그분의 부활 이후의 육신에는 지속성이 있습니다. 그 이전과 이후의 그분은 분명 동일한 인격이셨으며, 심지어 십자가 형벌의 흔적도 남아있었습니다. 그분은 음식을 먹고, 제자들과 대화하며, 떡을 나누셨습니다(눅 24:30, 41-43). 그러나 차이도 있었습니다. 그분은 변화하셨고 잠긴 문을 지나가셨습니다(눅 24:36; 요 20:19, 26). 도마가 예수님을 만났다는 제자들의 이야기를 믿지 못하겠다고 하였을 때, 그리스도는 그 자리에 계시지 않았지만, 팔 일 후 돌아오셨을 때 그분은 도마가 했던 말을 알고 계셨습니다(요 20:19-20). 그분은 아버지께로 올라가셨습니다(눅 24:50-52; 행 1:6-11).

그 후에 바울과 요한에게 보이셨고, 영광 중에 생명과 힘을 그들의 몸에 공급하셨습니다(행 9:1-9; 계 1:10-20). 바울은 고린도전서 15:35-49에서 이 대조를 보여줍니다. 그리스도는 마리아의 몸에 잉태되실 때에 우리와 같은 아담의 후손으로 "흙에 속한"(고전 15:49) 자연적인 몸을 입으셨습니다. 부활 때에 우리는 "하늘에 속한"(고전 15:49) 둘째 아담 혹은 마지막 아담인 그분의 영광의 몸으로 변하게 될 것입니다(빌 3:20). 부활 이전의 몸은 땅의 흙으로 만들어진 자연적 몸이기에 썩을 것, 욕된 것,

약한 것입니다. 그러나 부활한 몸은 성령의 가르치심 아래 있는 '신령한' 것으로서 '하늘에 속한' 썩지 아니할 것, 영광스러운 것, 강한 것입니다. 하나는 아담으로부터 받은 것이며, 다른 하나는 다시 사신 그리스도께로부터 받은 것입니다(고전 15:42-49).

그러므로 우리의 부활한 몸은 그리스도의 부활한 몸과 같을 것입니다. 왜냐하면 우리의 부활과 그분의 부활은 사실상 동일한 실체이며, 불확정적 기간에 의해 분리되어 있기 때문입니다. 여기에는 아인슈타인-벨-포돌스키의 이론과 평행하는 부분이 있습니다. 아인슈타인은 무한한 공간에 의해 분리되어 있는 '프리온'(prion)과 같은 원자 구성입자의 각 부분은 동일한 양태를 보일 것이라고 가정하였습니다. 그의 이론은 1964년 벨의 실험을 통해 실증적으로 증명되었습니다. 부활의 각 부분은 불확정적 기간에 의해 분리되었고 동일한 양태를 보입니다.

이 결론은 바울을 통해 말하는 것으로 더욱 강조됩니다. "예수를 죽은 자 가운데서 살리신 이의 영이 너희 안에 거하시면 그리스도 예수를 죽은 자 가운데서 살리신 이가 너희 안에 거하시는 그의 영으로 말미암아 너희 죽을 몸도 살리시리라"(롬 8:11).

첫째, 아버지는 성령을 통하여 그리스도를 죽음에서 살리셨습니다. 그리스도의 부활은 다른 하나님의 사역들과 마찬가지로 삼위 전체의 참여로 이루어졌습니다.

둘째, 바울은 아버지가 성령으로 그리스도와의 연합 안에서 우리를 죽음에서 살리실 것이라고 말합니다. 부활 때에는 그리스도가 부활하실 때와 동일한 삼위 전체의 참여가 있을 것입니다. 두 부활은 신학적 용어에 있어서 동일할 뿐 아니라 그 결과에 있어서도 동일합니다. 이는 우리가 아들이 누리는 것과 같이 아버지와의 관계에 참여하도록 부름 받았으며, 우리는 그분과의 연합 안에 있고, 하나님은 우리를 아들과 동일하게 대하시기 때문입니다!

셋째, 아들을 죽음에서 살리신 아버지의 동일한 영이 또한 우리를 살리실 것이며 지금도 우리 안에 살아계십니다! 우리는 지금 아버지가 우리 안에 거하시도록 부어주신 성령을 통하여 그리스도의 부활한 생명을 경험하고 있습니다. 또한 그분은 생명을 주시는 이시요, 창시자로서 우리를 죽음에서 살리실 분이시기에, 우리가 다시 사는 부활의 확증이십니다.

이에 대해 온 우주는 경이를 표해야 합니다. 더 이상 무슨 말을 할 수 있겠습니까?

그리스도의 부활은 우리의 부활의 완성이자 모범이기에 실체에 있어서 동일하며 그리스도와의 연합 안에서 부활의 전체를 이룹니다. 그리스도는 둘째 아담으로서 스스로 의롭다함을 입으셨고, 무죄를 입증하셨습니다. 그분은 아담을 대신하기 위해 또한 첫째 아담에 의해 초래된 손상을 회복하고 우리를 더 큰 목표로 인도하기 위해 오셨습니다. 아담이 유혹에 굴복하고 죄에 빠져 온 인류에게 죄책, 저주, 죽음을 가져다준 반면, 우리와 연합하신 그리스도는 아버지에게 완전한 순종을 드리고 우리를 위하여 깨어진 율법의 형벌을 담당하셨습니다. 또한 그리스도는 우리와의 연합 가운데 성경으로 죽음에서 자신을 일으키신 아버지에 의해, (바로 그 부활로) 의롭다함을 공적으로 입증받으셨습니다. 둘째 아담인 그분이 우리를 대신하여, 우리를 위하여, 우리와 연합하여, 아버지의 오른편에 올려지셨습니다. "그는 육신으로 나타난 바 되시고 영으로 의롭다 하심을 받으시고"(딤전 3:16). "우리가 범죄한 것 때문에 내줌이 되고 또한 우리를 의롭다 하시기 위하여"(롬 4:25). 팁톤이 말한 것처럼, 우리가 그리스도와 연합하였기에 그분이 부활의 능력으로 하나님의 아들이라고 선포되셨을 때에, 우리도 그리스도 안에서 믿음을 통하여 의롭다함을 입었고, 그분과 함께 하늘로 올리울 것입니다.[4] 신약에서 그리스도의 부활을 우리의 중생과 연결시키는 또 다른 예를 찾을 수 있습니다.

베드로전서 1:3에서 베드로는 "우리 주 예수 그리스도의 아버지 하나님을 찬송하리로다 그의 많으신 긍휼대로 예수 그리스도를 죽은 자 가운데서 부활하게 하심으로 말미암아 우리를 거듭나게 하사 산 소망이 있게 하시며"(벧전 1:3)라고 말합니다. 우리의 중생은 그리스도의 부활을 통하여 일어났습니다. 그분의 부활은 곧 성령을 통하여 그분이 새로운 생명으로 들어간 것입니다(고전 15:42). 그분은 그분의 백성들과의 연합 안에서 부활하셨습니다. 그분과 연합하였던 그들은 그분이 오실 때에 완전한 부활을 경험하게 될 것이며, 지금도 우리는 죄의 죽음에서 의의 생명으로 옮겨졌습니다(엡 2:1-10).

요약하면, 우리의 중생은 새 창조이며(고후 5:17), 죽음에서 다시 사는 것입니다. 새로운 피조물로서 우리는 그리스도와 다시 살았고, 그리스도와 올려졌으며, 그리스도가 계시는 아버지의 우편에 그리스도와 함께 앉았습니다. 그리고 이것은 시작일 뿐입니다. 장차 올 세대에 우리는 그리스도 안에서 성령을 통하여 아버지의 측량할 수 없는 은혜의 풍성함으로부터 흐르는 자비하심을 영원히 누릴 것입니다(엡 2:4-7). 그리스도와의 연합은 우리가 그분과 같이 되는(요일 3:1-2)[5] 부활 때에 완

---

4 Ibid., 27-31.
5 Calvin, *Institutes*, 3.6.5.

전하게 실현될 것입니다. "죽음과 마지막 부활의 날을 기쁨으로 기다리지 않는 사람은 그리스도의 학교에서 진급하지 못한 사람입니다."[6]

4. 세례

그분의 죽음과 부활에서 있어서 그리스도와의 연합은 세례를 통해 표현됩니다. 바울은 우리가 그리스도의 죽음 안에서 세례를 받았고, 새 생명으로 살게 되었다는 점을 강조하여 복음이 죄를 더하게 한다는 율법폐지론자(anti-antinomian)가 제기할 수 있는 주장에 대해 반박합니다(롬 6:1). 이는 그리스도가 십자가를 자신의 세례로 여긴다는 것에 기반을 둡니다. 요단강에서 요한에게 세례를 받으실 때 그리고 요한이 세례를 베풀 수 없다 하였을 때, 그분은 모든 의를 이루기 위해서 세례를 받으려 하셨습니다(마 3:13-15).

속죄의 죽음의 관점에서 예수님이 요한에게 세례를 받으셨다는 것에 대해서는 의견이 일치됩니다. 요한의 세례는 회개의 세례였습니다. 예수님은 회개할 죄가 없으셨습니다. 그분은 개인적으로 세례를 받으실 필요가 없었습니다. 그분이 세례를 받으신 것은 그분이 죄에서 구원할 그분의 백성들을 대신한 것입니다(마 1:21). 그것은 앞으로 올 십자가를 내다보는 조망이었습니다. 이후에 그분은 분명하게 장차올 고난과 세례를 동일시하십니다. "나는 받을 세례가 있으니 그것이 이루어지기까지 나의 답답함이 어떠하겠느냐"(눅 12:50). 십자가에서 인간의 죄에 대한 하나님의 완전한 심판과 함께 하나님의 은혜가 최상으로 드러

---

6 Ibid., 3.9.5.

나게 될 것입니다. 세례는 죄에 대한 심판으로서 죽음과 하나님이 거저 주시는 생명, 두 요소를 모두 표현합니다.[7]

우리가 죽음과 부활 안에서 참여하는 그리스도의 연합은 세례를 통해 표시되고 인침을 받았습니다(웨스트민스터 신앙고백서 27.3; 28.1, 6). 바울은 이 주제를 여러 곳에서 설명합니다. 그리스도 안에서 세례를 받은 모든 이들은 그분의 죽음과 부활 안에서 그분과 연합되었습니다(롬 6:3-11). 우리가 세례를 받을 때에 우리는 그리스도 안에서 세례를 받았으며, 그리스도로 옷 입은 것입니다(갈 3:27). 이는 우리가 성령으로 지어진 그분의 몸, 교회의 한 부분이라는 것을 의미합니다. 성령은 우리를 한 교회로 세례를 주셨으며, 바울은 이것을 그리스도 안에서 세례를 받는 것과 동일한 것이라 말합니다.

> 몸은 하나인데 많은 지체가 있고 몸의 지체가 많으나 한 몸임과 같이 그리스도도 그러하니라…다 한 성령으로 세례를 받아 한 몸이 되었고 또 다 한 성령을 마시게 하셨느니라(고전 12:12-13).

먼저 성령이 세례를 통하여 그리고 세례 안에서 우리를 그리스도와 하나되게 하시고, 그 후에 성찬과 같은 성례를 통하여 우리가 성령을 마십니다. 바울은 다시 죽음과 부활에 있어서 그리스도와의 연합의 주제로 다시 돌아와, 골로새서 2:11에서는 이를 세례와 연결합니다. 바울이 이를 기록하기에 앞서, 베드로는 오순절 날에 세례로 부름과 성령을 받는 것과 연관시키는 내용을 담은 복음을 선포합니다(행 2:38). 그들의

---

[7] Thomas F. Torrance, *Theology in Reconciliation* (Grand Rapids: Eerdmans, 1975), 82-105.

공동체적 죄와 개인적 죄 그리고 그리스도의 승격을 고려하면, 그 부르심은 죄의 용서와 성령의 은사를 받게 되는 회개와 세례로의 부르심입니다. 회개는 하나님의 선물입니다. 사도행전의 뒷부분에서 이것이 분명하게 나타납니다(행 11:18). 그러므로 세례는 사람의 사역이 아니라, 하나님의 때에 믿음을 통하여 하나님의 사람들에게 성령의 은혜가 주어지는 그리스도에 의해 정하여진 성례로 보아야 합니다. 바울은 다메섹 도상에서의 경험 후에 아나니아가 했던 말을 떠올립니다. "일어나 주의 이름을 불러 세례를 받고 너의 죄를 씻으라"(행 22:16).

베드로는 "구원하는 표니 곧 세례라"(벧전 3:21)라고 기록하였습니다. 이는 능력의 말씀입니다. 은혜가 구원을 조금도 훼손하지 않는다는 것은 자명합니다. 세례는 하나님의 사역으로 보아야 합니다. 성령은 능력으로 그 안에서 그것을 통하여 역사하십니다. 그러나 언제나 그렇듯이 그분의 사역은 자동적인 과정으로 축소될 것이 아닙니다. 우리의 편에서는 바울이 하나님이 그분의 택하신 자들에게 선물로 주신 것이라고 말한 상응하는 믿음이 있어야 합니다.

토니 레인은 다음과 같이 말합니다. "이는 대다수 복음주의자들의 관점과 일치하지 않을지도 모르지만, 그들은 사도들에 대한 의혹을 거두어 들어야 할 것입니다."[8] 우리가 복음의 핵심인 그리스도와의 연합을 생각할 때는, 그것이 땅에 속한 것임을 기억해야 합니다. 창조가 구속으로 대체되는 것은 아닙니다. 성육신이 그 뿌리에 있으며, 몸의 부활이 그 핵심입니다. 땅에 속한 물질적인 성례는 하나님이 믿음을 통하여 성령으로 우리에게 나누어 주시는 하나님의 정하신 수단, 즉 그리스

---

8 Anthony N. S. Lane, *Justification by Faith in Catholic-Protestant Dialogue: An Evangelical Assessment* (London: T&T Clark, 2002), 186.

도와의 연합입니다.⁹

5. 완성된 하나님의 나라에서의 그리스도와의 연합

"무궁한"(눅 1:33) 그리스도의 왕국에서, 우리와 그리스도의 연합은 깨어지지 않고 온전하게 지속될 것입니다. 우리에게는 해야 할 일이 있을 것입니다. 그리스도는 하늘과 땅의 모든 권세를 가지셨습니다. 하나님의 계획은 우주가 둘째 아담의 통치를 받는 것입니다. 본래 첫째 아담에게 땅을 다스리는 권세가 주어졌습니다.

그는 하나님의 형상으로 지어졌습니다. 그러나 죄로 인하여 하나님의 영광에 이르지 못하게 되었고, 땅은 가시와 엉겅퀴를 내었습니다. 그러나 하나님의 통치와 은혜로운 계획으로 그분은 모든 것을 바로잡고, 피조물들을 더 높은 곳으로 승격시키셨으며, 아담이 상상했던 어떤 것보다 더욱 위대한 실현을 이루기 위해 아들을 보내셨습니다. 중요한 것은 둘째 아담인 그리스도는 '곧' 하나님의 형상이라는 것입니다. "그는 보이지 아니하는 하나님의 형상이시요 모든 피조물보다 먼저 나신 이시니"(골 1:15). "하나님의 영광의 광채시요 그 본체의 형상"(히 1:3)입니다. 그분은 복음의 빛과 "하나님의 영광을 아는 빛"(고후 4:6)을 비추시는 하나님의 형상이십니다(고후 4:4-6). 그러므로 히브리서의 저자는 사람을 향한 하나님의 계획이 그리스도 안에서 성취되었다고 말합니다. 그는 창세기 1장의 창조 이야기를 시적으로 표현한 시편 8편을 인용하

---

9 성례의 건전한 교리에 대한 가장 근본적인 반대는 복음주의적 개혁주의자에게 영향을 미쳤으며, 개혁교회에 퍼져있던 영지주의의 한 형태입니다. 이는 영적 실체를 물질적 영역과 분리시키는 미묘한 형태를 갖습니다. 태초에 하나님이 '천지'를 창조하셨다는 사실을 기억해야 합니다(창 1:1).

여 이렇게 말합니다.

> 하나님이 우리가 말하는바 장차 올 세상을 천사들에게 복종하게 하심이 아니니라…만물을 그 발아래에 복종하게 하셨느니라 하였으니 만물로 그에게 복종하게 하셨은즉 복종하지 않은 것이 하나도 없어야 하겠으나 지금 우리가 만물이 아직 그에게 복종하고 있는 것을 보지 못하고 오직 우리가 천사들보다 잠시 동안 못하게 하심을 입은 자 곧 죽음의 고난 받으심으로 말미암아 영광과 존귀로 관을 쓰신 예수를 보니 이를 행하심은 하나님의 은혜로 말미암아 모든 사람을 위하여 죽음을 맛보려 하심이라 그러므로 만물이 그를 위하고 또한 그로 말미암은 이가 많은 아들들을 이끌어 영광에 들어가게 하시는 일에 그들의 구원의 창시자를 고난을 통하여 온전하게 하심이 합당하도다(히 2:5-10).

아직은 사람이 우주를 통치한다고 할 수는 없습니다. 죄로 인하여 사람은 자신의 의무를 완수하지 못하였습니다. 그러나 우리의 본성을 입은 예수님은 아버지의 우편에 계시며, 피조물을 다스리는 그분의 통치에 우리가 참여하도록 우리를 그곳으로 인도하십니다. 우리는 그리스도와 함께 새 하늘과 새 땅을 다스릴 것입니다. 바울은 마지막 날에 우리가 그리스도의 심판에 참여하여, 세상을 심판하고 천사들을 심판할 것이라고 말합니다(고전 6:1-3). 이는 우리가 하늘에서 모든 것을 다스리시는 그리스도의 통치에 참여하는 자로서 그리스도 안에서 받은 영적 복들 중 하나입니다(엡 1:3-10). 칼빈은 이것에 대해 "우리는 하나님의 참 모습 그대로 볼 것이며, 그분과 같게 되어 우리가 신성에 참여하는 자가 되리라는 복음을 통하여, 하나님의 영광의 소망이 우리에게 비추었습니다"라고 기록하고 있습니다(벧후 1:4; 요일 3:2).¹⁰ 웨스트민스터 대요리문답 90문에는 이렇게 기록되어 있습니다.

> 문 90. 심판 날에 의인은 어떻게 될 것입니까?
>
> 심판 날에 의인은 구름 속으로 그리스도께 끌어 올려져 그 우편에 설 것이며 공적으로 인정받고 무죄 선고를 받아 버림받은 천사들과 사람들을 그리스도와 함께 심판하고 하늘에 영접될 것인데, 거기서 그들은 영원무궁토록 모든 죄와 비참에서 해방되어 도저히 상상도 할 수 없는 기쁨으로 충만할 것입니다. 따라서 몸과 영혼이 완전히 거룩하고 행복하게 되어 무수한 성도들과 거룩한 천사들의 무리 가운데, 특히 성부 하나님 우리 주 예수 그리스도 성자, 성령을 영원무궁토록 직접 대하고 기쁨을 나눌 것입니다. 이것이 부활과 심판 날에 무형적 교회 회원이 영광 중에 그리스도와 함께 누릴 완전하고 충만한 교통입니다.

이는 단순히 학문적인 질문이 아닙니다. 이는 삶과 죽음보다 더 큰 것입니다. 독자가 이 글을 읽은 후에도 그리스도와 하나가 되지 않았다면 얼마나 비통한 일이겠습니까? 만약 그렇다면 이후에 죽음을 마주하였을 때 바울의 말처럼 소망이 없을 것입니다(살전 4:13). 만약 당신이 그리스도와 하나가 되지 않고 우리가 지금까지 말한 것이 당신에게

---

10 John Calvin, *Calvin's Commentaries: The Epistles of Paul the Apostle to the Romans and to the Thessalonians*, Trans. Ross MacKenzie (Grand Rapids: Eerdmans, 1973), 105.

는 단지 학문적인 논증일 뿐이라면, 당신의 상황을 생각해보시고, 그리스도를 믿어 성령의 도우심으로 당신이 가진 모든 것으로 그분을 섬기시기를 권합니다. 학문적, 신학적 논쟁, 참고문헌의 정보와 같은 것들도 물론 중요합니다. 그러나 그것은 핵심이 아닙니다. 그보다 더 중요한 사실이 있습니다. 바로 우리가 그리스도와 하나가 된다면 새로운 지평이 펼쳐질 것이라는 사실입니다.

Union with Christ

In Scripture, History, And Theology

색인

39개조 신조 128

ㄱ

가르시아, 마크 8, 175-176
갑바도기아 62
개인주의 96, 198
개핀, 리차드 7, 146
개혁신학 167-168, 189, 196
거룩함 30, 208
견인 127, 145, 147
결혼 161-162, 201
고난 211-215
교류 185, 189
교제 179, 181, 206-207
교회 209
구속사 65
구원의 믿음 122
구원의 서정 13, 109, 144-148
굿윈, 토마스 118

그레고리 44, 150, 208
그로스테스트, 로버트 67-68
그리스도와의 연합 176-178, 196, 209
그리스도의 형상 123, 149, 156
그리스도인의 삶 144, 147
그리스도중심주의 167
그릴마이어 56, 61, 63
기독론의 발전 43

ㄴ

낙스, 존 196
낭만주의 199
네빈, 존 198-200
네스토리우스 43-47
네스토리우스주의 43, 50-52, 69-70, 186,
넬라스, 파나이오티스 161
뉴만, 존 헨리 199
니케아 공의회 44, 48

니케아 · 콘스탄티노플 신조 40, 69

ㄷ

다윈, 찰스 199
대브니, 로버트 197, 200
대속 98, 100-101
대제사장 66, 103
대표 95, 102-104, 138
데오토코스 43, 46
동방교회 64, 148-149, 163, 167, 202
동정녀 38
둘째 아담 31, 36, 107

ㄹ

라트, 게르하르트 폰 26
러셀, 노만 151, 153, 155
레오 48, 53
레온티우스 55-57, 59-60, 62
레인, 토니 21, 74, 89, 121, 129, 227
렐튼, 허버트 56
로고스 26, 37, 45, 51, 54-56, 59-63
로마가톨릭교회 123-124, 133, 136, 196
루터, 마틴 123, 166-167
루터신학자 123, 136, 187-188, 197

ㅁ

마네르마아, 투오모 166-167

마르키아누스 황제 48
마리아 38, 43, 46, 50, 79
마스트리흐트, 헨드릭 반 133
마옌도르프, 존 57
마틴, 휴 106-107
막시무스 155
말씀과 성례 163, 203
머레이, 존 11, 145
멀러, 리차드 13
멜란히톤, 필립 13-14
모리스, 에드워드 127
모서, 칼 185
모세 언약 65, 78, 105
몸의 비유 194
믿음 89, 144

ㅂ

바르트, 칼 27, 117
바빙크, 헤르만 77, 81, 120
바울 19, 156
바울에 대한 새 관점 19
반펠라기우스주의 144
버나드, 클레르보의 205
범신론 162
법적인 측면 95
베드로 18, 82, 102, 157
베르밀리, 피에트로 마르티레 8, 176-178
보너, 제럴드 164

보브린스코이, 보리스 79-80
보스, 게할더스 48, 146
본성 59-60
본성적 비유 194
부부의 비유 194
부활 18-21, 219-227, 230
부활한 몸 222
브레이, 제럴드 83
브루스, 로버트 204
비유 90

ㅅ

사효성 196
삼신론 107
삼위일체 26, 62, 83, 206
새 생명 20, 225
새 언약 77-78
새 창조 79, 140, 203, 224
서방교회 163
서철원 73
선과 악을 알게 하는 나무 95
선택 66, 108-121, 131
선한 일 19
성경신학 7, 146
성령 26, 58, 77
성령의 열매 143
성령중심주의 167
성례 196-198, 203-204
성육신 12, 35, 37-75, 53, 92, 151, 159-160, 162-163, 177, 190
성찬 57, 85, 171, 196-198, 204-205
성화 13, 20, 121, 123, 125, 145, 147
세례 85, 196, 225, 226, 227
세례 요한 79, 169
세상을 형성 24
셀러스 51, 53, 56
소극적인 순종 98
소망 216-218
속성 교류 188-189
속죄 95, 149
순서 122-123
스코틀랜드 상식 실재론 200
스코틀랜드 신앙고백서 128, 196
스타닐로에, 두미트루 161
스테드만, 로우랜드 8, 15, 87-88, 134-135, 194-195
스피어, 웨인 197
슬레이터, 조나단 185-186
식인 204
신격화 57-58, 64, 152, 165-166, 202
신성에 참여하는 자 156, 191, 215, 229

ㅇ

아간 96
아담 18-19, 103
아르미니우스주의 124, 126, 144
아리우스 43
아리우스주의 43, 50

아브라함 언약 65, 78
아우크스부르크 신앙고백서 128, 187
아인슈타인-벨-포돌스키의 이론 21, 222
아일랜드 신조 128
아퀴나스, 토마스 165-166
아타나시우스 116, 149-153, 164, 175
아폴리나리우스 44, 48, 61
아폴리나리우스주의 44, 50
애도 97
양자됨 127, 133, 147
어거스틴 111, 120, 164, 204
언약의 약속 77-78
에드워즈, 조나단 13
에반스, 윌리엄 7, 12, 58, 88, 199
에베소 공의회 43, 54
연대책임 96
연합의 신비적 요소 199
영광 156-157
영광의 중한 것 214
영지주의 228
영화 133, 145, 147-148
예수 그리스도 19, 23, 28, 37, 43, 49, 53, 60-65, 91, 108, 134, 145, 160, 170, 207, 217, 224, 230
오리겐 150, 155
오순절 74, 77-78, 81-82, 84-86, 157
오시안더 128, 187
오즈먼트, 스티븐 167
완성된 하나님의 나라 228
우주의 거듭남 121

웨스트민스터 대요리문답 127, 129, 230
웨스트민스터 신앙고백서 124-127, 196
웨스트민스터 총회 14, 107, 118
웬함, 고든 26
윌리암스, 안나 165-166
유기 119
유스티니아누스 1세 51, 56, 58-62
유스티니아누스의 칙령 60
유티케스 47-48, 50-51, 56, 61, 149, 155
유효한 소명 124, 144-145
율법과 은혜 130
은혜 120, 122-123
은혜의 수단 88, 143, 209
인격 44, 47, 56
일치신조 128

ㅈ

잔키우스, 히에로니무스 112-114, 117-118, 120, 131-132
적극적인 순종 95, 97
전가 13, 124, 134
제2 스위스 신앙고백 128
제네바교회의 교리문답서 170
죄 34
죽음 215-219
중생 87, 122, 144, 183, 224
지성소 103
지식 30-31, 38, 116, 145

ㅊ

참여 156-157
참여하는 자 153, 210, 229
창조 23-36
창조주와 피조물 32-33, 64, 149, 162, 165, 202
천사와 사람의 선택 116
첫 열매 21, 203, 220, 221
추방 46, 78, 194
충만한 뜻 27
츠빙글리주의 197

ㅋ

카바실라스, 니콜라우스 161-162, 201
칼빈, 존 11, 210, 229
칼케돈 공의회 47-48
커닝햄, 윌리엄 197, 200
켈리 47
콘스탄티노플 공의회 58, 62
크리스토토코스 43

ㅌ

타락 32-34, 213
터툴리안 38
토랜스, 토마스 66, 127, 131
팁톤, 레인 11, 211, 219, 223

ㅍ

팔라마스, 그레고리 150, 165-166
폴라누스, 아만두스 115-118, 120, 132, 189-190, 192-194, 202
플레이블, 존 93
핀란드학파 166-167

ㅎ

하나님의 뜻 95, 97-98
하나님의 에너지 202, 208
하나님의 작정 107, 120
하나님의 진노 98, 104, 123, 138
하나님의 형상 23, 30, 31, 33, 89, 92, 141
하르낙, 아돌프 본 163
하이데거, 존 헨리 133
할론스타인, 괴스타 166
합리주의 200
핫지, 찰스 13, 198, 200
헤겔 199
헤슈스, 틸레만 184
헤페, 하인리히 133
헬라적 이원론 157
호튼, 마이클 7, 208
확신 110, 127
회심 144
희생 101-102

성경, 역사, 신학을 통하여 본
예수님과의 연합

UNION WITH CHRIST
In Scripture, History, and Theology

2014년 4월 25일 초판 발행

지은이 | 로버트 레담
옮긴이 | 윤성현

편　집 | 박상민, 진규선
디자인 | 박희경, 김동우
펴낸곳 | 개혁주의신학사
등　록 | 제21-173호(1990. 7. 2)
주　소 | 서울시 서초구 방배로 68
전　화 | 02) 588-8546(본사)　031) 942-8761(영업부)
팩　스 | 02) 523-0131(본사)　031) 942-8763(영업부)
홈페이지 | www.clcbook.com
이메일 | prpkor@gmail.com
온라인 | 기업은행 073-000308-04-020
　　　　예금주: 개혁주의신학사

ISBN 978-89-7138-043-7(93230)

낙장·파본은 교환해 드립니다.

이 도서의 국립중앙도서관 출판시 도서목록(CIP)은
서지정보유통지원시스템 홈페이지(http://seoji.nl.go.kr)와
국가자료공동목록시스(http://www.nl.go.kr/kolisnet)에서
이용하실 수 있습니다.
(CIP제어번호: CIP2014010340)